A ESCOLA NO SÉCULO XXI

VOLUME 1

ATORES RESPONSÁVEIS PELA EDUCAÇÃO E SEUS PAPÉIS

Ferramentas de ensino
Ferramentas emergentes

Marcus Garcia de Almeida
Prof. Msc.

Maria do Carmo Duarte Freitas
Prof.ª Dra.

(organizadores)

A ESCOLA NO SÉCULO XXI
VOLUME I

ATORES RESPONSÁVEIS PELA EDUCAÇÃO E SEUS PAPÉIS

Ferramentas de ensino
Ferramentas emergentes

Copyright© 2011 por Brasport Livros e Multimídia Ltda.

Todos os direitos reservados. Nenhuma parte deste livro poderá ser reproduzida, sob qualquer meio, especialmente em fotocópia (xerox), sem a permissão, por escrito, da Editora.

Editor: Sergio Martins de Oliveira
Diretora Editorial: Rosa Maria Oliveira de Queiroz
Gerente de Produção Editorial: Marina dos Anjos Martins de Oliveira
Revisão de Texto: Maria Inês Galvão
Editoração Eletrônica: Ingrafoto Reproduções em Fotolito Ltda
Capa: Ingrafoto Reproduções em Fotolito Ltda

Técnica e muita atenção foram empregadas na produção deste livro. Porém, erros de digitação e/ou impressão podem ocorrer. Qualquer dúvida, inclusive de conceito, solicitamos enviar mensagem para **brasport@brasport. com.br**, para que nossa equipe, juntamente com o autor, possa esclarecer. A Brasport e o(s) autor(es) não assumem qualquer responsabilidade por eventuais danos ou perdas a pessoas ou bens, originados do uso deste livro.

Dados Internacionais de Catalogação na Publicação (CIP)
(Câmara Brasileira do Livro, SP, Brasil)

```
Atores responsáveis pela educação e seus papéis /
   Marcus Garcia de Almeida, Maria do Carmo Duarte
   Freitas, (organizadores). -- Rio de Janeiro :
   Brasport, 2011. -- (A escola no Século XXI ; v. 1)

   Vários autores.
   Bibliografia.
   ISBN 978-85-7452-463-4

   1. Educação - Finalidades e objetivos
2. Educadores - Formação 3. Inovações educacionais
4. Inovações tecnológicas 5. Internet (Rede de
computadores) 6. Prática de ensino 7. Tecnologia
da informação e da comunicação 8. Tecnologia
educacional I. Almeida, Marcus Garcia de.
II. Freitas, Maria do Carmo Duarte. III. Série.
```

11-04810   CDD-371.33

Índices para catálogo sistemático:

1. Educação e tecnologias da informação e
       comunicação   371.33

BRASPORT Livros e Multimídia Ltda.
site: www.brasport.com.br
Rua Pardal Mallet, 23 – Tijuca
20270-280 Rio de Janeiro-RJ
Tels. Fax: (21) 2568.1415/2568.1507
e-mails: **brasport@brasport.com.br**
          vendas@brasport.com.br
          editorial@brasport.com.br

site: **www.brasport.com.br**

Filial SP
Av. Paulista, 807 – conj. 915
01311-100 São Paulo-SP
Tel. Fax (11): 3287.1752
e-mail: **filialsp@brasport.com.br**

Apresentação

A Escola No Século XXI

Durante o PDE (Programa de Desenvolvimento da Educação) 2008/2009 os docentes e gestores de escolas primárias e secundárias públicas e privadas do Paraná reuniram-se na UFPR (Universidade Federal do Paraná), em Curitiba, para discutir, aprofundar-se e (re)pensar a escola e sua práxis frente aos desafios emergentes neste início de século. Valendo-se de um AVA (Ambiente Virtual de Aprendizagem) baseado no *software Moodle*, a coordenadora do PDE Profa. Dra. Maria do Carmo Duarte Freitas e equipe prepararam um curso sobre a utilização do AVA aos participantes e convidaram especialistas de diversas áreas para provocar algumas reflexões. Como resultado dessas reflexões foi elaborado pelos participantes do PDE um caderno temático e alguns artigos apresentados em congressos durante aquele período.

Ainda como resultado das reflexões, interagindo através do AVA, os participantes do PDE aprofundaram a discussão durante alguns meses gerando um rico material que refletia a realidade, as dificuldades e os desafios enfrentados e superados, cada um em sua realidade, mas olhando sempre um contexto educacional mais amplo.

Analisando a riqueza do material produzido e sabendo que ainda havia algumas vertentes da discussão iniciada naquele fórum para aprofundar, em um processo exógeno levado às últimas consequências, preparamos uma proposta de publicação que desse cabo das principais inquietações e dúvidas que pairavam na memória dos educadores. Assim nasceu a ideia do projeto para construções desta obra.

Pensar a educação, o ensino e a escola neste início de século sem considerar a enorme pressão que é exercida por parte das tecnologias emergentes sobre educadores, educandos, gestores de escolas e sociedade de forma geral, não é mais possível. As gerações que participam deste ecossistema (ensino/aprendizagem) são oriundas de "eras tecnológicas" muito distantes gerando conflitos de ideias, conceitos e ideais.

Uma nova realidade para a educação se configura. Pensar no conflito de gerações como um empecilho ao avanço constitui-se num equívoco; ao contrário, é sim uma oportunidade para avançar de forma consistente a um novo patamar. Ao evocar este novo patamar – que não sabemos ao certo como será – não estamos falando de ambientes tecnológicos permeados de aparatos brilhantes e coloridos, *gadgets* mirabolantes e pirotecnia típica de *nerds*. Falamos sim de consideração e respeito às diferenças e à qualidade das interações que todo educador, sem exceção, deve carregar em seu discurso formativo.

O que é preciso saber (de fato) sobre TIC na educação? Quais são os equipamentos novos que existem? Como utilizar estes equipamentos? Quais *softwares* são relevantes? A Internet é uma vilã? As redes sociais influenciam o modo de o educador se relacionar com seus alunos? Eu preciso de uma lousa digital? Os laboratórios virtuais e de realidade aumentada são aplicáveis em qual contexto? Quando devo utilizar filmes? O retroprojetor com lâminas de acetato ainda é factível? E aquele antigo mimeógrafo, será que posso utilizar? O papel almaço quadriculado é uma tecnologia aplicável? Não tenho computador na escola, como posso fazer? Quais tecnologias podem potencializar ou facilitar o aprendizado dos portadores de necessidades especiais? Como promover a inclusão digital em minha escola? Como fazer avaliação neste contexto cibernético? Os blogs e microblogs são prejudiciais à forma culta da língua?

Estas são algumas das questões que direta ou indiretamente discutimos nesta obra e são também motivadoras para uma questão primordial e que antecede todas elas: a educação (e o contexto no qual se insere) está preparada para este novo século?

Este livro foi preparado de forma consorciada, em colaboração, em rede, valendo-se dos recursos convencionais (para os padrões da internet): *e-mail*, *instant messaging*, *blog* e fórum e contou com a participação de educadores de regiões geograficamente tão distantes como Fortaleza-CE e Florianópolis-SC, por exemplo.

A obra está separada em quatro volumes que tratam dos seguintes eixos temáticos:

Volume I – Atores Responsáveis pela Educação e seus Papéis.
Ferramentas de ensino; Ferramentas emergentes

Volume II – Docentes e Discentes Na Sociedade da Informação
Ciclo formativo – exigências e desafios; Didática; Educação em tecnologias.

Volume III – Virtualização das relações: um desafio da gestão escolar
Paradigmas contemporâneos.

Volume IV – Desafios Permanentes
Projeto político pedagógico; Gestão escolar; Métricas no contexto das TICs.

Algumas das características que procuramos privilegiar na obra foram: a) simplicidade do discurso (na medida do possível, pois há jargões inevitáveis); b) ilustração das experiências com relatos verídicos feitos por quem os viveu; c) sugestão de encaminhamento metodológico para que os assuntos possam ser debatidos e enriquecidos; d) referencial teórico complementar.

Agradecemos às Instituições de Ensino que apoiaram os educadores na busca de elementos que constituíssem um diferencial importante na construção de artigos fundamentados na práxis e que teve na observação sua sustentação maior. Aos estudantes e profissionais da educação, do ensino e das escolas que participaram direta e indiretamente da obra colaborando, opinando, apoiando, incentivando, orientando e permitindo o enriquecimento das discussões levando-as a um patamar de esclarecimento capaz de lançar novos holofotes sobre as tecnologias e sua aplicação.

Marcus Garcia de Almeida
Organizador.

Sobre o volume I

A Escola No Século XXI

Uma pergunta que você pode fazer: Por que o título da obra é "A Escola **NO** Século XXI e não "A Escola **DO** Século XXI? A resposta que damos inicialmente é simples: não estamos trazendo aqui uma reflexão sobre a escola que ainda não temos (utopia), mas sim da escola que temos efetivamente. Esta escola, a que temos hoje, é como sempre foi, avançou pelas décadas, virou do século XX para o XXI e constatamos que ela pouco ou quase nada mudou para refletir a realidade da sociedade humana neste início de século.

No Volume I focamos o eixo temático: "Atores responsáveis pela educação e seus papéis; Ferramentas de ensino; Ferramentas emergentes", organizado nos seguintes artigos:
- Atores responsáveis pela educação e seus papéis
  - Do estado à escola em tempos de novas tecnologias na sociedade: papéis institucionais para o desenvolvimento.
  - Papéis dos profissionais da educação (Docente, Orientador, Pedagogo, Gestor Escolar).
- Ferramentas de ensino
  - Ferramentas didáticas – da pedra lascada ao Google.
  - Gestão de Material Pedagógico.
- Ferramentas emergentes
  - Software de apresentação (PowerPoint e outros).
  - Software de autoria na educação: aplicação e perspectivas.
  - Software de autoria.
  - Ambiente Virtual de Aprendizagem.
  - Realidade virtual na educação.
  - Lousa digital.

Organizador da obra: Marcus Garcia de Almeida
mga@ufpr.br

Pedagogo, Mestre em Ciência, Gestão e Tecnologia da Informação (UFPR, 2009). Especialista em Gestão do

Conhecimento nas Organizações (UTFPR-2006), Pedagogo (Universidade Tuiuti do Paraná-1998-2003), especialista em O&M (Faculdades de Plácido e Silva-1987), Analista de Sistemas (SPEI-1985). É Gerente de Operações (Lume Tecnologia-2004-atual) e consultor para EAD (2001-atual). Atua como Project Manager na Superintendência de Informática da Itaipu Binacional (2007-atual). Possui 10 livros publicados nas áreas de História da Computação, Automação de Escritórios, Sistemas Operacionais, Fundamentos da Informática, Pedagogia Empresarial e Autoajuda (1998-atual). Professor desde 1983, palestrante desde 1991.

Organizadora da obra: Maria do Carmo Duarte Freitas
mcf@ufpr.br

Durante o ensino médio estudou pela televisão. Concluiu o ensino médio pela Escola Técnica Federal do Ceará, mas o projeto de formação superior ficou esperando alguns anos. Em 1996, formou-se em Engenharia Civil pela Universidade de Fortaleza (1996), prosseguiu no Mestrado (1999) e Doutorado (2003) em Engenharia de Produção pela Universidade Federal de Santa Catarina. Hoje é professora da Universidade Federal do Paraná - instituição que em breve completará 100 anos. Trabalhou em indústria de manufatura, projetos industriais e residências, construtoras, entre outras. Hoje trabalha no Departamento de Ciência e Gestão da Informação com ensino, pesquisa e extensão. Meus projetos de pesquisa envolvem as soluções tecnológicas inovativas aplicadas ao desenvolvimento de produtos e serviços de informação, todos estes desenvolvidos no Laboratório de Mídias Digitais e Centro de Estudos em Realidade Virtual e Aumentada.

Autores deste volume:

Adalnice Passos Lima adalnice@seed.pr.gov.br

Possui graduação em Letras (Português Inglês) pela UFPR (1971), especialização em English Language Teaching And Administration pela University of Warwick (2003), especialização em Planejamento Educacional pela Universidade Salgado de Oliveira (1994), especialização em Educadores de Jovens e Adultos pela UFPR (1996), especialização em Letras Língua Inglesa pela UFPR (1985) e ensino médio segundo grau pelo Colégio Nossa Senhora de Lourdes (1967). Atualmente é professora titular de Inglês da Secretaria de Estado da Educação, tendo exercido funções pedagógicas em escolas, no Núcleo Regional de Educação da Área Norte, Departamento de Educação de Jovens e Adultos, Superintendência de Educação. Foi coordenadora do Centro de Línguas Estrangeiras da SEED e integrante da equipe do Portal Dia-a-Dia Educação. Tem trabalhos publicados no Portal Dia-a-Dia Educação para professores de Inglês e Português.

Ana Carolina Greef ac.greef@ufpr.br

Graduada em Gestão da Informação (UFPR, 2007-2010). Bolsista de iniciação científica pelo CNPq (Conselho Nacional de Desenvolvimento Científico e Tecnológico). Participa de projetos de inserção de Ambiente Virtual de Aprendizagem no ensino presencial na Universidade (2007 - atual) e de Estudos sobre educação continuada, profissional e corporativa com inserção ou não de tecnologia (2008 - atual). Atua também como colaboradora no gerenciamento do Laboratório de Mídias Digitais (Departamento de Ciência e Gestão da Informação, UFPR).

Ana Sueli Ribeiro Vandresen anavandresen@gmail.com

Professora do Ensino Superior e Pós-Graduação e da Educação Básica (SEED/PR). Mestre em Ciências da Linguagem (UniSul/2005); graduada em Letras Português-Inglês (1992); especialista em Língua Portuguesa e Literatura Brasileira (1994); em Educação de Jovens e Adultos (1996) e em Magistério da Educação Básica, com ênfase nas séries iniciais e educação infantil (1998). Professora do Ensino Superior e Pós-Graduação e da Educação Básica (SEED/PR), onde atualmente trabalha como assessora técnica-pedagógica na Ead DITEC/SEED. Possui experiência na área de Linguística, com ênfase em Psicolinguística, pesquisando leitura, escrita, cognição e relevância. O foco principal de sua atuação são as diversas linguagens da comunicação humana - aquisição, mediação e produção, entre elas as linguagens midiáticas e suas interfaces na educação. Palestrante desde 2001.

Avanilde Kemczinski avanilde@gmail.com

Possui graduação em Terapia Ocupacional pela Associação Catarinense de Ensino - Faculdade de Ciências da Saúde de Joinville (1992), especialização em Informática pela Universidade do Estado de Santa Catarina, UDESC (1994), mestrado em Engenharia de Produção pela Universidade Federal de

Santa Catarina, UFSC (2000) e doutorado em Engenharia de Produção pela Universidade Federal de Santa Catarina, UFSC (2005). Desde 2002 é professora da Universidade do Estado de Santa Catarina - UDESC. Líder do Grupo de Pesquisa em Informática na Educação no CNPQ-UDESC. Tem interesse nas áreas correlatas à Informática na Educação, notadamente tecnologia educacional, objetos de aprendizagem, interação humano-computador, metodologia de concepção, desenvolvimento e avaliação de ambientes e-learning, realidade virtual aplicada e metodologias e/ou modelos de ensino-aprendizagem.

Célia Scucato Minioli cminioli_90@msn.com

Mestranda no Programa de Pós-Graduação em Ciência, Gestão Tecnologia da Informação (UFPR); Especialista em Metodologia do Ensino Superior pela Faculdade de Ciências Humanas e Sociais de Curitiba, UNIBEM, Brasil; possui graduação em Letras pela Universidade Federal do Paraná e Pedagogia pela Faculdade São Judas Tadeu – FAPI – Pinhais; atua como professora da Rede Estadual de Ensino do Paraná, onde tem exercido várias funções. É Especialista em Desenvolvimento de Projetos de Implantação de Cursos Técnicos; participou do Plano de Desenvolvimento Educacional – PDE junto à Secretaria de Estado da Educação (2007-2008), na área de Gestão Escolar; Pertence ao Grupo de Pesquisa Aplicada em Ciência, Informação e Tecnologia – DECIGE/UFPR desenvolvendo várias atividades voltadas à Gestão da Informação.

Cineiva Campoli Paulino Tono cineivatono@gmail.com

Mestre em Educação (UFPR, 2003), Especialista em Informática na Educação (CEFET-PR) e em Formulação e Gestão de Políticas Públicas (UFPR), Bacharel e Licenciada em Química (UFPR). Atua como Gestora Escolar na área de Tecnologia na Educação na Secretaria de Estado da Educação do Paraná e como Professora do Ensino Superior na área de 'Tecnologia e Sociedade' e de 'Metodologia da Pesquisa em Sistemas de Informação' nas Faculdades Integradas do Brasil (UNIBRASIL). Possui vários artigos publicados na área de Políticas Públicas de Tecnologia na Educação. Palestrante na área de tecnologias na educação de crianças e jovens desde 1997.

Denise Fukumi Tsunoda dtsunoda@ufpr.br

Graduada em Bacharelado em Informática pela Universidade Federal do Paraná (1992), possui mestrado em Engenharia Elétrica e Informática Industrial pela Universidade Tecnológica Federal do Paraná (1996) e doutorado em Engenharia Elétrica e Informática Industrial - Engenharia Biomédica também pela Universidade Tecnológica Federal do Paraná (2004). Atualmente é professora na Universidade Federal do Paraná no curso de Gestão da Informação, Departamento de Ciência e Gestão da Informação e no mestrado em Ciência, Gestão e Tecnologia da Informação. Pertence ao grupo permanente de revisores da Revista Produção Online e Revista GEPROS. Tem experiência na área de Bioquímica, com ênfase em Bioinformática. Atua principalmente nos seguintes temas: descoberta de padrões em banco de dados, mineração de dados, computação evolucionária, algoritmos genéticos, programação genética e informação e estrutura de proteínas.

Ilda Basso irilda@usc.br

Doutora em Educação (UNICAMP, 2006); Mestra em Educação (PUC Campinas, 2004); Especialização em Educação para Formação Formadores de Professores (USC, 2003); Especialização em Administração Universitária - CRUB/OUI/IGLU (UEL, 2002); Graduação em Teologia (Pontifícia Universidade Gregoriana, PUG/ROMA, Itália, 2000); Graduação em Filosofia (Pontifícia Universidade Gregoriana, PUG/ROMA, Itália, 1997), Graduação em Pedagogia (Lic. Plena) Hab. Orient. Educ.-Sup. Esc (UTP, 1994).

Isabela Gasparini isabela@joinville.udesc.br

Professora universitária do Departamento de Ciência da Computação da Universidade do Estado de Santa Catarina (UDESC). Atuou no Comitê de Ética em Pesquisa em Seres Humanos da universidade. Foi integrante da Comissão Permanente de Acessibilidade (COOPERA), ligada ao COMDE (Conselho Municipal dos Direitos da Pessoa Portadora de Deficiência), e posteriormente membro do COMDE. Atualmente é doutoranda do PPGC - Programa de Pós-Graduação em Computação da Universidade Federal do Rio Grande do Sul (UFRGS). É M.Sc pela mesma instituição. Sua área de atuação é Interação Humano-Computador (IHC) ligada à Informática na Educação. Participou da criação e hoje atua no desenvolvimento de melhorias no ambiente AdaptWeb (Ambiente de Ensino Aprendizagem Adaptativo na Web).

Izabel Cristina Slomp Osternack
izabelcs.osternack@gmail.com

Licenciatura Plena em Letras – Português (UFPR, 1988). MBA em Gestão de Organizações Educacionais (OPET, 2006), Metodologia da Prática do Ensino Superior (OPET, 2007), Especialização em Magistério de 1º e 2º graus. Professora da rede pública de ensino do Estado do Paraná desde 1989. Desempenhou o papel de orientadora e supervisora escolar em 2001. Atuou como diretora auxiliar no período de 2006 e 2007. Trabalhou na Educação a Distância (EaD) no ano de 2008. Participa do Programa de Formação Continuada da Secretaria de Educação do Paraná – PDE, com desenvolvimento de projeto na área de Gestão de Material Pedagógico, na construção coletiva de uma textoteca virtual.

Sandra Helena Pereira Rodrigues
sandra.rodrigues@fundaj.gov.br

Educadora, pesquisadora na área de educação a distância, novas mídias, tecnologia e arte. Mestra na área de Gestão Pública com ênfase em Ciência e Tecnologia (2003), Especialista nas seguintes áreas: Tecnologia da Informação (2001), Marketing (2008) e Artes Visuais (2008). Graduada na área de Comunicação. Coordena o Laboratório de Ensino a Distância Dosa Monteiro da Fundação Joaquim Nabuco onde assessora as diretorias quanto a implementação e planejamento de projetos em Educação a Distância. Coordena pesquisas com Ambientes Virtuais de Aprendizagens. Mantém intercâmbio com órgãos nacionais e internacionais para troca de experiências em EAD, integrando atualmente a equipe do Projeto Desenvolvimento de Capacidade de Governança, parceria com a Escola Nacional de Administração Pública e Canada School of Public Service (2008-2009). Tem formação em gestão de EAD pela Fundación CEDDET de Madrid (2008-2009). Atua como tutora on-line no Curso de Especialização em EAD pelo SENAC/PE, assim como é docente de curso de graduação na área de Publicidade e Propaganda.

Sérgio Ferreira do Amaral amaral@unicamp.br

Concluiu o doutorado pela Universidade Estadual de Campinas em 1992. Atualmente é Professor Livre Docente na Faculdade de Educação da Universidade Estadual de Campinas. Publicou 7 artigos em periódicos especializados e 21 trabalhos em anais de eventos. Possui 4 livros publicados. Possui 3 softwares, 1 processo ou técnica e outros 92 itens de produção técnica. Participou de 17 eventos no Brasil. Orientou 16 dissertações de mestrado e 5 teses de doutorado, além de ter orientado 1 trabalho de iniciação científica e 10 trabalhos de conclusão de curso na área de Educação. Atua na área de Educação. Em suas atividades profissionais interagiu com 18 colaboradores em coautorias de trabalhos científicos. Em seu currículo Lattes os termos mais frequentes na contextualização da produção científica, tecnológica e artístico-cultural são: Internet, Educação, Tecnologia Educacional, Tecnologia, Comunicação, Educação, Ambientes Virtuais, biblioteca, Cidadania e Colaboração.

Viviane Helena Kuntz vivianekuntz@ufpr.br

Gestora de informações, Mestranda em Design (UFPR, 2008). Mestranda no Programa de Pós-Graduação em Design (UFPR-2008-2009), Gestora da informação (Universidade Federal do Paraná 2004-2007). Trabalha em projetos de adequação de conteúdo informacional para cursos de educação a distância. Pesquisa sobre Ambientes Virtuais de Aprendizagem. Atua também em treinamentos e capacitações de tecnologias educacionais.

SUMÁRIO

A Escola No Século XXI

CAPÍTULO 1 - ATORES RESPONSÁVEIS PELA EDUCAÇÃO E SEUS PAPÉIS — 1

ARTIGO 1. Do Estado à Escola em Tempos de Novas Tecnologias na Sociedade: Papéis Institucionais para o Desenvolvimento — 2

ARTIGO 2. Papéis dos Profissionais da Educação (Docente, Orientador, Pedagogo, Gestor Escolar) — 26

CAPÍTULO 2 - FERRAMENTAS DE ENSINO — 41

ARTIGO 3. Ferramentas Didáticas – da Pedra Lascada ao Google — 42

ARTIGO 4. Gestão de Material Pedagógico — 79

CAPÍTULO 3 - FERRAMENTAS EMERGENTES — 89

ARTIGO 5. Ambiente Virtual de Aprendizagem — 90

ARTIGO 6. Software de Apresentação — 108

ARTIGO 7. Software de Autoria na Educação: Aplicação e Perspectivas — 130

ARTIGO 8. Software de Autoria — 154

ARTIGO 9. Lousa Digital — 175

ARTIGO 10. Realidade Virtual na Eeducação — 197

ÍNDICE REMISSIVO — 219

Capítulo I:
ATORES RESPONSÁVEIS PELA EDUCAÇÃO E SEUS PAPÉIS

ARTIGO 1

Do Estado à Escola em Tempos de Novas Tecnologias na Sociedade: Papéis Institucionais para o Desenvolvimento

Cineiva Campoli Paulino Tono

Sumário

Resumo..2
Palavras-chave..3
1. Introdução...3
2. Estado, Escola e bens essenciais na DUDH..4
3. Estado, Escola e tecnologias na CRF do Brasil de 1988 7
4. Estado, Escola e tecnologias na LDB de 1996 12
5. Estado, Escola e tecnologias na Declaração do Milênio..............................17
6. Encaminhamento metodológico 19
7. Case 19
8. Conclusão...23
9. Questões para reflexão 23
10. Tópico para discussão 24
Referências..25

Resumo

Apresenta os papéis institucionais do Estado e da Escola associados aos avanços na área de tecnologias de informação e comunicação preponderantes na sociedade do Terceiro Milênio. Busca analisar fundamentalmente estes papéis com base nas conclusões teóricas sobre o desenvolvimento humano legitimadas na Declaração Universal dos Direitos Humanos de 1948, na Constituição da República Federativa do Brasil de 1988, na Lei de Diretrizes e Bases da Educação de 1996, na Declaração do Milênio de 2000 e no Plano Global e Prático de Desenvolvimento do Milênio instituído pela ONU em 2005. Apresenta um case relacionado a um empreendimento concreto para construção coletiva de um plano de ação para superação de problemas emergentes do contexto escolar com estímulo para aplicação das tecnologias de informação e comunicação. Reflete, no percurso da análise, a importância de produzir conhecimento com foco no desenvolvimento humano em aspectos culturais, sociais, educacionais, políticos, a partir do uso estratégico da informação e dos mecanismos técnicos que as processam.

Palavras-chave

Estado, Escola, Desenvolvimento humano, Tecnologias de informação e comunicação.

1. Introdução

Uma característica que marca o Terceiro Milênio, fruto dos avanços científicos e tecnológicos mundiais, é a produção exacerbada de informação pela sociedade e dos respectivos mecanismos para seu armazenamento, tratamento e disseminação com base na microeletrônica, nas telecomunicações e informática, exigindo-se a produção efetiva do conhecimento pelo homem para suprir as necessidades e interesses da civilização, a partir do usufruto equitativo destes avanços, independente de raça, cor, religião, condição cultural, educacional, política e econômica, em se tratando de uma visão humanista de sociedade.

As criações e descobertas realizadas pela civilização com destaque evolutivo na segunda metade do século XVIII com a Revolução Industrial, os trabalhos manuais sendo substituídos pelas máquinas, perpassando pela Revolução Informática, os trabalhos mentais da lógica dos cálculos matemáticos complexos substituídos pelos computadores, o surgimento da Internet em plena Guerra Fria (1947-1989), a distribuição capilarizada de dados e informações para segurança em temos de guerra e, em 1990, o desenvolvimento da rede mundial de computadores *World Wide Web* (WWW), marcaram a sociedade da informação. Tais fatos demonstram objetivamente a lógica temporal dos avanços científicos e tecnológicos dos últimos tempos no almejar da constituição da sociedade do conhecimento.

> "A sociedade da informação está focada no objeto informação como um produto ou insumo em si, a sociedade do conhecimento deve estar focada na utilização da informação pelo indivíduo como processo. Nesse caso, portanto, a informação estará funcionando como agente mediador da produção do conhecimento." (SCHLESINGER, et al., 2008)

Com base nesta premissa é que neste artigo trabalhar-se-á com 'informações' calcadas na base legal, explorando o que tange aos papéis institucionais do Estado e da Escola, com o objetivo de analisá-las e interpretá-las às vistas da sociedade dotada de invenções tecnológicas num tempo que urge uma sociedade do 'conhecimento'.

A Escola no Século XXI

Este panorama tem como preconizador o Estado enquanto legislador, executor e justificador dos institutos da ordem, em fazer valer para a sociedade, principalmente as regidas democraticamente, o acesso aos produtos resultantes dos avanços e as condições para a própria sociedade contribuir em pesquisa com estes avanços, que pode emergir do sistema de ensino, desde a esfera superior como norteadora das investigações, até a educação básica e a elementar educação infantil como referencial para demanda de pesquisa.

A reflexão ora iniciada traz a termo o papel do Estado e da escola em todas as esferas, às vistas da revolucionária característica do novo século, o desenvolvimento mundial com a produção da informação e do conhecimento, com referência de base legal na Declaração Mundial dos Direitos Humanos (DUDH), adotada e proclamada pela Resolução 217 A (III) em Assembleia Geral das Nações Unidas em 10 de dezembro de 1948, na Constituição da República Federativa do Brasil promulgada em Assembleia Nacional Constituinte de 5 de outubro de 1988 e na Lei de Diretrizes e Bases (LDB), Lei nº 9.394, decretada pelo Congresso Nacional e sancionada pela Presidência da República em 20 de dezembro de 1996, a qual estabelece e regulariza o sistema de educação brasileiro com base nos princípios existentes na Constituição de 1988.

Outra referência de base legal lançada nesta discussão é a Declaração do Milênio instituída em setembro de 2000 na sede da ONU, em Nova York, em que se estabeleceram os 8 Objetivos de Desenvolvimento do Milênio (ODM) estratificados em Metas a serem alcançadas até o ano de 2015 pelos 192 Países Membros da ONU, dentre eles, o Brasil. Tal referência terá o foco no 8º Objetivo de Desenvolvimento do Milênio cuja Meta de número '18', conforme consta do Plano Global e Prático da ONU, busca, em cooperação com o setor privado, tornar acessíveis os benefícios das novas tecnologias, em especial das tecnologias de informação e de comunicação.

2. Estado, Escola e bens essenciais na DUDH

As barbaridades insanas ocorridas na 2ª Guerra Mundial levaram à criação da Organização das Nações Unidas (ONU), que "nasceu oficialmente em 24 de outubro de 1945, data de promulgação da Carta das Nações Unidas, que é uma espécie de Constituição da entidade, assinada na época por 51 países, entre eles o Brasil. Criada logo após a 2ª Guerra Mundial, o foco da atuação da ONU é a manutenção da paz e do desenvolvimento em todos os países do mundo." (ONU, 2009). A ONU com sede em Nova York implementa anualmente, desde a sua criação, a Assembleia Geral dos Estados-Membros que, em 2009, possui 192 países representantes.

A Carta das Nações Unidas demonstra em seu preâmbulo o compromisso estabelecido pela comunidade internacional de projetar os direitos humanos e liberdades fundamentais:

> "Nós, os Povos das Nações Unidas, resolvidos a preservar as gerações vindouras do flagelo da guerra, que por duas vezes, no espaço da nossa vida, trouxe sofrimentos indizíveis à humanidade, e a reafirmar a fé nos direitos fundamentais do homem, na dignidade e no valor do ser humano, na igualdade de direito dos homens e das mulheres, assim como das nações grandes e pequenas, e a estabelecer condições sob as quais a justiça e o respeito às obrigações decorrentes de tratados e de outras fontes do direito internacional possam ser mantidos, e a promover o progresso social e melhores condições de vida dentro de uma liberdade ampla."

Esta Carta anunciava uma revolucionária transformação das teorias e práticas atribuídas ao direito internacional, ao consagrar seu propósito a partir dos direitos humanos, e conduziu a formulação e a ordenação pública da Declaração Universal dos Direitos Humanos (DUDH) três anos após a sua criação, durante a Assembleia Geral da Organização das Nações Unidas em 10 de dezembro de 1948.

A DUDH disponível em 360 idiomas possui 30 artigos e anuncia que os direitos humanos fundamentais devem ser protegidos pelo Estado de Direito, considerando que os povos das Nações Unidas reafirmaram sua fé nos direitos humanos fundamentais, na dignidade e no valor da pessoa humana e na igualdade de direitos dos homens e das mulheres. Destaca-se que é por intermédio do 'ensino e da educação' que os povos dos Estados-Membros das Nações Unidas devem promover tudo o que dita a DUDH. Este anúncio está pautado no seu preâmbulo:

> "A Assembleia Geral proclama. A presente Declaração Universal dos Diretos Humanos como o ideal comum a ser atingido por todos os povos e todas as nações, com o objetivo de que cada indivíduo e cada órgão da sociedade, tendo sempre em mente esta Declaração, se esforce, **através do ensino e da educação**, por promover o respeito a esses direitos e liberdades, e, pela adoção de medidas progressivas de caráter nacional e internacional, por assegurar o seu reconhecimento e a sua observância universais e efetivos, tanto entre os povos dos próprios Estados-Membros, quanto entre os povos dos territórios sob sua jurisdição." (DUDH, 1948) grifo nosso

Mantém-se no Terceiro Milênio enaltecida a responsabilidade do ensino e da educação aliada ao Estado de Direito Humano. Deve ser incentivado todo o empreendimento que contribui para investigar e discutir os métodos a serem criados e implementados para o ensino e para a educação, que desenvolva em eficiência, eficácia e efetividade esta responsabilidade social de justiça prevista na DUDH. Quanto mais tendo o limiar da revolucionária concepção de sociedade da 'informação' e do 'conhecimento' como norteadora desta qualidade de empreendimento na atualidade, para a satisfação dos direitos humanos e acesso aos bens essenciais para uma vida digna, considerando a informação e o conhecimento como bens inerentes ao ensino e à educação em contribuição da paz e da não violência.

A filósofa Adela Cortina (2005) pontua que "de fato, o Estado social de direito tem por pressuposto ético a necessidade de defender os direitos humanos, (...) e, portanto, a exigência que apresenta é uma exigência ética de justiça, que deve ser atendida por qualquer Estado que queira se pretender legítimo." (CORTINA, 2005)

A legitimidade do Estado exige ter a premissa de seus institutos na justiça social ao criar e traduzir o ordenamento teórico de base legal, eticamente configurado em operações regimentais de governo com regras e implementações políticas que favoreçam e incentivem as operações institucionais fundamentadas na dignidade humana assistida pelos direitos humanos fundamentais.

> "Estado social de direito consiste em incluir no sistema de direitos fundamentais não só as liberdades clássicas, mas também os direitos econômicos, sociais e culturais: a satisfação de certas necessidades básicas e **o acesso a certos bens fundamentais para todos** os membros da comunidade apresentam-se como exigências éticas às quais o Estado deve responder." (Idem, 2005)

Considerando a informação e o conhecimento como bens fundamentais para o homem ser e estar dotado da plenitude dos direitos que lhes são justos, as políticas que ditam os processos de ensino e de educação dos Estados-Membros da ONU devem ter o conteúdo da DUDH como referência permanente ao criar e implementar tais políticas, integradas estrategicamente a questões econômicas, culturais, ambientais, entre outras, para responder pelo pleno desenvolvimento da personalidade humana, previsto no Artigo XXVI da DUDH, que declara:

> "1. Toda pessoa tem direito à instrução. A instrução será gratuita, pelo menos nos graus elementares e fundamentais. A instrução elementar será obrigatória. A instrução técnico-profissional será acessível a todos, bem como a instrução superior, esta baseada no mérito.
> 2. A instrução será orientada no sentido do **pleno desenvolvimento da personalidade humana** e do fortalecimento do respeito pelos direitos humanos e pelas liberdades fundamentais. A instrução promoverá a compreensão, a tolerância e a amizade entre todas as nações e grupos raciais ou religiosos, e coadjuvará as atividades das Nações Unidas em prol da manutenção da paz." (grifo nosso)

Ao examinar o que dita o item 2 do Artigo XXVI da DUDH em relação ao avanço de mecanismos tecnológicos de informação e comunicação, estima-se que o alcance do pleno desenvolvimento da personalidade humana é impactado em tempos de intensa veiculação de informação e da destreza comunicacional atribuídos à rede mundial de computadores com crescente acesso da população de todas as idades em escolas, residências e espaços públicos. Este panorama remete à responsabilidade do Estado com a composição e a implementação de políticas de inclusão digital. Vale conferir a estas políticas um processo sistemático e criterioso de orientação e acompanhamento nos processos que implicam na inclusão digital dos homens e mulheres da sociedade atual.

Em continuidade à análise da base legal quanto aos papéis institucionais do Estado e da Educação na tratativa da tecnologia de informação e comunicação, pautar-se-á, sequencialmente, referenciar a Constituição da República Federativa do Brasil de 1948, a LDB de 1996 e os movimentos das Nações Unidas a favor dos direitos humanos com a Cúpula do Milênio de 2000 e com o Plano Global e Prático de Ação Concreta das Nações Unidas conferidos aos objetivos do milênio.

3. Estado, Escola e tecnologias na CRF do Brasil de 1988

A Constituição da República Federativa (CRF) do Brasil, promulgada e decretada em 5 de outubro de 1988 pela Assembleia Geral Constituinte, traz em seu preâmbulo:

"Nós, representantes do povo brasileiro, reunidos em Assembleia Nacional Constituinte para instituir um Estado Democrático, destinado a assegurar o exercício dos **direitos sociais** e individuais, a liberdade, a segurança, o bem-estar, o desenvolvimento, a igualdade e a justiça como valores supremos de uma sociedade fraterna, pluralista e sem preconceitos, fundada na harmonia social e comprometida, na ordem interna e internacional, com a solução pacífica das controvérsias, promulgamos, sob a proteção de Deus, a seguinte CONSTITUIÇÃO DA REPÚBLICA FEDERATIVA DO BRASIL."

Destaca-se dos Princípios Fundamentais da CRF, dentre aqueles que identificam os objetivos fundamentais da República Federativa do Brasil, no Artigo 3º, 'o desenvolvimento nacional' e dos que se aplicam nas relações internacionais no Artigo 4º, 'a prevalência dos direitos humanos'. Em análise delimitada no território brasileiro enaltece-se com os princípios salientados desde o caráter individualizado na busca de condições para garantir os direitos humanos do cidadão brasileiro até a prevalência do progresso do Estado Nação, o qual não deve ocorrer com detrimento do direito humano individualizado, e sim, em permanente reciprocidade.

Pensando o direito à educação como uma categoria dos direitos sociais prescritos no preâmbulo da CRF e reconhecendo que não existe educação sem informação e conhecimento, reforça-se que a sociedade da informação deste milênio é caracterizada pelo desenvolvimento de ações em expansão na área de inclusão digital que favoreça a produção e a disseminação de informação e de conhecimento.

Inclusão digital em primeira instância de responsabilidade do Estado cujas diretrizes são pautadas nos direitos e deveres individuais e coletivos em que todos são iguais perante a lei, previstos no Art. 5º da CRF, e em seu inciso XIV dita que **é assegurado a todos acesso à informação** (...); no inciso XXXIII todos têm direito a receber dos órgãos públicos informações de seu interesse particular, ou de interesse coletivo ou geral, que serão prestadas no prazo da lei (...).

Com isso, o próprio Estado tem desenvolvido atributos de publicidade de informações relevantes para a sociedade, utilizando recursos da tecnologia de informação e comunicação em páginas eletrônicas disponibilizadas na rede mundial de computadores, em contribuição com as ações de inclusão digital, agregando medidas para informatização dos ambientes públicos de acesso à internet. Eis então o panorama da Sociedade da Informação (do Conhecimento) do Terceiro Milênio.

No rol de ações do Estado em informatizar ambientes públicos encontram-se os programas e projetos que enquadram a informatização dos espaços escolares em todas as esferas, do ensino superior, da educação básica e da educação infantil, como atribuição da Gestão de Governo da Federação, em partilha com a Gestão dos Estados e dos Municípios, como previsto no inciso V do Art. 23, que pronuncia a competência da União, dos Estados, dos Municípios em proporcionar os meios de acesso à cultura, à educação e à ciência.

Confirmado o pronunciamento no Art. 6º da CRF, que caracteriza o direito à educação como um dos direitos sociais. O Estado ao desenvolver ações de inclusão digital para o sistema educacional fundamentado nesta premissa traz como resultado destas ações a inclusão socioeducacional e digital, com a apropriação humana de mecanismos digitais sob efeito do direito social. E para isso ocorrer, em efetividade, há necessidade do desenvolvimento da consciência de que ambas, a inclusão digital e a inclusão social, devem estar articuladas entre meios à inclusão educacional, tanto pelos mentores, executores destas ações, quanto pelos seus agentes receptores, no que concerne a processos avaliativos dos resultados das ações de inclusão digital.

Como previsto no inciso IV do Art. 22 CRF, compete à União legislar privativamente sobre a informática, a telecomunicação e a radiodifusão, elementos compatíveis ao mundo digital, e no inciso XXIV do mesmo artigo sobre as diretrizes e bases da educação nacional. Na sequência, estes elementos estarão concretamente demarcados e analisados a partir dos artigos da referenciada Constituição.

Em termos práticos de aliança do digital e educacional à luz da CRF, no Brasil, na ordem do governo federal, desde o ano de 1997 desenvolvem-se implementos políticos de informatização das escolas públicas estaduais do país que valorizam a inclusão sociodigital perpassando pela educacional, através do Programa Nacional de Informática na Educação. No contexto escolar de regime privado também há empreendimentos que remetem a processos de informatização dos ambientes escolares.

Para maior aprofundamento relativo ao papel do Estado quanto à educação, denota-se na sequência o referenciar de alguns elementos constitutivos da Seção I 'Da Educação' do Capítulo III da CRF, com breve análise comentada correspondente ao destacado aporte da inclusão digital que marca o Terceiro Milênio.

O Art. 205 dita que "a educação, direito de todos e dever do Estado e da família, será promovida e incentivada com a colaboração da sociedade, visando ao pleno desenvolvimento da pessoa, seu preparo para o exercício da cidadania e sua qualificação para o trabalho." Ao apresentar os princípios em que será ministrado o ensino no Art. 206 distingue-se a **garantia de padrão de qualidade** (grifo nosso).

Remete-se ao pronunciado no item 2 do Artigo XXVI da DUDH quanto aos direitos sociais na especificidade da educação, a instrução deve garantir o pleno desenvolvimento da personalidade humana, e no Art. 205 da CRF, a educação visa ao pleno desenvolvimento da pessoa, trazendo a termo a 'qualidade' do ensino. Para este alcance, a pessoa deve receber uma instrução que lhe conduza a produzir conhecimento para viver e trabalhar dignamente buscando com liberdade mecanismos para suprir suas necessidades.

O Art. 14 destaca que, quando da elaboração do plano nacional da educação, o Estado tem a responsabilidade de promover e incentivar o desenvolvimento científico, a pesquisa e a capacitação tecnológicas, a melhoria da qualidade do ensino e a promoção humanística, científica e tecnológica do País, registrados nos seus incisos III e V, respectivamente.

As discussões no ano de 2009 acerca do Plano Nacional de Educação para o próximo decênio (2011-2020), a exemplo da teleconferência através da Rede SESC-Senac intitulada 'Qualidade na Educação', ocorrida em 03 de setembro de 2009, ressaltam o empenho teorizado sobre a necessidade de expandir ações na área de inclusão digital, redes de informação, comunidades virtuais, entre outras, como contribuição para o alcance da qualidade na educação, essência norteadora das discussões para o próximo Plano Nacional da Educação.

Em seguimento ao demarcado na CRF, os artigos que declaram as categorias e funções atribuídas aos entes governamentais em cada esfera do ensino estão expostos na sequência. O Art. 207 destaca a autonomia didático pedagógica, administrativa e de gestão financeira e patrimonial das Universidades e o princípio de indissociabilidade entre ensino, pesquisa e extensão. Estando suas iniciativas conscientemente pautadas em contribuir com o solucionar de problemas sociais, as universidades, principalmente as públicas, certamente desenvolverão esforços teóricos e práticos para fazer jus à autonomia que usufruem. Exemplo de iniciativas deste porte está implícito no método de elaboração e no próprio conteúdo desta obra, que traduz concretamente um empreendimento universitário contribuinte da produção do conhecimento e disseminação de informações que desvendam a complexa aplicação das tecnologias no ensino e na educação.

O dever do Estado com a educação será efetivado mediante a garantia de (Art. 208):

> I - ensino fundamental, obrigatório e gratuito, assegurada, inclusive, sua oferta gratuita para todos os que a ele não tiveram acesso na idade própria;
> II - progressiva universalização do ensino médio gratuito;
> III - atendimento educacional especializado aos portadores de deficiência, preferencialmente na rede regular de ensino;
> IV - educação infantil, em creche e pré-escola, às crianças até 5 (cinco) anos de idade;
> V - acesso aos níveis mais elevados do ensino, da pesquisa e da criação artística, segundo a capacidade de cada um.

Incluindo o ensino de caráter privado que deve cumprir as normas gerais da educação nacional, seguindo critérios de autorização e de avaliação estabelecidos pelo Poder Público, previsto no Art. 209.

Para completar a análise dos papéis institucionais relacionando educação e tecnologias, trazendo a termo uma reflexão ora merecida em ênfase da 'educação especial' e 'tecnologias', os artigos da CRF que apontam, sustentam e reforçam estes atributos estão expostos na sequência:

> Art. 218. O Estado promoverá e incentivará o desenvolvimento científico, a pesquisa e a capacitação tecnológicas.
> § 1º - A pesquisa científica básica receberá tratamento prioritário do Estado, tendo em vista o bem público e o progresso das ciências.
> § 2º - A pesquisa tecnológica voltar-se-á preponderantemente **para a solução dos problemas brasileiros e para o desenvolvimento** do sistema produtivo nacional e regional. (grifo nosso)
> § 3º - O Estado apoiará a formação de recursos humanos nas áreas de ciência, pesquisa e tecnologia, e concederá aos que delas se ocupem meios e condições especiais de trabalho.
> § 5º - É facultado aos Estados e ao Distrito Federal vincular parcela de sua receita orçamentária a entidades públicas de fomento ao ensino e à pesquisa científica e tecnológica.
> Art. 219. O mercado interno integra o patrimônio nacional e será incentivado de modo a viabilizar o **desenvolvimento cultural e socioeconômico, o bem-estar da população e a autonomia tecnológica do País**, nos termos de lei federal. (grifo nosso)

No inciso II do § 1º do Art. 227 seguem preceitos como: II - criação de programas de prevenção e atendimento especializado para os portadores de deficiência física, sensorial ou mental, bem como de **integração social do adolescente portador de deficiência, mediante o treinamento para o trabalho e a convivência, e a facilitação do acesso aos bens e serviços coletivos, com a eliminação de preconceitos e obstáculos arquitetônicos.** (grifo nosso)

Em última análise, no que tange à Constituição da República Federativa do Brasil, chama-se a atenção para os grifos em destaque nos Art. 218, 219 e 227 para exemplificação da aliança da educação e das tecnologias em vistas ao que prescreve a Lei, com amparo nos elementos anteriormente abordados dos direitos humanos fundamentais e dos papéis institucionais.

O Estado, ao assumir o papel de promotor e incentivador da pesquisa científica e tecnológica preponderantemente para solucionar problemas brasileiros, ressalta como emergência a dificuldade de inserção social das pessoas portadoras de deficiência, quer seja de origem física ou mental. O desenvolvimento socioeconômico e cultural e a integração destas pessoas ao se tornar objetivo intrínseco e consciente das pesquisas e da criação de tecnologias podem conferir o cumprimento da lei no que concerne a proporcionar uma vida digna e justa a estes.

Quando a Constituição afirma a educação como um "direito de todos e dever do Estado e da família" (Art. 205), está professando um valor público que, para ganhar materialidade, precisa se traduzir em políticas. Estas, uma vez concebidas, são operacionalizadas através de ações que concretizam a gestão. (VIEIRA, 2007)

Deve-se, para tanto, buscar desenvolver mecanismos para superação da mera contemplação das **diretrizes teorizadas** nas leis institucionalizadas e nos planejamentos de ações das organizações competentes para o seu cumprimento, como as universidades e os entes governamentais, para o limiar de **ações praticadas** em concretude, ao superar o plano das intenções carregadas de subjetividade e utopia.

4. Estado, Escola e tecnologias na LDB de 1996

O Presidente da República do Brasil decretou e sancionou a Lei N° 9.394, de 20 de dezembro de 1996, que estabelece as diretrizes e bases da educação.

Art. 1° A educação abrange os processos formativos que se desenvolvem na vida familiar, na convivência humana, no trabalho, nas instituições de ensino e pesquisa, nos movimentos sociais e organizações da sociedade civil e nas manifestações culturais.

> § 1° Esta Lei disciplina a educação escolar, que se desenvolve, predominantemente, por meio do ensino, em instituições próprias.
> § 2° **A educação escolar deverá vincular-se ao mundo do trabalho e à prática social**. (grifo nosso)

Ao analisar o destacado, revela-se a necessidade da educação escolar desenvolver-se em condições de formar o estudante para o desempenho profissional e para a integração social, quanto mais numa sociedade dotada de incrementos tecnológicos como os imperantes no Terceiro Milênio. Ressaltando ainda, em réplica, o princípio de padrão de qualidade com o qual deve ser ministrado o ensino, previsto no inciso VII do Art. 206 da CRF.

O padrão de qualidade do ensino também está no rol de princípios e fins da educação nacional no Título II da LDB, mais precisamente no inciso IX do Art. 3°.

Os artigos 9, 10 e 11 da LDB denotam a incumbência da União, dos Estados e dos Municípios em relação à Educação, respectivamente. O teor explícito nestes artigos demonstra a trama existente entre os papéis institucionais destas esferas no tratamento dos sistemas de ensino superior, da educação básica e da educação infantil, em consonância com o previsto na CRF, havendo detalhamento na LDB quanto aos mecanismos institucionais a serem implementados para a efetiva execução. Apresenta-se a seguir o recorte pertinente de tais artigos com referência no viés da sociedade da informação e do conhecimento, o tecnológico.

O Art. 9 da LDB apresenta a incumbência da União. Em seu inciso I, há indicação de que deve elaborar o Plano Nacional de Educação, em colaboração com os Estados, o Distrito Federal e os Municípios e em seu inciso IV, estabelecer, em colaboração com os Estados, o Distrito Federal e os Municípios, competências e diretrizes para a educação infantil, o ensino fundamental e o ensino médio, que nortearão os currículos e seus conteúdos mínimos, de modo a assegurar formação básica comum. No inciso IX, autorizar, reconhecer, credenciar, supervisionar e avaliar, respectivamente, os cursos das instituições de educação superior e os estabelecimentos do seu sistema de ensino.

A incumbência dos Estados em relação à educação, contida no Artigo 10 da LDB, está, dentre tantas, no inciso I, organizar, manter e desenvolver os órgãos e instituições oficiais dos seus sistemas de ensino, e no inciso III, elaborar e executar políticas e planos educacionais, em consonância com as diretrizes e planos nacionais de educação, integrando e coordenando as suas ações e as dos seus Municípios.

O Art. 11 da LDB trata da incumbência dos Municípios. Em seu inciso I, organizar, manter e desenvolver os órgãos e instituições oficiais dos seus sistemas de ensino, integrando-os às políticas e planos educacionais da União e dos Estados; e inciso V, oferecer a educação infantil em creches e pré-escolas, e, com prioridade, o ensino fundamental, permitida a atuação em outros níveis de ensino somente quando estiverem atendidas plenamente as necessidades de sua área de competência e com recursos acima dos percentuais mínimos vinculados pela Constituição Federal à manutenção e ao desenvolvimento do ensino.

Em síntese: Distribuição prioritária por nível, curso e os programas de ensino – Título V da LDB:

Quadro 1 – Distribuição prioritária por nível de ensino

			União	Estado	Município
Educação Básica	Educação Infantil	Pré-escola			X
		Creches			X
	Ensino Fundamental	1º a 4º ano		X	X
		5º ao 9º ano		X	
	Ensino Médio		X	X	
Ensino Superior	Graduação		X	X	
	Pós-Graduação	Extensão	X	X	
		Especialização	X	X	
		Mestrado	X	X	
		Doutorado	X	X	

Fonte: Formulação a partir da LDB/96

O Art. 12 da LDB e os seus respectivos incisos declaram a incumbência dos estabelecimentos de ensino, respeitadas as normas comuns e as do sistema de ensino que se enquadra como: elaborar e executar sua proposta pedagógica; administrar seu pessoal e seus recursos materiais e financeiros; assegurar o cumprimento dos dias letivos e horas-aula estabelecidas; velar pelo cumprimento do plano de trabalho de cada docente; prover meios para a recuperação dos alunos de menor rendimento; articular-se com as famílias e a comunidade, criando processos de integração da sociedade com a escola.

Dentre os princípios que devem ser seguidos pelos sistemas de ensino ao definirem as normas da gestão democrática do ensino público na educação básica, destaca-se o inciso I do Art. 14 que requer a participação dos profissionais da educação na elaboração do projeto pedagógico da escola.

O projeto político pedagógico sendo a 'lei maior' do estabelecimento de ensino, quanto mais estiver pautado e fundamentado na real necessidade da comunidade escolar e nas proposições conscientes dos profissionais da educação ativos no processo educacional, que o conhecem em sua essência, haverá mais garantia de envolvimento e comprometimento para sua consolidação, ao invés de ser 'formatado' em outras instâncias, distantes do viver escolar.

Vale destacar que as proposituras relativas às ações na área de tecnologia na educação devem ter lugar no projeto pedagógico das escolas, como resultado de incessantes discussões dos profissionais da educação, buscando integrar as práticas e vivências no ambiente escolar com o que rege e fundamenta a especificidade desta área. Lembrando-se que já há mais de uma década, desde o final dos anos 90, que tecnologias de informação e comunicação foram sendo incorporadas no ambiente escolar para uso didático. Tratar deste fenômeno na materialidade do projeto pedagógico da escola é dever de todos os profissionais da educação.

Denota-se que o intento explicitado formalmente e comentado a partir da declaração universal dos direitos humanos e da lei constitucional no que se refere a busca de meios para uma vida digna e justa do homem encontra-se referendado igualmente na LDB de modo implícito ou explícito em seus artigos, parágrafos e incisos.

De muitas menções que poderiam exemplificar tal intento destaca-se o Art. 22 da LDB: A **educação básica** tem por finalidades desenvolver o educando, assegurar-lhe a formação comum indispensável para o exercício da cidadania e fornecer-lhe meios para progredir no trabalho e em estudos posteriores.

Também merece destaque o Art. 27, que prescreve nos seus incisos as diretrizes que os conteúdos curriculares da educação básica devem observar: a difusão de valores fundamentais ao interesse social, aos direitos e deveres dos cidadãos, de respeito ao bem comum e à ordem democrática; orientação para o trabalho; entre outros.

Contribuir para preparar o cidadão para uma vida social e profissional justa, eis a responsabilidade da educação. Principalmente ao estar inserido na sociedade da informação e do conhecimento, cujas tecnologias de informação e comunicação existentes podem se tornar catalisadoras do processo de formação, se utilizadas de modo inteligente em conteúdo, forma e tempo de uso, ou seja, quando o método de uso é intelectualmente e reflexivamente concebido. E a elaboração e execução deste método deve ser tarefa do profissional da educação da atual sociedade.

O inciso II do Art. 32., ao especificar a formação básica do cidadão no ensino fundamental, com duração de nove anos, iniciando-se aos 6 (seis) anos de idade, terá por objetivo a formação básica do cidadão, mediante **a compreensão do ambiente natural e social, do sistema político, da tecnologia, das artes e dos valores em que se fundamenta a sociedade** (grifo nosso). Aqui mais uma vez há referência à compreensão da tecnologia para uma formação plena do aluno, do cidadão.

O ensino médio, etapa final da educação básica, com duração mínima de três anos, terá como finalidades indicadas nos incisos do Art. 35.: a consolidação e o aprofundamento dos conhecimentos adquiridos no ensino fundamental, possibilitando o prosseguimento de estudos; a preparação básica para o trabalho e a cidadania do educando, para continuar aprendendo, de modo a ser capaz de se adaptar com flexibilidade a novas condições de ocupação ou aperfeiçoamento posteriores; o aprimoramento do educando como pessoa, incluindo a formação ética e o desenvolvimento da autonomia intelectual e do pensamento crítico; a compreensão dos fundamentos científico-tecnológicos dos processos produtivos, relacionando a teoria com a prática, no ensino de cada disciplina.

Ao mencionar sobre o currículo do ensino médio, o § 1º, incisos I e II do Art. 36, enfatiza que os conteúdos, as metodologias e as formas de avaliação do educando devem proporcioná-lo ao final do ensino médio: domínio dos princípios científicos e tecnológicos que presidem a produção moderna e o conhecimento das formas contemporâneas de linguagem.

No destacado da finalidade da educação superior no Art. 43 em seus incisos:

I - estimular a criação cultural e o desenvolvimento do espírito científico e do pensamento reflexivo;

III - **incentivar o trabalho de pesquisa e investigação científica, visando o desenvolvimento da ciência e da tecnologia e da criação e difusão da cultura, e, desse modo, desenvolver o entendimento do homem e do meio em que vive;**

IV - **promover a divulgação de conhecimentos culturais, científicos e técnicos que constituem patrimônio da humanidade e comunicar o saber através do ensino, de publicações ou de outras formas de comunicação;**

VII - **promover a extensão, aberta à participação da população, visando à difusão das conquistas e benefícios resultantes da criação cultural e da pesquisa científica e tecnológica geradas na instituição.**

No exercício da sua autonomia, Art. 53 da LDB e Art. 207 da CRF é que a Universidade Federal do Paraná aqui representada pelo Departamento de Gestão da Informação mobilizou esforços em produzir esta obra, com base numa ação prática, que possa contribuir para alcançar a plenitude do prescrito no Art. 43 e seus incisos valendo destaque para atributos como: estímulo, incentivo, difusão, participação, criação, reflexão, entre outros.

Os Artigos 58 e 59 da LDB tratam da Educação Especial, que conceitualmente é a modalidade de educação escolar, oferecida preferencialmente na rede regular de ensino, para alunos portadores de necessidades especiais. Em seus parágrafos e em seus incisos respectivamente encontram-se as particularidades para atendimento a esta modalidade em suas peculiaridades, nas quais as tecnologias de informação e comunicação podem ter seu ápice de aplicação ao fazer extrapolar as atividades dos portadores de necessidades especiais para além das suas limitações físicas, psicológicas e mentais, com o auxílio de hardware, software entre outros apetrechos técnicos especialmente criados ou adaptados para atender esta demanda, incluindo os superdotados.

O devido atendimento a esta modalidade, para a digna prática social e profissional dos portadores de necessidades educacionais especiais, não se restringe à criação de tecnologias que deem conta daquelas particularidades, as quais comumente contam na lista de incumbência das universidades, mas também a formação dos profissionais da educação para manuseá-las e aplicá-las utilizando metodologias didaticamente específicas para esta modalidade de ensino.

Neste caso, as universidades permanecem com a incumbência para preparar os profissionais da educação em sua formação inicial para darem conta de utilizarem pedagogicamente as tecnologias nesta modalidade de ensino, ficando também a formação continuada dos profissionais da educação com a universidade e de modo extensivo ao poder executivo da União, Estado e Municípios, nos processos de capacitação, previstos em lei.

Na égide da formação inicial e continuada, vale buscar na LDB o amparo no Art. 80 referente a modalidade a distância para sua promoção, em que cabe ao Poder Público incentivar o desenvolvimento e a veiculação de programas de ensino a distância, em todos os níveis e modalidades de ensino, e de educação continuada – modalidade esta em que a aplicação das tecnologias de informação e comunicação destaca-se e encontra-se em franca expansão.

5. Estado, Escola e tecnologias na Declaração do Milênio

Desde a constituição da Declaração Universal dos Direitos Humanos, em 1948, a ONU promove anualmente em sua sede, em Nova York, a Assembleia Geral dos Estados-Membros que, no ano 2000, foi caracterizada como a Cúpula do Milênio, com a maior reunião de chefes de Estado e de Governo da história em que se estabeleceram os 8 Objetivos de Desenvolvimento do Milênio (ODM). Compromisso conhecido como a Declaração do Milênio para que, até o ano de 2015, os problemas atrelados aos 8 ODM fossem resolvidos, são eles:

1. Erradicar a extrema pobreza e a fome.
2. Atingir o ensino básico universal.
3. Promover a igualdade entre os sexos e a autonomia das mulheres.
4. Reduzir a mortalidade infantil.
5. Melhorar a saúde materna.
6. Combater o HIV/aids, a malária e outras doenças.

7. Garantir a sustentabilidade ambiental.
8. Estabelecer uma Parceria Mundial para o Desenvolvimento.

Em anos vindouros a 2000, ocorreram aprofundados estudos e pesquisas liderados pela ONU com amparo de mais de 250 técnicos especialistas em desenvolvimento do mundo para a elaboração de ações em sua concretude, para o alcance dos objetivos de desenvolvimento do milênio que culminou, no ano de 2005, num Plano Global e Prático para Alcançar os Objetivos de Desenvolvimento do Milênio.

> "O Plano Global propõe soluções diretas para que os Objetivos de Desenvolvimento do Milênio sejam alcançados até 2015. O mundo já possui a tecnologia e o conhecimento para resolver a maioria dos problemas enfrentados pelos países pobres. Até então, no entanto, tais soluções não foram implementadas na escala necessária. O Plano Global do Projeto do Milênio apresenta recomendações para que isso seja feito tanto em países pobres quanto em países ricos." (PNUD, 2009)

O Plano Global e Prático apresenta os 8 objetivos do milênio desmembrados em 18 Metas e o foco da presente análise concentrar-se-á no 8º Objetivo do Milênio, que possui 7 Metas (nº 12 a 18), das quais a de nº 18 está diretamente relacionada com o fenômeno da inclusão digital tratada no decorrer deste artigo como foco observado pelo Estado e pela Escola na sociedade da informação e do conhecimento.

A identificação da meta 18 propõe que, em cooperação com o setor privado, tornem-se acessíveis os benefícios das novas tecnologias, em especial das tecnologias de informação e de comunicação. Observando a conclusão teórica no pronunciamento da promotora de Justiça Maria Tereza Uille de que o 8º Objetivo possui a dimensão tipo aberta, da mesma forma que os demais objetivos, também está diretamente relacionado à efetivação dos direitos humanos e ao direito humano ao desenvolvimento, ou seja, é aquele que tem como destinatário do desenvolvimento o ser humano, visando a melhores condições de vida digna para todos.

Ao analisar tal pronunciamento e o conteúdo contido na meta 18 do 8º objetivo, trazemos à luz a seguinte reflexão: somente o fato de acessar as tecnologias de informação e comunicação garante o desenvolvimento do ser humano? Desenvolvimento este em aspectos sociais, econômicos, científicos, educacionais, culturais, políticos, entre outros, como previstos na Constituição Federal do Brasil?

A lógica nada complexa da resposta a estas questões é de que não há garantia do desenvolvimento humano em qualquer aspecto com o simples acesso à tecnologia de informação e comunicação. Para tanto, os gestores do Estado e da escola devem ter a consciência de que as ações de inclusão digital, para contribuírem em concretude do desenvolvimento humano, dependem de ações para além da inserção física de recursos tecnológicos nos ambientes escolares e comunitários, com ações de ordem humanitária, associadas à sensibilização e à orientação para o uso significativo destas tecnologias em condições de contribuir para o pleno desenvolvimento humano.

6. Encaminhamento metodológico

Depois de realizada a leitura deste artigo individualmente, discutir em grupo e depois em plenária com orientação do professor o impacto na sociedade e na escola das tecnologias de informação e comunicação trazendo à luz a doutrina de desenvolvimento humano estabelecida na DUDH, na CRF, na LDB, nos Objetivos de Desenvolvimento do Milênio a partir do ensino e da educação.

Elencar as consequências deste impacto em termos de benefícios e malefícios para o indivíduo e para a sociedade, caracterizando os papéis do Estado e da Escola para minimizar os que produzem prejuízo de alguma forma.

Destaque as palavras-chave, em grupo, da doutrina de desenvolvimento humano examinada, que podem sinalizar encaminhamentos de ação estratégica para condução da interpretação da teoria em prática efetiva, com riqueza de argumentos quanto aos papéis cabíveis aos entes em foco, o Estado e a Escola.

7. Case

Expõe-se exemplarmente a integração de dois Programas do Governo do Estado do Paraná, o Programa de Desenvolvimento Educacional (PDE-PR) e o Programa Superação, a favor de 28 escolas públicas estaduais do Núcleo Regional da Educação da Área Metropolitana Norte (NRE AMN) com problemas de rendimento escolar e de evasão dos alunos. Esta integração proporcionou a realização de pesquisa diagnóstica e a busca conjunta de soluções para as vulnerabilidades sociais, infra-estruturais e de cunho subjetivo sob a ótica dos educadores atuantes nas próprias escolas, resultando numa Proposta de Ação – Superação do NREAM Norte.

Para este case, extraíram-se do documento final da proposta de ações de dezembro de 2007 três ações correlacionadas com a inclusão digital para caracterizar a aplicação significativa das tecnologias na educação e apontar o que seria de competência do Estado e da Escola. Antes de apresentar o extrato da proposta em si, vale expor as estratégias utilizadas para sua elaboração, porque é de extrema relevância em mobilização e organização sistemática e coletiva.

Este trabalho foi desenvolvido por professores vinculados ao PDE-PR em 2007, em parceria com os Gestores das 28 escolas e do NRE AMN, com orientação metodológica e científica da Universidade Federal do Paraná, na especificidade do Departamento de Gestão da Informação para a elaboração de uma proposta de ação para enfrentamento dos problemas diagnosticados nas escolas 'Superação' do NREAM Norte.

O Programa de Desenvolvimento Educacional – PDE-PR, lançado em 2006, visa ao aperfeiçoamento dos professores atuantes na educação básica a partir da parceria com as Instituições de Ensino Superior Públicas do Paraná e o Programa Superação implementado em 2007, planeja e desenvolve ações na educação básica a partir da aliança com setores diversos, como de pesquisa, do trabalho, da justiça, da segurança, da saúde, do meio ambiente, que possam contribuir, direta ou indiretamente, a curto, médio ou longo prazo para cumprir o disposto na Constituição Federativa do Brasil no que tange à formação de qualidade através do ensino e da educação, à luz do amparo socioeducacional.

A implementação do Programa 'Superação' teve especificamente em 2007 o seu foco delimitado a 10% (212) do total de 2.099 escolas públicas estaduais, cujas avaliações formais no ano de 2005 apresentaram: aprovação dos alunos menor do que 60%, abandono maior que 25%, Prova Brasil menor que a média do Paraná e Índice de Desenvolvimento Humano (IDH) no município de localização da escola menor que a média do Brasil (0,79 em 2006).

O Paraná possui 399 municípios, os quais são organizados em 32 Núcleos Regionais da Educação (NRE) pela Secretaria de Estado da Educação (SEED), para gerenciamento das 2.099 escolas e colégios públicos estaduais. O exemplo ora anunciado é concernente a 28 escolas, das 212 do Programa Superação, localizadas no NRE da Área Metropolitana Norte de Curitiba – NREAM Norte, distribuídas em 7 municípios do total de 14 municípios e de 104 escolas públicas estaduais de abrangência deste Núcleo.

Este trabalho no NREAM Norte foi realizado por um grupo de 12 professores, aprovados no PDE-PR, em 2006, e para conhecimento do perfil de tais pesquisadores explana-se a dimensão do PDE no Paraná. A SEED-PR, no ano de 2006, possuía 56.507 professores atuantes na educação básica; destes, 23.248 no último nível '2' da carreira para o magistério. Com o novo Plano de Cargos e Salários, instituído pelo Governo do Estado em 2004, criou-se o nível '3' e o condicionante de que para alcançar este nível o professor precisaria ter aprovação no concurso promovido através da SEED, que selecionou 1.200 professores de todo o Estado que, licenciados em 100% da sua jornada de trabalho, passaram a desenvolver estudos e pesquisas de relevância para a busca de melhoria da qualidade da educação básica junto às Universidades Públicas do Paraná.

Destes 1.200 professores, 105 possuíam título de Mestre ou de Doutor, para os quais foi atribuída, no ano de 2007, a tarefa de propor soluções para as 212 escolas do Programa 'Superação', dentre os quais estão os 12 professores citados anteriormente que desenvolveram a pesquisa no NREAM Norte, pertencentes às áreas do conhecimento de Pedagogia (2), Gestão Escolar (2), Língua Portuguesa (3), Ciências (1), História (2), Geografia (1) e Filosofia (1).

A Proposta de Ação – Superação do NREAM Norte elaborada é decorrente de investigações, planejamentos e trabalhos desenvolvidos junto ao NREAM Norte e diretamente com os 28 colégios, através da análise informacional dos relatórios das escolas e dos colégios 'Superação', dos Projetos Políticos Pedagógicos, dos Sistemas eletrônicos de dados escolares, da investigação de campo, configurada através das visitas técnicas nas escolas e do planejamento de ações efetuado mediante o contato com os educadores das escolas em plena visita e em reuniões formais promovidas no NREAM Norte. Cabe ressaltar a pertinência e seriedade deste trabalho na coletividade, pois o enfrentamento dos problemas para 'superação' depende consideravelmente desta coletividade.

A referida proposta contém ações de âmbito geral regional e específico escolar, justificando a contemplação macro e micro de sua dimensão e, principalmente, por ter em sua essência a condição real da Escola e da sociedade na contemporaneidade. Tal proposta prevê implementos que extrapolam o ato pedagógico, pois considera as dimensões da Justiça, da Segurança, do Trabalho, da Saúde, do Meio Ambiente e das articulações com as Instituições de Ensino Superior. Busca um fortalecimento e consistência para as ações socioeducacionais, que sobremaneira motivaram os diretores das 28 escolas a participarem ativamente das discussões e proposições.

Eis o extrato que diz respeito à inclusão digital da proposta de ação do NRE AMN elaborada:

1. **Site da escola e informações relevantes para a comunidade escolar:** Criar e publicar os sites das escolas em website institucionalizado, acrescentando um link de planilhas informativas das profissões e da prestação de serviço dos pais e das mães de alunos da escola, para que haja divulgação plena para a comunidade escolar, com o objetivo de desenvolver

uma cultura de autoprovimento social e compartilhamento de informação profissional. Atribuir esta função ao grêmio estudantil, tendo um pedagogo como orientador para atualização do site da escola.

2. **Socialização de experiências educacionais de sucesso:** A socialização de experiências educacionais é fundamental ao considerar que a educação é um processo que envolve relações sociais, que se faz na experiência da convivência, na troca com seus pares e com a sociedade em geral. Além disso, este diálogo, envolvendo conhecimento e ação, resgata e valoriza a educação e seus protagonistas, que sentem que o seu trabalho foi reconhecido e tem relevância, não só em âmbito local – pois inclusive pode ser aprimorado e adaptado por outrem. E neste quesito de comunicabilidade a tecnologia pode servir como recurso imprescindível para a divulgação via web, via televisiva e via rádio.

3. **Formação Continuada na área de tecnologias na educação:** Realização de palestras, cursos, oficinas, grupos de estudo, entre outros que trabalhem os seguintes conteúdos:
   – Tecnologia e Humanização – Analisar o impacto das tecnologias de informação e comunicação na sociedade, no adulto e principalmente no jovem e na criança em formação e as influências consequentes, nem sempre benéficas, sobre o desenvolvimento físico, intelectual, psicológico, cultural, social, profissional, entre outros.
   – Ação do Pedagogo com auxílio das Tecnologias - Propostas metodológicas para preparar o Pedagogo para se tornar um articulador do uso pedagógico das tecnologias na escola. Nessa ação destaca-se o uso pedagógico e qualitativo dos vários instrumentos tecnológicos e sistemas de informação existentes, desenvolvendo a cultura do uso das tecnologias pelo pedagogo como viabilizadora de aperfeiçoamento e de discussões que podem ocorrer utilizando-se de plataformas na modalidade a distância para compor uma comunidade virtual de aprendizagem com os professores da escola, tornando-se uma formação corrente e institucionalizada.
   – Gestão Escolar e Sistema Estadual de Registro Escolar (SERE) – Com base na área da gestão da informação e da gestão do conhecimento que conduza a uma análise criteriosa dos dados emanados do SERE para nortear o projeto político pedagógico (PPP). Formação voltada para minimizar as dificuldades encontradas pelos gestores para a prática efetiva de suas funções, enquanto líderes para a (re)formulação do PPP amparada em dados e informações reais do SERE.

Estas e outras ações podem contribuir para o avanço em qualidade do ensino e da educação. Cabe ao Estado e à Escola, cada qual em sua competência com amparo na Lei, planejar, executar e avaliar as ações na área de tecnologias de informação e comunicação na educação, em termos práticos, para além do previsto em suas doutrinas teorizadas.

8. Conclusão

Para efeito de finalização dos escritos desta análise que ora se configura em processo permanente de reflexão, destaca-se, em tempo, o fenômeno do agregar esforços no coletivo em cunho individual, setorial e organizacional, no Estado e na Escola, nas etapas de planejamento, execução e avaliação de ações na área de inclusão digital a partir das conclusões teóricas fundamentadas em Lei que valorizam o desenvolvimento humano, focando-o permanentemente para a formulação de soluções que favoreçam o seu alcance.

Reitera-se a importância desta obra ser criada para subsidiar o trabalho associado à inclusão digital na sociedade da informação e do conhecimento, cujo método para sua criação merece destaque, tanto quanto o seu conteúdo, por ter amparo numa concepção coletiva de produção. A Doutora em Educação Naura Ferreira (2006) reforça a importância desta concepção:

> "O exame do curso da história indica e destaca a importância da capacidade de criação e ação humana coletiva na construção e reconstrução de perspectivas intelectuais que viabilizem a adoção de soluções políticas que respondam efetivamente às necessidades sociais, objetivando a formação de homens e mulheres íntegros(as) e capazes de se autogerir e gerir os destinos da educação e da sociedade." (FERREIRA, 2006)

O teor deste trabalho tem o mérito no educador da escola pública deste país, que permanece bravamente lutando por um mundo melhor através de suas aulas e que, por mais que se depare com dificuldades em sua jornada profissional, mantém-se insistente e perseverante, contribuindo para a produção do conhecimento e para o desenvolvimento humano, tendo cada vez à sua disposição as tecnologias de informação e comunicação.

9. Questões para reflexão

Examinando o disposto na base legal da DUDH, da CRF e da LDB sobre os papéis institucionais do Estado e da Escola no que diz respeito ao uso das tecnologias de informação e comunicação no ensino e na educação, argumente sobre:

- Qual é a atribuição dos 'Gestores' do Estado e da Escola para fazer valer na prática o prescrito em Lei?
- Reconhece-se o quanto é difícil e raro na sociedade haver uma mobilização organizacional integrada para enfrentamento de problemas reais da sociedade e da Escola, de forma a aplicar significativamente as tecnologias de informação e comunicação em seu benefício. Como e quem deve buscar tal integração? Esta integração possui relevância para os papéis institucionais do Estado e da Escola em suas competências em que grau?
- A partir do case anunciado, que outras ações poderiam contribuir para a execução prática observando o prescrito em Lei sobre os papéis do Estado e da Escola a respeito das tecnologias na educação?

10. Tópico para discussão

Desde o final da década de 90, o Ministério da Educação do Brasil tem investido maciçamente na implantação e implementação de Políticas Públicas Educacionais que visam à inclusão digital: Programa Nacional de Informática na Educação (PROINFO Integrado), Um Computador por Aluno (UCA), a formação inicial e continuada na modalidade a distância com a Universidade Aberta (UAB), a visão sistêmica de educação com o Plano de Desenvolvimento Educacional (PDE/Nacional), entre outros implementos em busca de melhoria da qualidade da educação, como descrito teoricamente em suas diretrizes.

1. Do que depende a efetividade de tais Políticas de Inclusão Digital e de Formação no Terceiro Milênio, em plena Sociedade da Informação e do Conhecimento que conduz a uma corrente evolução na apropriação das tecnologias de informação e comunicação pela Sociedade, pelo Estado e pela Escola de modo a proporcionar o desenvolvimento humano previsto nas Leis observadas?

2. Será que estas Políticas tornar-se-ão efetivas sem buscar articulação com ações que extrapolam essencialmente o fenômeno pedagógico, estendendo-se ao contexto social, melhor em se tratando da natureza socioeducacional do aluno?

3. Em comemoração dos 60 anos da DUDH (1948-2008) o Ministério da Educação participará ativamente da divulgação do texto da Declaração nas Escolas Públicas brasileiras. Outras ações previstas são: elaboração de uma versão da Declaração Universal em quadrinhos; publicação de um Dicionário dos Direitos Humanos etc., como anunciado no site do MEC

no final de 2008. Em que medida estas ações garantem efetivamente a prática dos direitos humanos na escola brasileira?

Referências

ANNONI, D. Os sessenta anos da Declaração Universal dos Direitos Humanos das Nações Unidas: contribuições e perspectivas. **Revista Direitos, Estado e Sociedade,** n. 33, p. 19-25, jul./dez. 2008. Disponível em: <http://publique. rdc.puc-rio.br/direito/cgi/cgilua.exe/sys/start.htm?tpl=home>. Acesso em: jul. 2009.

BRASIL. **Constituição da República Federativa do Brasil:** promulgada em 05 de out. 1988. Diário Oficial da República Federativa do Brasil, Brasília, DF, em 05 de out. de 1988.

BRASIL. Lei nº 9.394, de 20 de dezembro de 1996. Estabelece as diretrizes e bases da educação nacional. **Diário Oficial da República Federativa do Brasil**, Brasília, DF, v. 134, Nº 248, 23/12/96.

CORTINA, A. **Cidadãos do mundo:** para uma teoria da cidadania. Editora Loyola, São Paulo, 2005.

FERREIRA, N. S. C. **Gestão democrática da educação**: atuais tendências, novos desafios. 5. ed. São Paulo: ABDR, 2006.

FOLMANN, M.; ANNONI, D. **Direitos humanos** – os 60 anos da Declaração Universal da ONU. Editora Juruá, 2008.

ONU. Declaração Universal dos Direitos Humanos de 10 de dez. de 1948 proclamada pela resolução 217 A (III). Disponível em: <http://www.pnud.org. br/popup/download.php?id_arquivo=1>. Acesso em: jul. 2009.

ONU. **Objetivos de Desenvolvimento do Milênio**. Disponível em: <http://www. pnud.org.br/odm/>. Acesso em: jul. 2009.

SCHLESINGER, C. C. B. et al. **Gestão do conhecimento na administração pública**. Curitiba: Instituto Municipal de Administração Pública – IMAP, 2008.

VIEIRA, S. L. Política(s) e gestão da educação básica: revisitando conceitos simples. **Revista brasileira de política e administração na educação**, p. 53-69, jan./abr. 2007.

ARTIGO 2

Papéis dos Profissionais da Educação
(Docente, Pedagogo, Gestor Escolar)

Célia Scucato Minioli

Sumário

Resumo	26
Palavras-chave	27
1. Introdução	27
2. Conceitos	27
3. O papel do gestor	30
4. O papel do pedagogo	32
5. O papel do professor	35
6. Case: implicações e interdependência	36
6.1. Proposta de inovação pedagógica	36
6.2. Desenvolvimento das atividades	37
6.3. Resultados obtidos	37
6.4. Lições aprendidas	37
6.5. Questões para reflexão	38
7. Tópicos para discussão	38
8. Para saber mais sobre o tema	39
Referências	40

Resumo

Neste início de século, o grande desafio que se impõe para a educação está voltado às grandes transformações ocorridas no mundo do conhecimento. Estas mudanças se refletem diretamente nas questões relativas à gestão e à condução do processo ensino- aprendizagem. Neste trabalho serão apontados alguns aspectos relacionados aos papéis assumidos pelos profissionais da educação na relação entre a escola e o processo gerencial necessário à construção do dia a dia no espaço escolar. O trabalho analisa as relações de interdependência entre os profissionais da educação e como estas relações estão sendo influenciadas pelas mudanças sociais próprias da Sociedade da Informação e do Conhecimento.

Palavras-chave

Papéis, Interdependência, Socialização, Desafio.

1. Introdução

A experiência inédita vivenciada pelas organizações neste início do século XXI, graças aos acontecimentos históricos próprios da Sociedade da Informação e do Conhecimento, se reflete nas mudanças drásticas nas áreas econômica, tecnológica e também na educação. Estas mudanças se refletem diretamente nas questões relativas à gestão e à condução do processo ensino-aprendizagem.

Neste artigo serão apontados alguns aspectos relacionados aos papéis assumidos pelos profissionais da educação na relação entre a escola e o processo gerencial necessário à construção do dia a dia no espaço escolar.

Assim, seja qual for a prática de gestão assumida pela instituição hoje, ela não pode estar dissociada da Gestão da Informação e do Conhecimento. Em decorrência deste comportamento se estabelecem a criação da cultura organizacional e a política de gerenciamento do conhecimento que conduzirão o processo ensino-aprendizagem ao pleno atingir de suas metas.

A gestão, portanto, está diretamente ligada ao conceito de assessoramento, o que implica o desenvolvimento de atividades voltadas ao compartilhamento e trabalho em conjunto, na solução de problemas relacionados ao processo ensino-aprendizagem. O conjunto destas atividades engloba uma grande variedade de inter-relações, provenientes dos cargos e das funções exercidas pelo professor na condução do processo escolar. O trabalho em equipe pode resultar no compartilhamento de ideias, recurso valioso no processo decisório.

2. Conceitos

Segundo Hall (1998), "as pessoas nas organizações compartilham uma grande variedade de inter-relações. Seu trabalho pode exigir que se associem entre si como parte regular do desempenho de seu cargo."

Elas podem se unir e compartilhar ideias ou recursos valiosos, como acesso a equipamentos tecnológicos, mesmo quando o trabalho não exige que entrem em contato direto umas com as outras.

No local de trabalho a interdependência assume uma das quatro formas assim especificadas:

a) **Interdependência agrupada** – acontece entre pessoas que buscam recursos de uma fonte comum, mas têm pouca coisa em comum. Os recursos agrupados nesta interdependência podem incluir dinheiro, equipamento, matérias-primas, informações ou experiências. Cada especialista pode incluir no computador as informações pertinentes, entretanto, trabalha sozinho para executar a tarefa de introduzir informações. A realização da tarefa exige pouca interação com outros colegas de trabalho.

b) **Interdependência sequencial** – é uma cadeia unidirecional de interações na qual as pessoas dependem daquelas que as antecedem. Este tipo de interdependência envolve algum tipo de interação, como conversas entre si para passarem informações sobre o trabalho que passam de um setor para o outro.

c) **Interdependência recíproca** – este tipo de interdependência acontece quando um grupo de pessoas é unido por uma cadeia de relações bidirecionais, isto é, quando um setor precisa das informações de outro. Esta interdependência precisa de uma interação direta como a comunicação face a face, conversas telefônicas ou instruções por escrito. Desta forma, as pessoas reciprocamente interdependentes estão muito mais ligadas entre si do que as agrupadas ou sequenciais.

d) **Interdependência inclusiva** – desenvolve-se numa estreita cadeia de interdependência recíproca. Constitui-se na forma mais complexa de interdependência, pois todos são reciprocamente interdependentes. Na interação inclusiva, entretanto, as interações tendem a ficar mais frequentes, mais intensas e de maior duração do que todas as outras.

Interdependência de tarefas – Guzzo e Shea (1992) *apud* Palácios e Andrade (2005) definem a interdependência de tarefas como a extensão em que os membros do grupo devem interagir e dependem mutuamente para completar o trabalho de maneira satisfatória. Wageman e Baker também citados pelos mesmos autores manifestam que a interdependência de tarefas é o grau em que o desempenho das tarefas de um membro da equipe depende do esforço e da habilidade dos outros. Desta forma, é importante para os membros de um mesmo grupo de trabalho perceber as tarefas que lhe são próprias, administrar a execução delas e agir de forma a justar o grau de dependência do resultado à sua responsabilidade e a do seu papel enquanto participante do grupo ou equipe.

Implicações da interdependência – Segundo Hall (1998), "o tipo de interdependência que liga as pessoas em relações interpessoais possui várias e importantes implicações gerenciais". Para o autor, compartilhar de um número maior de interligações e estar mais estreitamente ligado aumenta a probabilidade de que as diferenças de opinião, metas ou resultados sejam percebidos e discutidos.

Papéis e socialização - À medida que as pessoas interdependentes se associam umas com as outras e ganham experiências nas relações interpessoais, passam a esperar que as outras se comportem de determinadas maneiras. Para o autor, os papéis são de importância crucial para as empresas.

Os papéis são desempenhados a partir de normas que orientam e influenciam nas ações de cada participante da equipe de profissionais da educação.

Assim, dentre o conjunto de papéis a serem exercidos no espaço escolar inclui o do Diretor e de sua Equipe de Direção (Pedagogos realizando ações relativas à Supervisão e Orientação), de Coordenadores de área, dos professores da escola e dos funcionários da área administrativa.

Estreitamente ligada ao processo de criar e assumir papéis encontra-se a socialização, um procedimento pelo qual as pessoas adquirem o conhecimento e as habilidades sociais necessárias para assumirem corretamente seus papéis no grupo de as profissionais a que pertençam. A socialização, segundo Prentice Hall, é o processo de "aprender as manhas" e envolve muito mais do que o simples aprendizado dos requisitos técnicos associados ao trabalho. Trata-se também de aprender sobre o grupo ou a organização, seus valores, cultura, história passada e potencial, e o lugar onde se encaixa o ocupante do papel. Logo, os papéis são desempenhados em cada um dos agrupamentos e isto acontece de forma distinta, tendo em vista os aspectos diferentes de cada função.

No processo de Gestão "compartilhada", existe a dimensão hierárquica, mas esta se encontra posicionada horizontalmente, não havendo pessoas em posição mais alta, como quando esta hierarquia está posicionada em forma de pirâmide.

Na Gestão Compartilhada o fator agregador é a comunicação, podendo ser oral (conversas face a face, conversas informais, palestras ou por meio de telefone) que permitam um *feedback* rápido; e escritas, mais exatas e que muitas vezes minimiza a possibilidade de futuras confusões ou discussões em torno de sua interpretação (memorandos, atas, e-mails e outros).

3. O papel do gestor

Em decorrência das grandes transformações ocorridas no mundo do conhecimento, neste início de século, o grande desafio que se impõe à educação hoje está voltado para o acesso e a utilização das Tecnologias da Informação e Comunicação no espaço escolar.

Em consequência deste processo,

> "a função social da escola ganhou novas dimensões, para além da sala de aula e/ ou dos muros da escola, abrindo-se para os muros reais e reinterpretando seu papel na sociedade. Da mesma forma, é fundamental que ela esteja atenta às mudanças sociais decorrentes dos avanços tecnológicos, a fim de se beneficiar deles, trazendo para si novas propostas de ação que favoreçam o desenvolvimento do professor e a aprendizagem do aluno, para colocá-los em sintonia com o mundo atual." (ALONSO, 2007)

A necessidade de uma nova escola pautada pelos paradigmas desta nova sociedade passa a exigir dos profissionais da educação um novo posicionamento frente ao conhecimento e ao saber. Assim, o papel desempenhado pelo gestor no espaço escolar também passa por um processo de transição como resultado destas transformações sociais.

Para gerenciar uma escola, é preciso conhecer e aplicar os novos paradigmas da gestão, fato diretamente ligado à ação de revisão das novas exigências educacionais, pois a escola tende a reproduzir, na organização do seu trabalho, as relações de poder que ocorrem na sociedade, com suas contradições.

O termo gestão significa: ato de gerir; gerência, administração. Em outras palavras, gestão é a manutenção de controle sobre um grupo, uma situação ou uma organização, de forma a atingir da melhor maneira as metas propostas pelo planejamento estratégico.

A partir das percepções de Libâneo (2004) sobre o perfil do Gestor Escolar apontam-se as seguintes atribuições:

- visão sistêmica do processo ensino aprendizagem;
- capacidade de planejamento das ações no espaço escolar;
- capacidade de gerenciamento do ambiente escolar;
- capacidade de compartilhamento de valores e da cultura escolar;
- capacidade comunicativa;
- disposição para fundamentar teoricamente suas decisões;
- capacidade de trabalho em grupo;
- capacidade de gerenciamento das interdependências no espaço escolar;

- ser um articulador;
- conhecimento das Tecnologias da Informação e Comunicação;
- ser conhecedor da realidade da escola;
- e outros.

Já Fernandez e Muller acrescentam as seguintes competências para o gestor:

- cumprir e fazer cumprir as leis próprias da Educação;
- cumprir os regulamentos, as decisões e as ordens da administração geral;
- transmitir à Equipe de Direção e ao corpo docente as estratégias a serem adotadas no desenvolvimento dos trabalhos;
- expedir determinações necessárias à manutenção da regularidade dos serviços;
- gerenciar e coordenar os andamentos dos trabalhos, o clima de trabalho;
- articular as relações interpessoais na escola e entre a escola e a comunidade (incluindo especialmente os pais);
- e outros.

A socialização no espaço escolar está relacionada ao processo de "conhecer e produzir a sua cultura própria" e envolve muito mais do que o simples desenvolvimento dos requisitos técnicos associados ao trabalho escolar. Trata-se também de aprender sobre as novas formas de ensinar e tratar o conhecimento; é reconstruir valores, desenvolver a cultura da comunicação através do uso do computador, é recriar a história a partir das novas potencialidades retiradas do contexto e do lugar onde se encaixa o ocupante do papel.

Portanto, o gestor escolar, a partir da perspectiva democrático-participativa, deve ser um líder pedagógico que apoia o estabelecimento das prioridades, avaliando, orientando e participando na elaboração do Projeto Pedagógico, bem como de outros documentos próprios da vida escolar, incentivando a sua equipe a descobrir o que é necessário para dar um passo à frente na compreensão da realidade educacional em que atua, cooperando na solução de problemas pedagógicos, estimulando os docentes a debaterem em grupo os problemas comuns, bem como a refletirem sobre sua prática pedagógica, experimentando as novas possibilidades de atuação, novas práticas incluindo a utilização das Tecnologias da Informação e Comunicação (TICs) como ferramenta enriquecedora do processo ensino-aprendizagem.

Com relação às interdependências, o gestor deve prever que elas são resultado da busca por informações e recursos próprios de uma fonte comum, o processo ensino-aprendizagem; da cadeia unidirecional de interações na qual as pessoas dependem daquelas que as antecederam nas disciplinas trabalhadas nas séries antecedentes ou que estiveram desempenhando os papéis de gestor, equipe pedagógica ou de professor em situações anteriores. Quanto à interdependência de tarefas, são definidas como extensão do trabalho desenvolvido entre os membros do grupo, os quais devem ser levados a interagir mutuamente na intenção de completar o trabalho da maneira mais favorável possível.

Para o Gestor Escolar a ação de planejar todas estas interdependências está intimamente ligada à tomada de decisão, que é um elemento constante e permanente do planejamento, em qualquer nível hierárquico.

As decisões programadas ou não programadas envolvem um processo, isto é, uma sequência de seis passos ou fases: a) definição e diagnóstico do problema; b) procura de formas de solução mais adequadas para resolvê-las; c) análise e comparação das alternativas de solução; d) escolha da melhor alternativa como plano de ação; e) implementação da alternativa escolhida; f) avaliação e feedback.

O Gestor Escolar do século XXI, portanto, deve ser um indivíduo aberto às mudanças próprias da Sociedade da Informação e do Conhecimento e voltado para ações colaborativas, para poder inserir no espaço escolar e no processo ensino- aprendizagem as inovações necessárias à sua transformação em um processo sedutor para o aluno nativo digital.

4. O papel do pedagogo

O papel do pedagogo na questão das interdependências e na construção do processo ensino-aprendizagem está diretamente ligado ao assessoramento.

O principal desafio colocado hoje à ação de assessorar, própria do pedagogo, no espaço escolar, compreende as várias formas de guiar, colaborar, mediar, apoiar a ação do professor. Para o assessoramento do fazer pedagógico voltado ao uso das Tecnologias da Informação e Comunicação (TICs), na perspectiva da gestão democrática - participativa, o pedagogo é peça fundamental, como articulador e gerenciador do assessoramento e da implementação didática de novas metodologias, na prática pedagógica do professor e na construção do processo ensino-aprendizagem.

Neste processo, a decisão implica em identificar e conhecer as possibilidades das ferramentas colaborativas a serem utilizadas para a realização das mudanças necessárias à realização do processo de inovação, realizando-se o registro do conhecimento construído na instituição, através do levantamento de dados e informações resultantes do registro do setor administrativo, bem como na elaboração, na criação e na reestruturação de conhecimentos pedagogicamente construídos que fazem parte do dia a dia do professor e do aluno, bem como do diretor e do pedagogo.

Entre as muitas formas de entender este trabalho de apoio e de ajuda a alguém, parece haver um consenso de que a atividade de assessoramento educacional, para ser efetiva, deve nascer de uma atitude de colaboração, de construção dessa prática entre assessor e assessorado.

Para Monereo (2007) "assessorar significa, ajudar, mediar, colaborar, apoiar, guiar." Mas o que significa colaborar? Monereo (2007) apresenta o seguinte conceito:

> [...] colaborar é trabalhar com alguém, isto é, realizar em conjunto uma atividade significativa, com o propósito de atingir uma meta relevante e compartilhada, por certos meios ou ações que deverão ser definidas de forma coordenada, conforme as possibilidades das diferentes partes envolvidas.

Para o autor, uma situação de assessoramento é definida de acordo com os seguintes critérios:

a) a existência de um problema a resolver;
b) análise de como este esse problema afeta determinados protagonistas;
c) observação do contexto espaço-temporal definido, onde ocorre o problema.

O assessoramento visando à apropriação por parte dos professores de metodologia de uso pedagógico das TICs, própria da Sociedade da Informação e do conhecimento, constitui-se em mais um desafio para o pedagogo do século XXI. Envolve ações colaborativas que estabeleçam relações entre conhecimento e ação docente e discente, apontando para uma ação condizente com as expectativas do aluno usuário do computador.

Esta prática está cada vez mais introduzida na sociedade e compete ao pedagogo, como profissional especializado em metodologias e técnicas pedagógicas, se antepor à realidade posta na escola, posicionando-se à frente do processo, na intenção de conduzi-lo e orientá-lo.

Entretanto, como esta experiência exige conhecimentos novos, é necessário que o pedagogo se transforme em pesquisador, para que possa se apropriar deste novo saber.

Oliveira (2007) coloca algumas vantagens na introdução do uso da informática no processo de ensino e aprendizagem: a) motivos psicopedagógicos e tecnológicos; b) ausência do bloqueio cognitivo; c) relacionamento interativo; d) diferentes modos de resolução para um mesmo problema; e) prazer da descoberta; f) motivação; g) alegria; h) emoção; i) cooperação; j) interação; k) a criança aprende brincando; l) aprendizagem com significado; m) promoção de indagações e possibilidade de desafios.

O autor aponta também algumas desvantagens: individualidade; aceitação das informações retiradas do computador; softwares educativos desvinculados da realidade do aluno; falta de clareza nas telas e nos menus e feedback inadequado.

Para Gomes (2006) a informática, como recurso no processo de aprendizagem, pode acontecer de duas formas:

- com a função de tornar mais fáceis as rotinas de ensinar e aprender; nesse caso, o computador é utilizado como máquina de ensinar, repetindo, portanto, os mesmos esquemas do ensino tradicional;
- com a função de organizar os ambientes de aprendizagem nos quais os alunos são encorajados a resolver situações-problema, e o professor tanto identifica e respeita o estilo de pensamento de cada um como os convida a refletir sobre o seu pensar (pensamento reflexivo); nesse caso, o ensino é inovador.

Analisando o processo ensino-aprendizagem a partir das interdependências que ocorrem no espaço escolar, percebe-se que o papel do pedagogo está relacionado à estimulação do trabalho colaborativo, trazendo para o conjunto dos professores aquele com dificuldade de compartilhar seu conhecimento tácito, promovendo situações em que este possa socializar suas experiências e discutir sobre possíveis práticas desenvolvidas em sala de aula. O papel do pedagogo, portanto, consiste em estimular aquele que está acostumado a trabalhar sozinho a participar das atividades em grupo e executar tarefas relacionadas à troca de informações.

Já com relação às outras dimensões de interdependência, o papel do pedagogo consiste em "assessorar, ajudar, mediar, colaborar, apoiar, guiar" as ações do professor quando em contato com a cadeia de relações bidirecionais, isto é, quando um setor ou quando professores da mesma disciplina ou de disciplinas afins ou professores de uma mesma turma precisam das informações de outro para desenvolver estratégias de aprendizagem para, por exemplo, alunos com dificuldade.

Para proporcionar este tipo de interdependência o pedagogo, como mediador, necessita de percepção do contexto e dos problemas dele advindos, para proporcionar aos professores uma interação direta com seus pares, através de momentos de trocas de informação face a face ou de material escrito.

5. O papel do professor

O Papel do professor na Sociedade da Informação e da Comunicação, segundo Teixeira (2005), é:

> Fazer fluir o saber, porque constrói sentido para a vida dos seres humanos e para a humanidade, e busca, numa visão emancipadora, um mundo mais humanizado, mais produtivo e mais saudável para a coletividade. Por isso ele é imprescindível. Nesta descrição do que deva ser o professor do século XXI, não tem mais espaço para professores donos de um saber, mas só aqueles que tenham a humildade de serem também eles aprendizes e a única diferença que os separa de seus alunos é que eles professores são profissionais do ensino e por isso comprometidos com o aprender e o ensinar.

Nesse sentido, o papel do professor, neste início do século XXI, é o de mediador "e o seu ensino se constitui numa ajuda ao processo de construção do significado e de atribuição de sentido à aprendizagem escolar" (COLL. et al, 2003).

Desta forma, a relação entre a ajuda prestada pelo professor e os resultados de aprendizagem não é linear, nem mecânica, mas aparece sempre mediada pela atividade mental construtiva do aluno.

Autores como Toffler, em sua obra intitulada "Criando uma nova civilização... a política da terceira onda" delineia para este século um perfil de homem flexível, criativo, rápido em suas decisões, comunicativo e capaz de enfrentar situações inesperadas. O professor, como formador desse indivíduo voltado para o futuro, necessita ele mesmo desenvolver estas competências e as habilidades próprias às situações do dia a dia da sociedade que está aí posta.

Para tanto, além de incorporar as Tecnologias da Informação e Comunicação na sua prática pedagógica, o professor necessita reconhecer as possibilidades de enriquecimento do processo ensino-aprendizagem resultantes da aplicação destas tecnologias no trabalho com o conteúdo, bem como trazê-las para o espaço escolar na tentativa de despertar a capacidade de trabalho colaborativo.

As ações do professor em sala de aula estão voltadas às relações de interdependência que devem ser criadas a partir da necessidade de conduzir os alunos para momentos de troca de conhecimento e na tarefa de socialização a partir de atividades em grupo.

Desta forma, no processo ensino-aprendizagem o professor pode lançar mão das relações de interdependência para produzir um clima propício à aprendizagem, estimulado pelo desenvolvimento de atividades significativas que levem os alunos a trocarem informações, produzirem conhecimentos e tomarem decisões a partir de situações problema.

6. Case: implicações e interdependência

Ao assumir a direção de uma escola situada na periferia da cidade, o diretor percebeu a seguinte situação:

a) A equipe pedagógica era composta por dois grupos de profissionais, alguns muito antigos na escola e que se sentiam donos da situação.
b) Dois pedagogos novos, recém-formados e com pouca experiência com relação ao trabalho a ser desenvolvido na escola.

Em contrapartida, os professores da escola também se subdividiam em professores com algum tempo de escola e professores recém-chegados e de várias disciplinas.

Para a realização das atividades que fariam parte da Semana Pedagógica do início do ano letivo o diretor pediu que cada pedagogo relacionasse possíveis atividades e sugestões de textos para serem trabalhados, tendo em vista: a) a cultura da escola; b) os problemas apresentados no Ano Letivo do ano anterior.

Ao reunir-se com a equipe pedagógica novamente para a montagem do cronograma de atividades e distribuição das tarefas a serem realizadas, percebeu que os pedagogos antigos prepararam atividades e texto semelhantes ao do ano anterior, nada de novo havia sido acrescentado.

Já os pedagogos sem muita experiência tiveram dificuldade de expor suas propostas para a Semana Pedagógica. Na tentativa de criar uma relação de interdependência entre o grupo de pedagogos e agilizar o processo, o diretor apresentou algumas sugestões e pediu que o grupo analisasse quais possibilidades eram mais viáveis.

O diretor, consciente da necessidade de criar um clima favorável ao surgimento de novas ideias e à troca de experiências, dividiu as tarefas a partir das escolhas individuais, estabelecendo orientações sobre como elas deveriam ser desenvolvidas e o seu tempo de duração.

6.1. Proposta de inovação pedagógica

A proposta de inovação pedagógica da escola previa a implantação de práticas envolvendo o uso do computador como ferramenta de enriquecimento do processo ensino-aprendizagem:

• conhecimento do processo de interação professor/aluno/computador;

Atores Responsáveis pela Educação e seus Papéis

- domínio dos conteúdos conceituais, atitudinais e procedimentais próprios de cada disciplina, no intuito de organizar e desenvolver atividades para o trabalho;
- conhecimento das possibilidades de utilização do novo material;
- interação com os professores que trabalharam na escola no ano anterior.

Como forma de encaminhamento desta nova prática, os pedagogos precisaram:

- trocar conhecimentos sobre a cultura e as práticas realizadas na escola;
- analisar as várias possibilidades de uso do computador pelos professores;
- realizar pesquisa sobre como trabalhar dentro desta proposta para subsidiar o trabalho do professor;
- montar um roteiro para as atividades, que teriam a duração de oito horas;
- estabelecer pontos importantes; tomar decisões; identificar quais textos poderiam ser trabalhados.

6.2. Desenvolvimento das atividades

Uma das atividades propostas pelo grupo de pedagogos estava relacionada à identificação dos pontos em que os conteúdos das várias disciplinas se entre-cruzavam e de que forma estas disciplinas afins poderiam tratar o currículo para dinamizar o processo ensino-aprendizagem.

A partir daí foram criadas as estratégias de trabalho.

6.3. Resultados obtidos

Após serem realizadas as atividades com os professores, a equipe pode perceber que elas permitiram:

- estabelecer os pontos onde as disciplinas se entrecruzam;
- que houvesse repetição de conteúdos nas séries e disciplinas afins;
- trabalhar a questão do interdependência entre os pedagogos e também a interdependência entre os professores de uma mesma disciplina ou área.

6.4. Lições aprendidas

A socialização de experiências, as trocas de conhecimento e as interdependências no trabalho em grupo contribuem para a construção de um clima favorável à construção criativa do processo ensino-aprendizagem.

6.5. Questões para reflexão

Interdependência de tarefas – Guzzo e Shea (1992) *apud* Palácios e Andrade (2005) definem a interdependência de tarefas como a extensão em que os membros do grupo devem interagir e dependem mutuamente para completar o trabalho de maneira satisfatória. Wageman e Baker (1997), também citados pelos mesmos autores, manifestam que a interdependência de tarefas é o grau em que o desempenho das tarefas de um membro da equipe depende do esforço e das habilidades dos outros. Desta forma, é importante para os membros de um mesmo grupo de trabalho perceberem as tarefas que lhe são próprias, administrarem a sua execução e agirem de forma a ajustar o grau de dependência do seu resultado a sua responsabilidade e a do seu papel enquanto participante do grupo ou equipe.

7. Tópicos para discussão

Papéis e socialização

À medida que as pessoas interdependentes se associam umas com as outras e ganham experiências nas relações interpessoais, passam a esperar que as outras se comportem de determinada maneira. Para Hall (2002), os papéis são de importância crucial para as empresas.

Os papéis são desempenhados a partir de normas que orientam e influenciam nas ações de cada participante da equipe de profissionais da educação.

Assim, dentre o conjunto de papéis a serem exercidos no espaço escolar inclui o do diretor e de sua equipe de direção (pedagogos realizando ações relativas à Supervisão e Orientação), dos coordenadores de área, dos professores da escola e dos funcionários da área administrativa.

Estreitamente ligada ao processo de criar e assumir papéis encontra-se a socialização, um procedimento pelo qual as pessoas adquirem conhecimento e habilidades sociais necessárias a assumirem corretamente seus papéis no grupo de profissionais a que pertençam. A socialização, segundo Prentice Hall, é o processo de "aprender as manhas" e envolve muito mais do que o simples aprendizado dos requisitos técnicos associados ao trabalho.

Discuta:

a) As relações de interdependência entre o gestor e o pedagogo de sua escola;

b) Quais são as "manhas" no processo de relacionamento entre diretor, pedagogo e professor identificados no seu espaço escolar e que aprendizado estão embutidos?

c) Como se dá a socialização do conhecimento em seu espaço escolar?

8. Para saber mais sobre o tema

ALMEIDA, M. E. B. de; ALONSO, M. (Org.). Gestão escolar e tecnologias: contribuições de gestores escolares. In: _____. **Gestão educacional e tecnologia**. São Paulo: Avercamp, 2003, p.85-98.

COSTAS, J. M. M. Gestão inovadora com tecnologias. In: ALMEIDA, M. E. B. de; ALONSO, M. (Org.). **Gestão educacional e tecnologia**. São Paulo: Avercamp, 2003, p.151-161.

EGOSHI, K. **Gestão do conhecimento da era internet**. Disponível em: <http://www.infobibos.com/Artigos/2006_2/Gestao_Internet/Index.htm>. Acesso em: 16 out. 2007.

EYNG, A. M. Políticas e práticas de gestão pública na educação municipal: competências da escola. **Revista Diálogo Educacional**. Programa de Pós-Graduação em Educação - PUCPR, Curitiba, v.2, n.4, p.21-34, jul./dez. 2001.

MACEDO, T. V. R. de; LIMOEIRO, V. C. **Nativos digitais**: os consumidores do futuro. 9ª edição do Prêmio Mídia Estadão. 2006. Disponível em: <http://www.gm.org.br>. Acesso em: 12 set. 2007.

MANÃS, A. V. **Administração de sistemas de informação**. São Paulo: Érica, 1999.

MARTIN, E. et al. Os psicopedagogos e os professores têm as mesmas concepções sobre o ensino e a aprendizagem? In: MONEREO, C.; POZO, J. I. et al. **A prática de assessoramento educacional**. Porto Alegre: Artmed, 2007, p.59-86.

SARABIA, B. A aprendizagem e o ensino das atitudes. In: COLL, C. **Os conteúdos na reforma ensino e aprendizagem de conceitos, procedimentos e atitudes**. Porto Alegre: Artes Médicas, 1998, p.121-175.

Referências

GESTÃO. In: FERREIRA, A. B. de H. **Novo dicionário Aurélio da língua portuguesa**. Aurélio Eletrônico. Curitiba: Positivo, 2004.1 CD.

HALL, P. **Comportamento organizacional**. São Paulo: Saraiva, 1998.

LIBÂNEO, J. C. A didática e a aprendizagem do pensar e do aprender: a teoria histórico-cultural da atividade e a contribuição de Vasili Davydov. **Revista Brasileira de Educação**, n.27, p.5-24, set./dez. 2004.

OLIVEIRA, E. C. P.; FISCHER, J. Tecnologia na Aprendizagem: a informática como alternativa no processo de ensino. **Leonardo Pós**, Santa Catarina, v.3, p.27-31, jan./jun. 2007.

Capítulo II:
FERRAMENTAS DE ENSINO

ARTIGO 3

Ferramentas Didáticas –
da Pedra Lascada ao Google

Ana Sueli Ribeiro Vandresen

Sumário

Resumo.. 43
Palavras-chave... 43
1. Introdução.. 43
2. Da pedra ao livro impresso.. 44
    2.1. O calendário... 45
    2.2. O ábaco.. 46
    2.3. Os mapas... 48
    2.4. A escrita... 49
    2.5. O livro.. 50
3. Do livro impresso à tevê.. 56
    3.1. A fotografia... 56
    3.2. O rádio... 59
    3.3. Fita-cassete... 60
    3.4. O cinema.. 60
    3.5. A televisão... 64
4. Da televisão ao Google.. 66
    4.1. O computador... 66
    4.2. Os *softwares* educativos... 68
    4.3. A Internet... 69
    4.4. O Google.. 71
5. Case... 73
6. Metodologia... 73
7. Conclusão.. 74
8. Questões para reflexão.. 75
Referências.. 75

Resumo

Este artigo aborda a evolução das ferramentas utilizadas no processo educativo, da nossa pré-história ao contexto em que estamos inseridos. Elaboradas de acordo com as necessidades apresentadas no e pelo contexto vivenciado, as ferramentas educacionais estiveram sempre presentes em nosso cotidiano, ao longo do nosso percurso evolutivo. Como surgiram? Quais as necessidades que vieram atender? A essas perguntas procuramos responder com esse texto, sabendo de antemão que outras tantas, ainda, deixarão de ser mencionadas, devido à abrangência do tema.

Palavras-chave

Educação; tecnologia; ferramentas educacionais.

1. Introdução

Quando pensamos em educação e nas ferramentas utilizadas nesse processo, automaticamente nos reportarmos às tecnologias mais recentes, como tevê, vídeo e computadores, esquecendo-nos que, anteriormente, outras tantas foram consideradas, para a sua época, ferramentas de ponta. Por fazerem parte do nosso cotidiano há muito tempo, essas ferramentas encontram-se tão enraizadas à nossa práxis que não as percebemos mais como elementos auxiliadores do processo educativo.

A mais presente, nesse contexto, constitui-se do binômio lousa e giz, integrante do espaço educacional desde o princípio da educação sistematizada. Porém, também se fazem presentes, em nosso contexto, os livros e mapas, surgidos há muito, muito tempo.

No decorrer deste artigo, veremos que na promoção da educação não se tem prescindido dessas ferramentas. Ao falarmos sobre esse tema, é importante ressaltar que por educação entendemos todos os processos utilizados para o ensinar e o aprender. Por isso, não a consideraremos, para fins deste artigo, apenas no seu aspecto formal, pois entendemos que é justamente na informalidade desse processo que surgiram muitas das ferramentas educacionais que conhecemos.

Isso posto, para fins de uma melhor compreensão da evolução dessas ferramentas, elas serão apresentadas em três tópicos. No primeiro, partiremos do período primitivo, com o surgimento das representações do conhecimento humano em argila, até chegarmos ao livro impresso; no segundo, percorreremos os recursos que vieram compartilhar com o livro no processo de disseminação da educação até a chegada da televisão. Por último, abordaremos o caminho percorrido do advento da tevê ao surgimento da rede mundial de computadores e dos recursos disponibilizados por ela.

2. Da pedra ao livro impresso

O período primitivo da humanidade foi marcado pela evolução do hominídeo (Figura 1). Nosso ancestral primitivo, de caçador, que lascou a pedra e construiu abrigos (Australopithecus) há 5 milhões de anos, desenvolveu-se ao elaborar a linguagem bem como diversas técnicas, desenvolvendo crenças e mitos e educando seus filhos (Homo sapiens).

Figura 1 - Evolução Humana
Fonte: A história do homem, 1975.

Caracterizada, inicialmente, pela imitação, a forma de ensinar e aprender dos nossos ancestrais sofreu uma grande revolução no período neolítico. Isso aconteceu devido à criação, pelo homem, de recursos[1] para auxiliá-lo na representação do conhecimento que foi adquirindo, a partir da observação dos sinais

---
1 Também denominados de ferramentas.

indiciais que o cercavam e das experiências que vivenciava. A aprendizagem continuava centrada na imitação, porém esses recursos possibilitaram a transmissão desse conhecimento às futuras gerações.

Nesse contexto, surgiram os recursos mnemônicos pictográficos.

Vejamos alguns desses recursos, utilizados pelo homem primitivo e que o auxiliaram na transmissão dos seus conhecimentos.

2.1. O calendário

O desejo de sobreviver a um ambiente hostil fez o homem sentir a necessidade de contar o tempo. Surgiram, dessa forma, os primeiros calendários que possibilitavam a este ser nômade, prever com certa antecedência a ocorrência de acontecimentos essenciais à sua sobrevivência, como os fluxos migratórios de determinados animais ou o período de amadurecimento de determinados frutos. Essa contagem de tempo baseava-se na observação da ocorrência do claro (dia) – escuro (noite) e das fases da lua.

A contagem de tempo, fundamentada na observação nas fases da lua, foi denominada de calendário lunar (Figura 2) e pode ser compreendida como um dos recursos educacionais mais antigos.

Plano geral

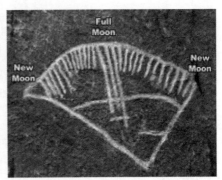
Pormenor

Figura 2 - Calendário lunar primitivo (Créditos: CALVIN J. HAMILTON, sd.)
Fonte: : MAURÍCIO, 2009.

Observamos, assim, que:

"muito antes de inventar a escrita, o Homem aprendeu a conhecer as fases da Lua, constatou a sucessão periódica das estações do ano, apercebeu-se do movimento diurno aparente das estrelas, que noite após noite as trazia de volta, e, percebendo que mantinham as suas posições relativas, "inventou" as constelações, verdadeiros referenciais que lhe permitiam orientar-se." (MAURÍCIO, 2009)

Além disso, para registrar essa contagem, o homem criou processos representacionais. O primeiro foi a de correspondência unidade a unidade. Essa representação poderia ser feita através de pedras (cada pedra correspondia a um objeto ou ser), nós em cordas (Figura 3), marcas na parede (como observado no Pormenor, Figura 2), talhes em ossos, desenhos nas cavernas ou outros tipos de marcação. Assim, não só podiam representar esse processo, como ensiná-lo aos seus pares.

Figura 3 – Quipu (Nós em cordas)
Fonte: WIKIPÉDIA.

Como os sistemas de numeração não facilitavam o cálculo, o homem desenvolveu um instrumento para isso: o ábaco.

2.2. O ábaco

O ábaco foi desenvolvido na Suméria, há aproximadamente 5.500 anos. Acredita-se que o primeiro tenha sido construído numa pedra lisa, coberta por areia ou pó (Figura 4). Nela, letras eram desenhadas; eventualmente, acrescentavam-se números e bolas de pedra eram usadas para auxiliar nos cálculos.

Conservando sua função, o ábaco foi disseminado por toda a sociedade, mudando apenas sua nomenclatura. Assim, no Japão ficou conhecido por **Soroban**; na China, por **Suan Pam** e na Rússia, como **Tschity**.

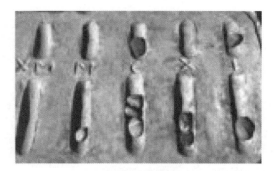

Figura 4 – Ábaco
Fonte: SYSCOQ, sd.

Adaptado, por Helen Keeler, para o uso por deficientes visuais, recebeu a denominação de **Cranmer** (Figura 5). No Cranmer, para que as bolas não se movam inadvertidamente, é colocado por detrás delas uma borracha ou outro material suave. Os deficientes visuais utilizam esse ábaco para realizarem as funções matemáticas, raiz quadrada, raiz cúbica, multiplicação, divisão, adição e subtração. No Brasil, o Cranmer recebe a denominação de Soroban.

Figura 5 – Cranmer
Fonte: PROAVIRTUAL, 2006.

Utilizado ainda pelos chineses, foi observado que um aluno que manuseia o ábaco (Figura 6) com agilidade consegue fazer uma multiplicação de cinco algarismos com a mesma rapidez de um outro que utilize a calculadora digital.

Calcular não foi a única necessidade sentida pelo homem pré-histórico, ele precisava também recordar caminhos que fazia de uma região a outra, garantindo seu retorno a regiões férteis em caça e alimentos. Essa necessidade fez com que registrasse esse percurso e a natureza que o cercava. Surgiram dessa forma os primeiros mapas.

Figura 6 – Ábaco chinês com 13 casas
Fonte: MATEMÁTICA NA VEIA, 2007.

2.3. Os mapas

O mapa precede a escrita, sendo uma das mais antigas formas de comunicação, na qual são usados símbolos que buscam o registro e a localização dos elementos da paisagem para que possamos nos orientar num determinado espaço.

Inicialmente, os mapas eram gravados em pedra ou argila. O mapa mais antigo de que se tem conhecimento é o de Ga-Sur (Figura 7). Esse mapa foi encontrado nas ruínas dessa cidade, situada a 300 km ao norte da antiga Babilônia, no ano de 1930. É um esboço rústico gravado num pedaço de argila cozida, provavelmente feito no período de 3.800 a 2.500 a.C, na Mesopotâmia, pelos sumérios.

Com o passar do tempo, foram sendo utilizados outros suportes para esse registro, à medida que eram desenvolvidos pelo homem.

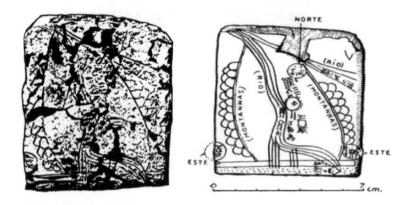

Figura 7 – Mapa de Ga-Sur e sua interpretação
Fonte: MUSEU DE TOPOGRAFIA/UFRGS, sd.

Além de toda essa produção de conhecimento, o homem precisou garantir o repasse de suas histórias e ideias a seus descendentes, criando recursos facilitadores não só para a sua transmissão como também para o seu registro. Afinal, o crescimento dos agrupamentos urbanos gerou a necessidade de organização. Desta forma, a palavra falada tornou-se insuficiente e o homem, então, desenvolveu a escrita.

2.4. A escrita

A insuficiência da comunicação oral para muitas de suas necessidades cotidianas levou o homem a criar racionalmente sinais que representassem ideias quando associados. Assim, ele evoluiu do sistema pictográfico (desenho) ao semipictográfico, no qual quase se reconhecia, no sinal, o objeto a ser representado.

Desse estágio semipictográfico, a escrita orientou-se para o sistema ideográfico, caracterizado pela escrita cuneiforme, hieróglifos e escrita chinesa. Esse sistema não representa objetos ou seres, mas ideias (Figura 8).

Figura 8 – Sistemas ideográficos
Fonte: BATALHA, 2007.

Foram necessárias inúmeras mudanças e transformações para a condução da escrita de uma representação ideográfica ao fonestismo[2], culminando nos sistemas alfabéticos utilizados em nossos dias.

O desenvolvimento do sistema alfabético contribuiu para uma melhor compreensão do registro do conhecimento produzido, além de ser muito importante para a disseminação desse conhecimento. Entretanto, para que isso ocorresse foi necessário o uso de suportes como a argila, pedras e mármore. Com o passar do tempo, eles deixaram de ter a eficácia desejada, pois havia necessidade de uma maior praticidade e mobilidade.

---

2 Sistema onde as palavras passaram a ser decompostas em unidades sonoras.

A busca por suportes mais eficazes provocou uma grande evolução: de suportes naturais, encontrados na natureza, como a pedra, o homem desenvolveu processos para uso do papiro, do pergaminho, até chegar ao papel. Cada um deles possibilitou o desenvolvimento de um dos recursos didáticos mais antigos e conhecidos: o livro.

Observemos como isso aconteceu.

2.5. O livro

O livro é um dos recursos didáticos mais antigos. Entretanto, nem sempre ele teve o formato com o qual estamos habituados. Vejamos como esse recurso didático evoluiu, em consonância com o desenvolvimento dos suportes da escrita.

2.5.1. Khartés (rolos de papiro)

O papiro, meio físico para escrita e antecessor do papel, foi utilizado pela primeira vez por volta de 4.000 a.C. no Egito e difundiu-se entre as civilizações do Oriente Médio bem como em todo o mundo greco-romano. Feito de pequenos pedaços do talo da cana do papiro, molhado durante três dias até clarear, quando eram colocados em toalha de linho, primeiro horizontalmente e depois verticalmente. Em seguida, eram empilhados e levados ao sol para secar. O processo de sua fabricação (Figura 9) era considerado segredo de estado. A escrita nos papiros desenvolvia-se paralelamente às fibras.

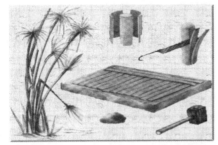
Etapas da fabricação do papiro

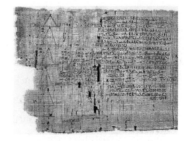
Papiro

Figura 9 – Papiro
Fonte: KROMETSEK, 2007.

Essa tecnologia possibilitou o surgimento dos "livros de papiros". Na verdade, eram rolos de papiro. Cada rolo era uma tira contínua, formada por várias folhas unidas, com uma vareta de madeira, marfim ou osso colada em cada um dos extremos. Nessa vareta, havia uma etiqueta de identificação do conteúdo. Esses rolos variavam de extensão: o mais longo do qual se tem conhecimento media 44 metros de comprimento por meio metro de largura.

Conservados em estojos ou caixas de madeiras, esses rolos eram dispostos sobre caixotes ou tábuas para serem guardados. Grande avanço para a produção e disseminação de conhecimento, o uso do papiro (rolos), porém, oferecia desvantagens, como a fragilidade do material e a sensibilidade à umidade; o incômodo e a dificuldade de se localizar uma determinada passagem; e o fato de, pelo uso, muitas vezes, as partes se rasgarem no início e no fim de um rolo, provocando lacunas no texto.

Seu uso foi diminuindo paulatinamente, a partir do século VI, proporcionalmente à difusão do papel. Enquanto matéria-prima do livro, foi empregado, até o século X, cada vez em menores proporções.

2.5.2. O códex

O códex é a revolução das tábuas retangulares de madeira, revestidas de cera e unidas por cordões ou anéis utilizados por gregos e romanos para registros contábeis ou textos didáticos. Empregado desde a Antiguidade, esse recurso foi muito utilizado pelos monges letrados que se dedicavam à cópia de manuscritos. Sua vasta utilização deu-se pelo fato de ser mais fácil unir páginas de pergaminhos do que de madeira.

O processo de sua fabricação era caro, pois um códice volumoso exigia a pele de dezenas de pergaminhos (Figura 10). Além disso, essa pele precisava ser tratada para se tornar flexível, manuseável e resistente para dar o suporte adequado à tinta da escrita. Nessa escrita, o copista-calígrafo usava, geralmente, uma pena de ganso, de ponta fendida para ser molhada na tinta.

O códice evoluiu, surgiram as margens e páginas em branco; a pontuação no texto; o uso de letras maiúsculas bem como os índices, sumários e resumos. Estamos frente ao livro manuscrito.

Figura 10 – Pergaminho
Fonte: AEGE, sd.

2.5.3. O livro manuscrito

Os manuscritos eram copiados à mão (Figura 11). Essa produção ocorria num scriptorium, existente em cada mosteiro ou abadia. Lá os livros eram copiados, decorados e encadernados. O responsável por esse trabalho era o monge-copista, que efetuava, em média, a cópia de quatro fólios[3] por dia. Os erros e as mudanças ortográficas, observados nos manuscritos, apesar do zelo dos monges copistas, nos permitem concluir que um dos métodos utilizados na produção das cópias era o ditado, utilizado quando se desejava obter várias

Figura 11 – Livro manuscrito
Fonte: G1.GLOBO, 2007.

---

3 Cada fólio corresponde a uma folha com 35 a 50 cm de altura e 25 a 30 cm de largura.

cópias simultâneas (um monge ditava a vários monges-copistas o texto original). (MARTINS, 1996).

A produção de livros, como pode ser observada, era cara e trabalhosa. Porém, o papel passou a ser usado na sua produção, trazendo um barateamento a esse processo.

2.5.4. O papel

O papel foi inventado por Ts'ai Lun, no ano 105, inicialmente da polpação de redes de pesca e trapos (Figura 12). Posteriormente, desenvolveu-se processo com uso de fibras vegetais. O resultado obtido era o de um papel de alta qualidade e mais acessível que o pergaminho.

Figura 12 – Papel chinês
Fonte: TIPOGRAFOS.NET, sd.

A partir da sua introdução na Europa, 10 séculos mais tarde de sua invenção, os outros suportes de escrita e desenho, pouco a pouco, desapareceram. Porém, observamos traços do papiro na palavra papel, paper e papier. Com essa invenção, o livrou passou a ter uma maior propagação, principalmente com a invenção da imprensa.

2.5.5. A imprensa

A impressão foi a invenção mais importante para o desenvolvimento do livro. Originalmente, consistia na gravação do conteúdo de cada página do livro em blocos de madeira. Esses blocos eram mergulhados em tintas e o conteúdo era transferido para o papel, produzindo diversas cópias. Pi Sheng, um chinês, entre 1040 – 1048 desenvolveu a impressora de tipos móveis (Figura 13).

Figura 13 – Pi Sheng e a impressora de tipos móveis
Fonte: WELCH, sd.

Inovando, Pi Sheng, em vez de gravar uma página inteira, reuniu caracteres individuais representando cada uma das palavra da escrita chinesa, formando frases e páginas inteiras. Esses caracteres eram feitos de argila cozida, previamente moldados sobre uma estrutura de ferro e fixados com uma cola especial. Por volta de 1221, aparecem os caracteres móveis de madeira, depois os de cobre e, finalmente, os de bronze em 1390. Mas foi Gutenberg, com a introdução dos tipos de chumbo fundido, duradouros, resistentes e, um fator muito importante, reutilizáveis, quem deu ao processo de elaboração de livros uma grande versatilidade, permitindo a sua massificação gradativa. É o nascimento do livro impresso.

2.5.6. O livro impresso

Com exceção da Bíblia (Figura 14), até o surgimento da imprensa, o livro era uma extravagância, um luxo. Consequentemente, como já observado, o conhecimento era monopólio do clero e de poucos mestres, restritos às bibliotecas dos mosteiros e às universidades. A maioria dos livros era escrita em latim e alguns poucos em grego. Os idiomas nacionais, ou seja, as línguas faladas pelo povo, não eram consideradas merecedoras de se perpetuar num livro.

Entretanto, apesar da evolução provocada pela imprensa, foi somente no século XVI, com a reforma de Lutero, que o livro, feito nas oficinas por mestres-impressores e seus aprendizes, superou em número os que eram feitos pelos monges copistas. O grande feito motivador dessa superação foi a tradução da Bíblia para o alemão, por Lutero. Do texto sagrado para as publicações profanas foi um passo. Ele difundiu a ciência e a sabedoria, os sentimentos e as ideias, a arte e a história. Assim, podemos afirmar que:

"Dos diversos instrumentos do homem, o mais assombroso é, sem dúvida o livro. Os demais são extensões do seu corpo... Mas o livro é outra coisa, o livro é uma extensão da memória e da imaginação." Jorge Luís Borges - El Libro

Figura 14 – A Bíblia de Gutemberg
Fonte: WIKIPÉDIA.

Como a massificação do livro não ocorreu do dia para a noite, mas levou alguns séculos, os professores, para transmitir os conhecimentos aos seus alunos, necessitavam de outro suporte, coletivo, onde pudessem colocar, por partes, os conteúdos dos livros. Através dessa exposição, os alunos travariam algum contato com aquele conhecimento. Dessa forma, em 1700 surge no ambiente escolar o quadro de giz (Figura 15), tão conhecido dos educadores. Nele, textos ou desenhos eram, e ainda são, feitos com giz. Entretanto, pode-se usar outro tipo de marcador apagável.

Figura 15 - Quadro-negro
Fonte: WIKIPÉDIA.

Inicialmente, eram feitos de folhas finas de ardósia preta ou cinza escuro. Com o passar do tempo, foram sendo utilizados outros elementos, de outras cores e mais baratos, que acabaram por lhe dar outras denominações[4]. A mais comum é a de quadro-negro, por ter sido, durante muito tempo, fabricado em ardósia negra.

3. Do livro impresso à tevê

Ao inventar a imprensa, Gutenberg introduziu a ideia de que as cópias deveriam ser idênticas ao original, além de mais amplas e rápidas. Com isso, os limites do mundo conhecido foram ampliados. Essa ampliação, somada ao desenvolvimento científico, deu origem a uma nova sociedade, centrada na comunicação e na informação; numa sociedade fundada na reprodução de textos e imagens, estas últimas obtidas com o advento da fotografia.

3.1. A fotografia

A fotografia surgiu no século XIX, no seio de uma sociedade urbanizada e globalizada, devido à necessidade de reproduzir imagens, criando uma nova possibilidade de comunicação, rompendo com os limites linguísticos e espaço-temporais. Seu desenvolvimento teve início em 1826, quando Niépce, após longos anos de experiência, conseguiu imprimir uma vista através da ação direta do sol (Figura 16).

Figura 16 – Imagem da fotografia feita por Niépce
Fonte: WIKIPÉDIA.

---

4 Como quadro-negro e quadro verde.

Esta impressão foi resultado de um processo obtido a partir de experiências com litografia, depois com papel tratado e cloreto de sódio. Além disso, foi utilizado o betume sobre vidro e óleos para fixar as imagens.

A revelação de uma imagem em chapa revestida de prata, preparada com iodeto de potássio e exposta ao vapor de mercúrio, foi a contribuição de Daguerre para a evolução da técnica de expressão. Por sua vez, Talbot, em 1840, cooperou para o desenvolvimento do processo fotográfico ao criar um sistema que possibilitava uma quantidade indeterminada de cópias a partir de um único negativo.

Com o decorrer do tempo, esse processo tornou-se cada vez mais simplificado; as máquinas ficaram cada vez mais compactas e leves e o processo mais rápido. A popularização da fotografia foi consequência de todo esse desenvolvimento. Além disso, ela aderia a diferentes suportes, principalmente o papel.

Dessa forma, as fotografias foram ganhando espaço no contexto educativo, sendo usadas na ilustração de livros didáticos (Figura 17) como apoio para o entendimento dos textos. Da mesma forma que os gráficos e tabelas, elas adquiriram, nesse contexto, um caráter documental e científico.

Figura 17 – Ilustração fotográfica em livro didático
Fonte: ARAPIRACA, SCI, 2008.

Flusser (1985) apresenta como qualidade pedagógica da fotografia o fato dela substituir os momentos importantes da vida. Desta forma, ele pode ser experimentado, mesmo que parcialmente, por outras gerações.

A fotografia possibilitou o surgimento de novos recursos, atendendo a necessidade de se projetar a imagem mais rápida e de forma sistemática. Entre eles, destacamos, no contexto educativo, o projetor de slides, o retroprojetor e o episcópio (Figura 18).

Figura 18 – Projetor de slides e episcópio
Fonte: PORTAL DA CULTURA/AL.

3.1.1. Projetor de slides

O surgimento da fotografia e sua consequente evolução e popularização fez com que novos recursos fossem pensados para dinamizar o processo de projeção de imagens. O projetor de slides, como já apresentado, foi um deles. Este aparelho utiliza uma fonte de luz e um conjunto de lentes para projetar fotos em transparências, 35 mm, denominadas slides, em uma tela ou parede.

3.1.2. Retroprojetor

Outro recurso pós-fotografia é o retroprojetor. É um dispositivo capaz de projetar imagens ampliadas, obtidas através da impressão de objetos em plásticos transparentes, conhecidos por transparências. Essas imagens, geralmente fotos ou textos, são projetados sobre uma tela ou parede. É um recurso muito usado didaticamente, seja em sala de aula, auditórios ou salas de conferência. Ele substitui o quadro-negro com grande vantagem, pois, além das transparências serem leves e fáceis de transportar, é de fácil operação.

3.1.3. Episcópio

É um aparelho que permite a projeção de imagens opacas como postais ilustrados, fotografias, páginas de livros e outros documentos, dispensando as transparências. Por esse motivo, seu uso é mais fácil. Apesar dessa facilidade, o episcópio não teve uma propagação tão grande quanto o retroprojetor no espaço escolar.

3.2. O rádio

O desenvolvimento tecnológico ocorrido a partir do século XVIII fez emergir uma sociedade em que as pessoas se encontram geograficamente mais próximas. Por conseguinte, se comunicam mais, pois essa comunicação é, a cada dia, mais importante e necessária. Dessa forma, o registro, a gravação e a reprodução dos sons não puderam ser deixados de lado nessa evolução de tecnologias.

Nesse contexto, em 1887, Hertz demonstrou a existência do campo eletromagnético e as possibilidades de produzir e conduzir ondas magnéticas de frequências diferentes. Essa demonstração fez com que aumentassem os estudos nessa área, resultando no surgimento do telégrafo sem fio, do telefone, do radar, do gramofone e do rádio. É neste último que iremos nos deter.

Pensado, a princípio, para substituir o telégrafo, o rádio (Figura 19) foi patenteado por Marconi no fim do século XIX. Nesse mesmo período, no Brasil, o padre Roberto Landell de Moura realizou uma transmissão radiofônica.

O potencial educativo do rádio, especialmente em nosso país, onde as distâncias entre as regiões dificultavam e ainda dificultam a difusão da educação, já era percebido naquela época. Dessa forma, surgiram vários projetos educativos através da radiodifusão, visando a melhoria da educação e a diminuição do alto índice de analfabetismo.

Em 1934, foi inaugurada a estação da Rádio Escola Municipal do Distrito Federal. Essa estação transmitia conhecimentos sistematizados para escolas e para o público em geral. Em 1936, Roquette Pinto cedeu ao Ministério de Educação e Saúde a Rádio Sociedade do Rio de Janeiro, com o compromisso de que houvesse a continuidade da difusão dos programas educativos e culturais.

Figura 19 – Rádio

Segundo Costa (2005), inúmeras são as experiências realizadas envolvendo o rádio na educação, além das que envolvem a educação a distância. Essa autora afirma que "o fato de a comunicação radiofônica utilizar a linguagem verbal torna o uso de suas mensagens mais assimilável à prática educativa do que os demais meios audiovisuais" (COSTA, 2005).

3.3. Fita cassete

A fita cassete, também conhecida como áudio cassete, causou revolução, nos anos 60 do século XX, na gravação e na reprodução de sons.

Inicialmente a qualidade era baixa; à medida que recursos tecnológicos foram sendo incorporados a ela, ocorreu uma melhoria de qualidade nos aparelhos.

Os gravadores com áudio cassete, também denominados de toca-fitas, sempre foram portáteis, porém com o surgimento do walkman (Figura 20), um super cassete de bolso com fones de ouvido, ocorreu a explosão do uso individual do som.

Figura 20 – Fita cassete e walkman
Fonte: WIKIPÉDIA.

Na sala de aula, rádio e toca-fitas foram utilizados como ferramentas de apoio, principalmente nas aulas de línguas, associados às músicas da época, facilitando, no caso da língua estrangeira, um maior acesso à pronúncia adequada.

3.4. O cinema

O desenvolvimento tecnológico que culminou com o surgimento da fotografia propiciou o desenvolvimento de diversos inventos voltados ao aprimoramento da técnica de animação e projeção de imagens. Entre eles, destacamos o fenacistoscópio[5]; a cronofotografia[6]; o zootrópio[7]; o teatro óptico[8]; o quinetoscópio[9]; o vitascope[10]; e, finalmente, o cinematógrafo (Figura 21). Este último é que realmente vai transformar o imaginário do homem e a produção cultural dos países.

Figura 21 – Cinematógrafo
Fonte: WIKIPÉDIA.

O cinematógrafo foi apresentado pela primeira vez ao público pelos irmãos Lumière, em 1895. Constituía em uma câmera que projetava diversos fotogramas numa sequência temporal que dava a impressão, ao observador, de um movimento natural de objetos e corpos.

Inicialmente destinado a ser documental, o cinema já se encaminhava para o seu destino de grande entretenimento graças às trucagens inventadas por Méliès, que evidenciaram as possibilidades dessa invenção criar ilusões óticas. No mesmo período, surgiam os primeiros aparelhos destinados à reprodução dos sons. Desta forma, começa-se a pensar, também, na união técnica de imagem e som para, em 1930, tornar realidade o filme sonorizado. A partir daí, o cinema se desenvolveu e se espalhou pelo mundo rapidamente.

---

5. Aparelho criado por Joseph-Antoine Plateau, em 1829, para a produção de uma síntese dinâmica de imagens.
6. Criava a ilusão do movimento através da fusão de fotografias sequenciais de um corpo em ação. Foi desenvolvido em 1849, por Hervé Faye.
7. Promovia a ilusão do movimento a partir de um tambor que fazia girar uma série de fotografias. Foi inventado por W.G.Horner, em 1933, e é considerado o antecessor do cinema e do desenho animado.
8. Desenvolvido em 1889, por Émile Reynaud, projetava imagens desenhadas numa tira flexível, através de uma manivela.
9. Aparelho desenvolvido por Thomas Edison, a partir do aprimoramento do teatro óptico. Esse aparelho projeta uma sequência de fotografias, ao invés de desenhos.
10. Combinação da máquina de projeção de imagens com o fonógrafo, reproduzia em tamanho natural as cenas cotidianas e da natureza.

Em relação ao seu uso na educação, na primeira metade do século XX, ocorreu a busca da exploração pedagógica do cinema. Desta forma, documentários, de curta e média metragem, foram utilizados como recurso de apoio ao ensino e à aprendizagem. Esses filmes possuíam um conteúdo didático e tinham por intuito instruir e orientar crianças e jovens.

Figura 22 – Cinema Documental
Fonte: UNICAMP, sd.

No Brasil, nasceu, dessa forma, o Instituto Nacional de Cinema Educativo, em 1936. Esse órgão estava voltado à produção de filmes educativos, explicitando a vocação didática do cinema documental. E é justamente essa vocação que inseriu o cinema nos movimentos educativos, apesar das dificuldades encontradas. Porém, na década de 70, o surgimento do vídeo, e sua massificação como veículo do cinema, acelerou a difusão de documentários científicos e históricos no contexto escolar.

Porém, não foi somente através da produção de filmes de cunho educativo que o cinema se fez presente no espaço escolar. Muitos filmes produzidos com a finalidade de entretenimento (Figura 23) foram e são usados com finalidade pedagógica, como ferramenta de apoio do ensino e da aprendizagem. Para isso, é necessário que o professor assista primeiro ao filme escolhido; trace objetivos; selecione cenas para provocar questionamentos e reflexão; ou seja, é necessário um planejamento.

Como vimos, o desenvolvimento do cinema e da técnica de sua reprodução possibilitou o surgimento do vídeo e, por extensão, no espaço educativo, da videoaula e da videoconferência. Vejamos um pouco sobre elas.

Ferramentas de Ensino

FIGURA 23 — Imagem de Desmundo[11]
Fonte: Cinema com rapadura, 2006.

3.4.1. A videoaula

A videoaula é uma aula gravada em estúdio e distribuída na forma de vídeo. A popularização dos videocassetes e das fitas em VHS, em 1980, promoveu a massificação das videoaulas e, com o advento dos DVDs, em 1990, essa difusão se tornou maior ainda.

Elas são muito usadas na educação a distância, como apresentação de conteúdo, semelhante à forma usada na modalidade presencial; como forma de ilustrar, reforçar e complementá-lo, sendo consideradas importante recurso didático auxiliar para a fixação da aprendizagem. A educação a distância vem utilizando, já há algum tempo, a videoaula, não como ferramenta educacional, mas como meio de veicular os conteúdos das diversas áreas de saber.

3.4.2. A videoconferência

A videoconferência é uma discussão em grupo ou pessoa a pessoa, onde os participantes estão em espaços distintos, porém podem ver e ouvir uns aos outros como se estivessem reunidos em um único local.

Desta forma, observamos que essa ferramenta possibilita a interação, em tempo real, de pessoas ou grupos de pessoas, em áudio e vídeo, simultaneamente, independentemente das localizações geográficas dos participantes. Essa interação permite o trabalho cooperativo e o compartilhamento de informações.

Para que ocorra uma videoconferência, faz-se necessário o uso de uma sala em cada localidade geográfica, com uma videocâmera, bem como uma interconexão especial através do telefone com grande largura de banda.

---

11 Filme brasileiro produzido por Van Fresnot (2003), dirigido por Alain Fresnot, do livro de Ana Miranda.

Com os avanços tecnológicos, um novo tipo de conferência passou a ser oferecido, além da tradicional: a conferência desktop. Esse tipo de videoconferência não exige salas e equipamentos especiais, pois pode ser realizada a partir da inclusão de *software* e *hardware* em computadores padrão.

Segundo Moore (1998), uma alternativa mais simples é a audioconferência, que promove a mesma interação, utilizando apenas a conexão de voz.

Vários autores, entre eles Santos (1998), consideram que a videoconferência apresenta algumas vantagens, entre elas a economia de tempo e de recursos, além de ser mais uma possibilidade de pesquisa. Essa ferramenta, pelas características que apresenta, é muito utilizada na formação continuada e na EAD.

3.5. A televisão

A televisão teve origem na década de 1920, com a invenção do inoscópio. Porém, é no ano de 1935 que a televisão é emitida pela primeira vez – na Alemanha, em março, e na França, em novembro daquele ano (Figura 24). Essa emissão abrange a transmissão de som e imagens em movimento, através de ondas de radiofrequências, captadas por um aparelho receptor – o televisor.

Devido à sua estrutura programática e forma utilizada na comunicação com o público, podemos afirmar que ela é uma extensão do rádio.

Figura 24 – Primeiro estúdio de televisão francês
Fonte: PÁSCOA, 2006.

Sua estrutura semelhante ao rádio, popularizou-se junto ao público, promovendo um processo de identificação cultural que ainda não se havia visto.

Presente no cotidiano de professores e alunos, ela possui um papel considerável no tocante ao imaginário das pessoas e à relação que elas estabelecem com o mundo em que se inserem. Desta forma, seu uso na educação assume especial relevância para a relação estabelecida pelos alunos com os conteúdos escolares (Figura 25); e do professor com seus alunos. Essa relação aproxima escola e comunidade, saber erudito do professor e a cultura do aluno.

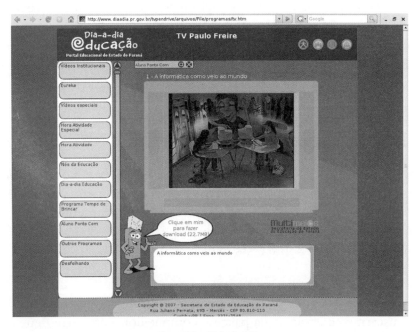

Figura 25 – TV Paulo Freire
Fonte: PORTAL DIA-A-DIA EDUCAÇÃO.

Segundo Harriman e Braga (sd), deve-se ver criticamente todo e qualquer conteúdo veiculado pelos meios de comunicação de massa, incluindo a televisão. Desta forma, a escola deve assumir um papel de suma importância: a formação de cidadãos críticos para que possam reelaborar as informações que recebem do mundo, via televisão, jornais, rádio.

Esses autores entendem que a televisão e a escola se aproximam, apesar de possuírem papéis sociais distintos. Detendo um grande potencial de comunicação, a televisão se torna um local de saber. Desta forma, não é mais papel centralizador da escola a transmissão de saber e cultura, entretanto, continua cabendo a ela a formação integral dos sujeitos. E é por esse motivo que ela – a escola – deve desenvolver nas crianças a competência crítica, enriquecendo com isso o seu próprio fazer pedagógico. Entendemos bem que a escola precisa deixar de ver a televisão como mero instrumento, passando a tratá-la como recurso didático em potencial.

A Escola no Século XXI

Nesse sentido, surgiram os telecursos, na modalidade a distância, que nada mais são do que cursos ministrados pelo sistema de teleducação, pensados, elaborados e veiculados para e na televisão. Inicialmente, utilizavam somente as transmissões de programas de TV ou rádio, agregados de material de leitura suplementar. Hoje, já ocorre a oferta de telecursos que incorporam outros meios, buscando a interação entre alunos e professor, também denominado mediador, orientador ou tutor.

Além disso, foram criadas tevês educativas, com programação voltada para a aprendizagem dos conteúdos curriculares. Exemplos dessa ação são as diversas TVs Educativas, bem como o canal Futura de televisão, este último do setor privado.

4. Da televisão ao Google

Os vídeos e DVDs se fazem presentes na escola, bem como a televisão. Porém, outras ferramentas mais modernas e sofisticadas foram agregadas a esse espaço. São as chamadas mídias digitais, entre as quais o computador – iniciador dessa revolução – reina soberano.

Vejamos um pouco sobre essas mídias.

4.1. O computador

Se buscarmos a etiologia da palavra, computador é um termo que designa aquele que calcula. Por extensão, um processador de dados com capacidade de receber informações, realizar operações programadas com elas e resolver problemas recebeu a mesma denominação – computador.

Esse instrumento é o ápice de um desenvolvimento tecnológico que se inicia com o surgimento do ábaco; perpassa a criação da primeira calculadora mecânica[12], do logaritmo, do sistema binário, da máquina de multiplicar e dividir de Gottfried, da construção do tear que memorizava os modelos, da máquina das diferenças e da máquina analítica de Babbage.

Ainda no século XIX, em suas últimas décadas, cartões perfurados foram usados para agilizar o senso demográfico dos Estados Unidos, que seriam lidos por uma máquina. Fundava-se, com essa ação, a International Business Machines. Ou seja, a IBM. Na década de 60 do século passado, a Rapid-Cal, uma pequena calculadora mecânica, podia ser encontrada nas lojas brasileiras. Com isso,

---

12 Denominada Pascalina.

podemos observar a evolução nesse campo a partir das observações de Turing, em 1931, que o levaram a criar a teoria dos computadores programáveis. Seguiu-se a essa teoria o Projeto Colossus, em Manchester, e o Electronic Numeric Integrator And Calculator – Eniac (Figura 26), nos Estados Unidos – o primeiro computador eletrônico, em 1946, ocupando salas inteiras, superaquecendo os ambientes com seus quilômetros de fios e milhares de válvulas.

Figura 26 – Eniac
Fonte: GDHPRESS, sd.

Em 1949, o Electronic Delay Storage Automatic Computer (EDSAC) faz com sucesso seu primeiro cálculo; o Lyons Electronic Office (Leo) se tornou operacional em 9 de fevereiro de 1954, calculando a folha de pagamento dos 1.700 membros da equipe. E, em 1951, surgem os primeiros computadores fabricados em série (Figura 27).

As válvulas foram substituídas por transistores, que, por sua vez, foram substituídos pelos microprocessadores. Em 1971, surgiu o primeiro microcomputador de uso pessoal (Figura 28).

Uma série de inovações foi acoplada a esse aparelho, como, por exemplo, o mouse, o editor de texto e a planilha eletrônica. Além disso, o computador ganha placas de som, de captura de vídeos e as webcams, passando a executar funções até então impensáveis, fazendo parte, inicialmente, do contexto das empresas, chegando pouco a pouco nas nossas casas, tornando-se parte integrante de uma boa parcela da população. Devido a essa inserção dos microcomputadores no contexto doméstico, desenvolve-se a indústria de *softwares* educativos – e a escola não pode mais se manter indiferente a essa evolução.

Figura 27 – IBM 701
Fonte: IBM, sd.

Kembak 1 aberto

Figura 28 – Kembak 1 – o primeiro computador pessoal
Fonte: GLEISINHO PALESTRAS.

4.2. Os *softwares* educativos

A partir da década de 40, com a criação dos simuladores de voo americanos, a utilização do computador como ferramenta educacional tem se intensificado. Porém, é nos anos 80 que vai ocorrer uma fomentação da criação de *softwares* educativos, pois é época em que o computador pessoal invade as casas. Mas o que vem a ser um *software* educacional?

Segundo Giraffa (1999), é todo e qualquer programa que possua uma metodologia que permita sua contextualização nos processos de ensino e aprendizagem. Entendendo-o assim, observamos uma tipologia de *softwares* variada, de acordo com o paradigma pedagógico adotado. Desta forma, distinguimos duas vertentes: a comportamentalista e a construtivista. Da primeira fazem parte os tutoriais e os *softwares* de exercícios e prática; da segunda, as simulações e os jogos educativos.

Independentemente da tipologia do *software*, é preciso que foquemos nossa atenção na qualidade que ele apresenta, considerando aspectos relacionados à usabilidade, confiabilidade, eficiência, manutenibilidade e portabilidade.

Além disso, como afirma Valente (1993), não devemos nos esquecer de que o *software* é apenas um instrumento, um recurso a mais nos processos de ensino e aprendizagem.

4.3. A internet

Se os uso dos computadores nas escolas desenvolve os *softwares* de forma específica para serem utilizados na educação, no contexto maior – a sociedade – ele gera o desenvolvimento de alta tecnologia para a criação de um sistema de informação, de âmbito mundial.

Esse empenho no desenvolvimento de uma rede internacional, voltada principalmente à espionagem, unindo os computares, cria a telemática[13] e com ela a ARPANET – a primeira rede interativa de computadores. Outras redes surgiram. Entretanto, é somente com o surgimento da World Wide Web – WWW (Figura 29) que se pode ir além de trocar mensagens – e-mails – na rede.

Figura 29 – Internet
Fonte: DISCOPRAISE WORDPRESS, 2009.

---

13 Conjunto dos serviços informáticos fornecidos através de uma rede de telecomunicação.

Utilizando uma linguagem multimídia – imagens, sons, animações e gráficos –, esse sistema sofisticado de hiperlinks faz a entrada na rede, possibilitando o acesso a linguagens dos mais diversos tipos com apenas um clique.

Nessa rede, encontram-se as mais diversas informações voltadas ao campo educacional. Destacamos os dicionários online, como o PRIBERAM – dicionário *online* de língua portuguesa; as enciclopédias *online* colaborativas, como a WIKIPÉDIA (2009) (Figura 30) e os portais educacionais. Sites são desenvolvidos com essa especificidade – a aprendizagem; ferramentas são pensadas para facilitar a usabilidade do sistema.

O computador ganha novos recursos que permitem a interação em atividades lúdicas, com usuários de diferentes lugares, ao mesmo tempo. Além disso, essa ferramenta possibilita realizar a inclusão, auxiliando deficientes visuais ou auditivos na sua comunicação e interação com a escola e com o mundo.

Dentre as atividades desenvolvidas para aproveitar as informações disponibilizadas na web, consideramos relevante o *podcasting* e a *webquest*, desenvolvida especificamente para a aprendizagem.

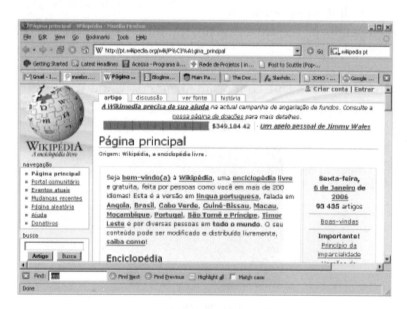

Figura 30 - WIKIPÉDIA
Fonte: WIKIPÉDIA, 2009.

4.3.1. Podcasting

O termo *Podcasting* designa uma forma de publicação de arquivos de mídia digital (áudio, videofoto, PPS) pela internet. Esse termo é uma justaposição dos termos iPod (marca de um aparelho de mídia digital) e broadcasting (transmissão de rádio ou televisão). Essa publicação de arquivos na internet possibilita aos usuários o acompanhamento de sua atualização.

Esse formato de transmissão está sendo muito utilizado no mundo inteiro por pessoas e empresas na divulgação de notícias, eventos e programação. No espaço educacional, algumas instituições de ensino superior já disponibilizam aos seus alunos aulas nesse formato. Sua acessibilidade é muito grande, pois podemos ter o conteúdo de um *podcast* até mesmo no celular.

4.3.2. A webquest

Em 1995, um professor da Universidade da Califórnia, Bernie Dodge, desenvolve uma proposta metodológica para o uso criativo da internet desenvolvendo o conceito de webquest. Para ele, a "webquest é uma atividade investigativa, em que alguma ou toda a informação com que os alunos interagem provém da Internet."

Elaborada pelo professor, a webquest parte de um tema, propondo uma atividade de pesquisa em fontes pré-selecionadas pelo professor, que deve ser realizada pelos alunos. Essas fontes geralmente são sítios da web. Através dessa ferramenta, o professor atua na modernização das metodologias educativas, além de oportunizar aos alunos o desenvolvimento de habilidades cognitivas e de uma aprendizagem cooperativa. Além disso, elas são também um meio de interação, cooperação e intercâmbio entre os docentes.

4.4. O Google

Anteriormente falamos do computador e de toda a revolução que, a partir dele, ocorre na sociedade. De sociedades distintas, separadas geográfica e culturalmente, promove uma sociedade globalizada e, por sua ação direta, uma sociedade tecnológica. Não existem mais barreiras espaço-temporais, mas uma grande teia mundial de comunicação e informação. Mas como buscar essas informações, como localizá-las nessa vasta rede? Através de um buscador.

Um buscador é um programa desenvolvido para auxiliar na busca de informações armazenadas na Internet ou numa Intranet. Com poucos toques o usuário pesquisa o assunto de seu interesse na rede mundial.

Em 1980, foi criado o Archie, o primeiro buscador desenvolvido para a internet. Depois dele, vieram outros como o Gopher, o Wandex, o Lycos, o Alta Vista e o Yahoo. Esses primeiros buscadores baseavam-se na indexação de páginas a partir de sua categorização. Depois vieram as metabuscas e, finalmente, a busca por palavras-chave.

É com essa ideia que, em 1996, surge o Google (Figura 31), a partir de um projeto de doutorado denominado Backrub, de Larry Page e Sergey Brin, da Universidade de Stanford. Insatisfeitos com os sites de busca existentes na época, os dois desenvolveram um mais avançado, rápido e com mais qualidade. O Google é hoje o serviço de busca mais rápido do mundo.

Figura 31 – Google
Fonte: DM4BRASIL, 2009.

Porém, não é somente como uma imensa fonte de pesquisa mundial que ele pode ser usado como ferramenta educacional. Ele possui outros serviços que são grandes auxiliadores dos processos de ensino e aprendizagem.

São eles o Google Maps, que permite a visualização de mapas e rotas de tráfego; o Google Docs, uma série de aplicativos online, com editor de textos, planilha e compartilhamento, que permite a construção colaborativa de textos; o Google Answer, onde é possível fazer uma pergunta sobre um assunto e ter respostas dos outros usuários; o Google Groups, um aplicativo que possibilita postagem, leitura e compartilhamento de arquivos a partir de grupos; e o Google

Earth – programa que apresenta de forma tridimensional um modelo do globo terrestre, feito a partir de fotografias de satélites. Assim, temos tanto a geração de mapas bidimensionais como simulações das regiões do planeta.

5. Case

Vários são os casos bem-sucedidos do emprego das ferramentas educacionais pelas instituições de ensino da rede particular. A rede de ensino pública tem no exemplo do Estado do Paraná um caso de sucesso quando esse estado oferta aos seus educadores, além dos já conhecidos quadros de giz, vídeos e DVDs, ferramentas educacionais da mais alta tecnologia como os recursos da internet para a pesquisa, via laboratórios Paraná Digital; softwares educativos; tevê multimídia para uso do pen drive disponibilizado a cada um dos professores que atuam na rede de ensino estadual; uma equipe multidisciplinar que atua no desenvolvimento de recursos midiáticos para uso na tevê pen drive, junto à Coordenação de Multimeios; e a criação de programas educativos pela equipe da TV Paulo Freire.

Consideramos, desta forma, trazer como case um projeto experimental desenvolvido pelo professor de artes A. Gomes da rede pública de ensino do Estado do Paraná. Trata-se do desenvolvimento do **Rede Escola**, na plataforma Moodle, ofertando aos alunos da rede pública um espaço para a aprendizagem colaborativa, utilizando as diversas ferramentas que essa plataforma disponibiliza.

6. Metodologia

Após a apresentação e leitura do texto, uma metodologia possível é o encaminhamento de discussão sobre o desenvolvimento tecnológico e a educação. Para tanto, deve-se escolher um aluno para exercer a função de organizador e mediador do debate e dividir o restante dos alunos em dois grupos. O primeiro será o grupo de acusação, orientado a apontar os aspectos negativos do uso das chamadas ferramentas educacionais em sala de aula; o segundo exercerá a função de advogado dessas ferramentas, defendendo sua presença e seu uso no contexto educacional, rebatendo os argumentos contrários a ele. Por fim, o terceiro grupo atuará como júri.

Outro encaminhamento é a proposição de uma discussão sobre como seria nos dias de hoje a comunicação e a educação se não houvesse o computador e a internet, com ênfase em pontos positivos e negativos. Um terceiro seria a solicitação de uma pesquisa sobre o efeito das mídias sobre a educação a distância, realizada em grupo (não mais que cinco alunos por grupo), para ser apresentada na forma de comunicação. Cada grupo ficará com uma ferramenta, por exemplo: o impresso, o rádio, a televisão, os vídeos/DVDs, o computador e a internet.

Por fim, poder-se-ia também solicitar aos alunos, divididos em grupo, que cada um dos grupos fizesse o planejamento de atividades para os outros grupos, utilizando-se dos recursos encontrados na internet como uma escrita colaborativa (Google Docs), ou utilizando as ferramentas do Moodle.

7. Conclusão

As ferramentas educacionais surgiram à medida que os desafios cotidianos exigiram do homem ações e desenvolvimento de tecnologias que possibilitassem sua sobrevivência. Essas tecnologias, entretanto, foram utilizadas também para a educação. O desenvolvimento da inteligência e da capacidade de observação e de raciocínio, bem como o seu desenvolvimento cultural, levaram a se transformar e, consequentemente, modificar o seu ambiente, evoluindo e realizando novas conquistas.

Esse evoluir possibilita que nós observemos a relação entre as chamadas mídias da comunicação e informação e os períodos apresentados nesse texto. Desta forma, o primeiro tópico – **Da pedra lascada ao livro impresso** – se caracteriza pelo desenvolvimento e aprimoramento da mídia impressa; o segundo – **Do livro impresso à tevê** – marca o surgimento e desenvolvimento das mídias audiovisuais e, por fim, o terceiro – **Da televisão ao Google** – é marcado pelo surgimento e constante evolução das mídias digitais. É importante ressaltar que essas mídias se sobrepõem umas às outras. Assim, o áudio e o vídeo se agregaram à mídia impressa, tendo sido muito comum os cursos disponibilizados em apostilas mais fitas cassetes e depois com vídeos e DVDs. Além disso, à projeção de slides somou-se a exposição oral, gravada em fita cassete; ouvido o bip, mudava-se o slide.

Finalmente, temos hoje todos esses recursos disponibilizados pela internet. Destacamos aqui, entre essas ferramentas as desenvolvidas no Google, principalmente o Google Earth, versão anos luz do mapa da Ga-Sur; e do Google Docs, que permite a interação colaborativa na escrita. Porém, não podemos fechar esse texto sem darmos a devida relevância às ferramentas digitais desenvolvidas com cunho educativo, especificamente o Moodle.

O Moodle – Modular Object Oriented Dynamic Learning Environment – é um software de código livre, desenvolvido para a aprendizagem e executado em ambiente virtual. O conceito do Moodle foi criado em 2001, por Martin Dougiamas, educador e cientista educacional. Esse software se caracteriza por ser um sistema administrador de atividades educacionais (fóruns, diários, chat, wiki, tarefa online e offline) direcionado à aprendizagem colaborativa. Além disso, ele permite avaliação online, registro e cálculo de notas.

Como vemos, vivemos numa era em que o processo e o ambiente educativo transformam-se dia a dia pelo avanço tecnológico. Desta forma, não podemos mais, enquanto professores, pensar na escola como era pensada no século passado. Transformar nossa visão, nossa metodologia, tornarmos nossos conteúdos mais interessantes aos nossos alunos, falarmos a mesma linguagem que eles, integrarmos nossa prática pedagógica às tecnologias, são alguns dos desafios dos professores e da escola do século XXI.

8. Questões para reflexão

Estamos num estágio de desenvolvimento que não nos permite mais retroceder. Diante desta constatação, como será a educação nas próximas décadas? Como ficam as relações interpessoais se cada vez nos debruçamos mais sobre a máquina? Como ficam a leitura e a escrita? Será mesmo verdade que nunca se leu nem se escreveu tanto como agora? Levante essas questões com seus alunos. Faça-os refletir sobre elas e se posicionarem em relação aos desafios que nos esperam.

Referências

AEGE. **Pergaminho.** Disponível em: <http://www.aege.pt/Destaques/pergamilnho. Acesso em ago.2009.

ARAPIRACA/SCI. Disponível em: <http://www.arapiraca.al.gov.br/site2/includes/phps>. Acesso em ago. 2009.

BATALHA, Elisa. **O abecê da escrita**. 2007. Disponível em: <http://invivo.fiocruz.br>. Acesso em ago. 2009.

CINEMA COM RAPADURA. **Desmundo.** Disponível em: <http://www.cinemacomrapadura.com.br/filmes/galeria>. Acesso em ago. 2009.

COSTA, C. **Educação, imagem e mídias**. São Paulo: Ed. Cortez, 2005.

DISCOPRAISE WORDPRESS. **Uma igreja no mundo virtual – DP ao vivo na internet.** 2006. Disponível em: http://www.discopraise.wordpress.com.br. Acesso em ago. 2009.

DM4 BRASIL. Blog. 2009. Disponível em <http://www.dm4brasil.com>. Acesso em ago. 2009.

FERNANDES, Tadeu. **A invenção da escrita, liberdade da palavra.** Disponível em: <http://www.papofurado.com/a-invencao-da-escrita-liberdade-da-palavra. htm>l. Acesso em ago. 2009.

FLUSSER. **Filosofia da caixa preta:** ensaios para uma futura filosofia da fotografia. São Paulo: Hucitec, 1993.

GDH PRESS. **O Eniac.** Disponível em: <http://www.gdhpress.com.br>. Acesso em ago.2009.

GIRAFFA, Lúcia M.M. **Uma arquitetura de tutor utilizando estados mentais.** Tese de Doutorado. Porto Alegre: CPGCC/UFRGS, 1999.

GLEISINHO PALESTRAS. **A história dos microcomputadores.** Disponível em: <http://www.gleisinhopalestras.com.br>. Acesso em ago.2009.

G1. **Livro manuscrito.** 2007. Disponível em: < http://www.g1.globo.com>. Acesso em ago.2009.

HARRIMAN, Cátia; BRAGA, Luís Cláudio Melo. TV e Vídeo. Módulo Básico. Em: **Mídias na educação.** MEC/SEED. Sd. Disponível em: <http://www. webed.mec.gov.br/midiaeducacao/material/tv/tv_bascio/p_01.htm>. Acesso em ago.2009.

IBM. **A notabile first the IBM 701.** Disponível em: <http://www.03.ibm. com/ibm/history/exhibits/701/701/intro.htm>. Acesso em ago.2009.

KROMETSEK, Maria da Conceição Siqueira Coutinho de Almeida. **Letras, livros e afins.** Blog. 2007. Disponível em: http://www.letraslivroseafins. blogspot.com/2007/07/papiro. Acesso em ago.2009.

MARTINS, W. **A palavra escrita**. 2. ed. ilust., rev. e atual. São Paulo: Ática,1996.

MATEMÁTICA NA VEIA. **As quatro operações com o ábaco**. 2007. Disponível em:<http://www.matematica-na-veia.blospot.com/2007_08_26>. Acesso em ago.2009.

MAURÍCIO, P. **O conhecimento do espaço e do tempo e a sobrevivência do homem**. Em: *Portal do Astrônomo*. Disponível em: <http://www.portaldoastronomoorg.com>. Acesso em ago. 2009.

MOORE, K. **Audioconferencing in Distance Education**. Disponível em: <http://www.knight-moore.com/html/ajde8-1.html>. Acesso em ago. 2009.

MUSEU DE TOPOGRAFIA. História da topografia. Disponível em: <http://www.ufrgs.br/museudetopografia/museu/museu/his_topo.html>. Acesso em ago. 2009.

NO CINEMA COMIGO. **O cinema.** 2006. Disponível em: <http://nocinemacomigo.blogs.sapo.pt/482.html>. Acesso em ago. 2009.

PÁSCOA, Ana Rita Namora. **A invenção da televisão.** Disponível em: <http//notapositiva.com>. Acesso em ago.2009.

PORTAL DA CULTURA/AL. **Acervo de Artefatos.** Disponível em <http://www.cultura.al.gov.br/forum-cultural/portal-cultural/acervo-audivisual/artefatos>. Acesso em ago. 2009.

PORTAL DIA-A-DIA EDUCAÇÃO. Disponível em: <http://diaadiaeducacao.pr.gov.br>. Acesso em ago. 2009.

PROAVIRTUAL. **Crianças cegas e alfabetização** – matemática. 2006. Disponível em: <http://proavirtualg28.pbworks.com>. Acesso em ago. 2009.

SANTOS, N. dos. **Educação à distância e as novas tecnologias de Informação e Aprendizagem.** Disponível em: <http://www.engenheiro2001.org.br/programas/980201a2.htm>. Acesso em ago. 2009.

SYSCOQ. **Dalla Preistoria a Pitagora.** Disponível em: http://syscoq.com/StoriaP01.html. Acesso em ago. 2009.

TIPOGRAFOS NET. **O papel e sua evolução**. Disponível em: <http://www.tipografos.net/tecnologias/papel/html>. Acesso em ago. 2009.

UGA UGA. **Pré-história Uga Uga** - a Evolução humana. 2008. Disponível em: <http://www.ugauga0.wordpress.com/2008/03>. Acesso em ago. 2009.

UNICAMP. **Raízes do Brasil: uma cinegrafia de Sérgio Buarque de Holanda**. Disponível em: <htpp:unicamp.br/siarq/sbh/sessão_especial. html>. Acesso em ago. 2009.

VALENTE, José A. **Diferentes Usos do Computador na Escola**. Em Aberto, Brasília ano 12 Nº 57 jan/mar 1993. p. 3-16.

WELCH. **A Brief History of Graphic Communication**. Disponível em: <http://www.sallygentiuwelch.com>. Acesso em ago. 2009.

WIKIPÉDIA. Disponível em: <http://pt.wikipedia.org>. Acesso em ago. 2009.

ARTIGO 4

Gestão de Material Didático

Adalnice Passos Lima, Izabel Cristina Slomp Osternack

Sumário

Resumo	79
Palavras-chave	79
1. Introdução	80
1.1. Terminologia	81
1.2. Contexto social como determinante do material didático	81
1.3. Informática como suporte para o acervo de material didático	82
2. Encaminhamento metodológico	83
3. Case	85
4. Conclusão	87
5. Questões para reflexão	87
6. Tópico para discussão	87
Referências	88

Resumo

As novas tecnologias fascinam e são facilmente incorporadas por pessoas ou organizações. Ao mesmo tempo em que facilitam uma tarefa, alteram comportamentos e também modificam estruturas. O presente artigo apresenta as mudanças que as tecnologias provocaram na escola, mais especificamente no que se refere ao acervo do material didático. Primeiramente tece algumas considerações sobre práticas pedagógicas com múltiplas mídias e, em seguida, discorre sobre a reformulação das bibliotecas com o advento da informática. Finalmente o artigo, por meio do estudo de caso, ilustra a necessidade do professor acompanhar essas mudanças.

Palavras-chave

Gestão escolar, material pedagógico, tecnologia, biblioteca digital.

1. Introdução

Os estudos sobre gestão, quando relacionados à educação, geralmente tratam da organização escolar como um todo e ao diretor recai a responsabilidade de coordenar as ações que a compõem. Fora do ambiente escolar, a gestão é uma atividade ampla e complexa que sofre um partilhamento, surgindo então subdivisões como: gestão financeira, gestão de materiais e gestão de recursos humanos, as mais comuns. Nas empresas, a gestão de materiais, atuando de forma integrada com o departamento de compras, é considerada fundamental para que itens sejam produzidos ou serviços possam ser prestados segundo os compromissos assumidos com os clientes.

No contexto escolar, embora se apresente em menor escala e sem as mesmas preocupações de uma empresa, pode-se afirmar que a gestão possui características semelhantes. Mas ao se restringir o foco para a gestão de materiais didáticos, uma realidade bipolarizada se apresenta: materiais didáticos de uso comum e materiais didáticos de uso particular de cada professor.

Na escola, historicamente, o espaço físico destinado a materiais didáticos de uso coletivo é a biblioteca. Nela são encontrados livros, periódicos e mapas. Hoje, esse espaço também abriga vídeos, CD e DVD. Para controle desse acervo composto por documentos em várias mídias, é designada uma pessoa acostumada às variedades de linguagens presentes no cotidiano, para também atender a entrada e saída de itens e de pessoas, manter atualizado o registro de patrimônio e, sobretudo, cuidar para que esse espaço esteja em condições para ensinar aos alunos "conceitos de organização, armazenamento e posterior recuperação das informações" (HILLESHEIM; FACHIN, 2009). Para que a função pedagógica da biblioteca se realize, é recomendável que:

> "[...] os padrões [de organização] adotados [na biblioteca escolar] não fujam radicalmente daqueles utilizados na maioria das bibliotecas, a fim de que as crianças tenham conhecimento adquirido quando forem utilizá-las em qualquer momento de sua vida. Ao definir a política para a organização da biblioteca escolar, buscar sempre a simplificação e a clareza e deixar bem claro e visível a todos os usuários como é que a biblioteca funciona e como está organizada." (HILLESHEIM; FACHIM, 2009).

Sobre a gestão de material didático individual, aqueles selecionados pelos professores para uso próprio, não há orientação de como organizar o acervo. Cada professor adota uma sistemática que possa servir de ponto de partida para quem está iniciando na profissão.

Assim, o objetivo deste artigo é apresentar recomendações para a organização de acervo individual de material didático, tendo como ponto de partida os princípios da organização da biblioteca escolar e aproveitando os recursos disponibilizados pelas novas tecnologias.

1.1. Terminologia

Para que possamos entender as estratégias a serem utilizadas na organização do material pedagógico a ser utilizado na sala de aula, é preciso primeiramente que fique claro o significado dos termos com os quais estamos trabalhando. Conceituar "gestão" tem sido polêmico. Porém, entre alguns autores que entendem gestão como organização, é possível observar aspectos em comum ou complementações. A gestão constitui-se em soma de processos, e, se sabe no cotidiano, esses processos são conectados e têm nos sujeitos os protagonistas dos rumos da organização, no nosso caso, da escola e da educação. Como o foco deste artigo é a gestão de material didático, consequentemente, trata de questões de arquivística, um processo que visa reduzir a manipulação de documentos.

Já o termo "pedagógico" está relacionado à dinâmica da escola. É todo o pensar e agir da escola com o intuito de produzir conhecimento com intencionalidade educativa. Portanto, o professor, ao constituir o espaço de sua prática profissional, torna-se gestor de seu material, isto é, organizador do seu material pedagógico de forma a conduzir os alunos a uma real aprendizagem.

1.2. Contexto social como determinante do material didático

Se a escola do século XXI está sendo orientada para ensinar não só as tradicionais formas de letramento - ler, escrever e contar -, e passa a responsabilizar os professores pelo ensino das formas de linguagem que caracterizam esse século, tais como multiculturalismo, informação tecnológica, estudo sobre meio ambiente, justiça social, mediação e cultura, o material didático a ser utilizado também não pode ficar restrito ao material impresso (ALLRED, 2008). Assim, a educação, ao se voltar para a contemporaneidade deixando paradigmas conservadores de transmissão do conhecimento, busca incluir como material didático formas de representação que contribuam para que os alunos possam melhor entender o mundo em que vivem.

O entendimento de letramento é possível a partir da diferenciação entre analfabeto, alfabetizado e letrado. Essas palavras se referem a diferentes formas de contato com a leitura e a escrita. A pessoa que não sabe ler e escrever é analfabeta; alfabetizada é a pessoa que sabe ler e escrever, mas não faz uso do código escrito; e letrado é quem, na condição de alfabetizado, pratica a leitura e a escrita (SOARES, 2009).

Para realizar essa tarefa, o professor precisa, além dos materiais didáticos tradicionais, incorporar no seu acervo novos tipos de materiais, especialmente aqueles que transformam a sala de aula em espaço para que os alunos utilizem os mesmos códigos a que estão expostos fora do contexto escolar. Não mais na função de transmissor do conhecimento, mas com a responsabilidade de preparar o aluno para viver em uma sociedade em que a comunicação se dá por meio de imagens, vídeos, mímicas, sons, o professor não só precisa ser letrado em várias mídias, mas também ser capaz de organizar seu acervo didático multimidiático para poder tratar os conteúdos escolares em diversos suportes de comunicação. Nesta tarefa, não há como abrir mão da tecnologia de informação e comunicação, e certamente esse acervo será virtual.

1.3. Informática como suporte para o acervo de material didático

A informatização da educação no Brasil tem uma caminhada considerável. Data de 1971 a primeira tentativa do uso do computador na aprendizagem (BRASIL, 2009). Desde então muito se tem investido na Informática Educativa, sempre com a preocupação em fazer do computador um instrumento de aprendizagem. Por essa razão, por Informática Educativa entende-se "a inserção do computador no processo ensino-aprendizagem dos conteúdos curriculares de todos os níveis e modalidades da educação" (VALENTE, 2009).

É interessante notar que semelhante movimento não ocorreu com a informatização da gestão escolar. Comparada com o desenvolvimento da Informática Educativa, pode-se afirmar que é recente a informatização das matrículas, das notas dos alunos, do fluxo de documentos e da movimentação financeira da escola. A comunicação eletrônica com os pais, então, ainda está muito distante da grande maioria dos estabelecimentos de ensino. Com relação à informatização das bibliotecas escolares, o processo de informatização está no seu início, uma vez que, em algumas regiões do Brasil, estão sendo desenvolvidos projetos piloto no sentido de facilitar o acesso do aluno ao acervo (PREFEITURA..., 2009 e PINHEIRO; OLIVEIRA, 2009).

Diante desse fato, uma escola que possui uma biblioteca virtual com livros digitalizados, artigos, endereços na Internet, banco de imagens e sons, pode ser considerada inovadora (MORAN, 2009). Inovador também será o professor que tiver um acervo de material didático com a mesma variedade e preparado,

Ferramentas de Ensino

portanto, para utilizar os vários recursos da TV Multimídia e dos terminais de computador.

TV Multimídia é o aparelho de televisão através do qual é possível organizar e visualizar imagens e fotos, filmes em diversos formatos, ouvir música, entre outras funcionalidades.

Encontrar um documento no acervo de uma biblioteca é possível porque o armazenamento é determinado pela catalogação, isto é, adota-se um sistema de informações que permite não só identificar um documento, como também classificá-lo. Esse é o ponto de partida do trabalho de organização de uma biblioteca que resulta na ficha catalográfica de cada documento.

A catalogação comumente adotada nas bibliotecas é a classificação de Dewey. Mas o professor que pretende organizar seu acervo de material didático não precisa seguir à risca essas normas. É suficiente entender que precisa organizá-lo, definir alguns princípios para estabelecimento de categorias dos materiais de que dispõe, ou seja, definir os elementos que permitirão agrupar os materiais pela semelhança que apresentam. Para começar a organizar seu acervo, o professor deve se fazer perguntas que servirão de critérios para a organização do acervo:

- Qual é a intencionalidade educativa do material?
- Qual conteúdo da disciplina está sendo tratado no material?
- Qual é o suporte do material (suporte físico digitalizado ou arquivo eletrônico)?

Aproveitando a experiência das bibliotecas que classificam os documentos de várias formas, é recomendável que cada um dos documentos do acervo didático possa ser identificado segundo a resposta de cada uma das perguntas acima. É importante ressaltar que, a partir do momento que o professor dispõe da TV Multimídia e de computador na sala de aula, seu acervo de materiais didáticos precisa estar em condições de ser exibido em ambiente eletrônico e, portanto, o professor organiza sua biblioteca digital.

2. Encaminhamento metodológico

Para atender as demandas educacionais do momento, os professores precisam utilizar as múltiplas linguagens para ajudar o aluno a construir o conhecimento, conforme pode ser constatado com a experiência da professora Helena. Buscando utilizar as tecnologias de informação e comunicação presentes no cotidiano dos alunos, Helena foi em busca dos materiais que achou necessários para trabalhar o assunto a ser tratado na sala de aula com seus alunos. Achou, então, em seu acervo didático, os seguintes materiais pedagógicos: filme, música, imagens (conforme figuras 1 e 2), jornais impressos, livros e sites.

A professora Helena sentiu necessidade de trabalhar com o tema "Drogas" porque observava que seus alunos corriam perigo. Estavam expostos às drogas em diversas situações do cotidiano, conforme eles próprios narravam. Não tinham noção do perigo que corriam. Selecionou da melhor maneira possível seu material pedagógico, diversificando-o, utilizando as mídias necessárias para atingir seu objetivo principal: contextualização das informações veiculadas pelo material no dia a dia e aplicação das orientações ligadas à proteção às drogas.

Helena sabia que a aprendizagem só ocorre realmente quando há mudança de comportamento e enfrentou o desafio dos professores do século XXI com tranquilidade: pra chegar mais perto dos alunos, criou um vínculo com eles por meio das tecnologias a que estão acostumados.

O professor do século XXI sabe que os jovens têm muito a dizer e clamam pra serem ouvidos; desejam intervir e contribuir com os rumos da educação desse século. É preciso abrir espaço para o diálogo e permitir que os jovens participem do planejamento e da execução das ações, que significa ampliar as possibilidades de práticas pedagógicas bem-sucedidas, coerentes com os desejos e objetivos pessoais e profissionais dos principais atores desse processo: os estudantes. E foi pensando assim que Helena desenvolveu seu trabalho.

O professor precisa estar ciente de que não é possível conceber uma educação de qualidade afastada da variedade de materiais e recursos educativos, dentre eles a internet, a televisão e outros. É necessário também ajustar a vida escolar à realidade da vida prática, estabelecendo um estreito vínculo entre o sujeito social e o sujeito do conhecimento. Foi desta forma que a professora Helena conseguiu sensibilizar não só seus alunos como todos os envolvidos no projeto. Alguns pais estiveram na escola fazendo comentários sobre o filme, que assistiram junto com seus filhos em casa. Houve um grande envolvimento também da direção e da equipe pedagógica da escola.

Portanto, muda também a relação com os saberes, inclusive os saberes escolares, direcionando os esforços a uma formação integral, ética, crítica e democrática.

Figura 1 — Cazuza
Fonte: www.flickr.com

Figura 2 - Panfletos
Fonte: www.flickr.com

3. Case

Os educadores, no decorrer de sua prática pedagógica, vão selecionando materiais didáticos para enfrentar os desafios da realidade da sala de aula. Mais ou menos a partir da segunda metade do século XX houve o crescimento das mídias eletrônicas. Estabeleceu-se então uma espécie de competição entre formas de linguagem. A televisão é uma mídia que consegue atingir maior número de cidadãos. E a maioria dos adolescentes recebe essas informações – basicamente imagéticas – e não refletem acerca do conteúdo que veem e escutam. Não conseguem fazer uma leitura crítica entre os desejos despertados pela mídia e as reais necessidades de suas vidas. Não têm controle sobre a linguagem emocional da televisão.

É nesse momento que entra a figura do professor/ mediador que precisa estar sempre atualizado, preparado para mostrar aos educandos que nem sempre os meios de comunicação expressam a verdade e a importância de valores como solidariedade, civilidade, respeito ao próximo. Com relação às drogas, os problemas são denunciados e poucas são as orientações de como evitá-las ou como se proteger delas.

A professora Helena, para agir como o exposto e alertar quanto ao perigo do uso das drogas, buscou em seu acervo periódico (Figura 3) e também filme "Cazuza – O Tempo não Para", disponibilizados na Internet e arquivados no pendrive.

Figura 3 – Periódico
Fonte: http://rogerrodrigues.files.wordpress.com/2009/08/cazuza.jpg.

A título de ilustração, a capa do periódico pode ser catalogada das seguintes formas:

Intencionalidade pedagógica: combate às drogas
    Suporte: imagem
    Mídia: revista (capa)
    Tópico: Drogas (Cazuza)

Conteúdo de Português: linguagem jornalística
    Suporte: imagem
    Mídia: revista (capa)
    Tópico: Drogas (Cazuza)

Suporte: Imagem
  Tópico: Drogas (Cazuza)
  Conteúdo da disciplina: linguagem jornalística
  Mídia: revista (capa)

4. Conclusão

A incorporação das novas tecnologias pelas escolas na prática de ensino, a responsabilidade do professor pela seleção de seu próprio material didático e a necessidade de trabalhar com múltiplas linguagens alteram substancialmente a forma de guardar e organizar o acervo de material didático. Considerando que os materiais tradicionais podem ser digitalizados e que na sala de aula já é possível utilizar materiais em arquivos eletrônicos, novas formas de organizar o acervo passam a ser trocadas por aquelas utilizadas com materiais didáticos tradicionais, tais como livros, revistas, jornais, fotografias. As formas de arquivar documentos eletrônicos exigem do professor conhecimentos de Informática e de arquivística para a biblioteca digital.

5. Questões para reflexão

Não é possível que os educadores pensem que, ao concorrer com todas as mídias eletrônicas, seu trabalho não tem mais sentido, não tem mais razão de ser. Seria como negar a própria essência do ato educativo. Não se deve declarar "morte" ao professor, mas ao contrário. Na era da informação, ele é o mediador da aprendizagem dos alunos em direção ao conhecimento, como afirma Nódoa em um de seus trabalhos sobre formação de professores:

> "É verdade que, hoje, ele [o conhecimento] se encontra disponível numa diversidade de formas e de lugares. Mas o momento do ensino é fundamental para o explicar, para revelar a sua evolução histórica e para preparar a sua apreensão crítica" (NODOA, 1996, p.252).

6. Tópico para discussão

A escola é a principal instituição responsável pela formação intelectual, mas isso é suficiente para enfrentar as demandas do século XXI?

Por que é importante que o professor saiba fazer a gestão de seu material pedagógico, em sala de aula, fazendo o melhor uso das tecnologias?

E a escola, como faz a gestão de todo o material pedagógico utilizado pelos professores?

Referências

BRASIL. **História da Informática Educativa no Brasil**. MEC/PROINFO. Disponível em: <http://edutec.net/Textos/Alia/PROINFO/edprhist.htm>. Acesso em: set. 2009.

DOMINGUES, I. I. (org.). **Conhecimento e transdisciplinaridade II**: aspectos metodológicos. UFMG. Belo Horizonte, 2005.

HILLESHEIM A. I. A.; FACHIM, G. R. B. **Biblioteca Escolar:** relato de experiência. Disponível em: <http://www.ced.ufsc.br/bibliote/acb/artpainelBE.htm>. Acesso em: set. 2009.

MORAN, J. M. **Gestão inovadora na escola com Tecnologias**. Disponível em: http://www.eca.usp.br/prof/moran/gestao.htm>. Acesso em: set. 2009.

NÓVOA, A. **Vida de Professores**. Porto: Porto Editora. 1992a.

NÓVOA, A. et. al. **Os Professores e sua Formação**. Lisboa: Dom Quixote, 1992.

PINHEIRO, M. I. S.; OLIVEIRA, J. A. V. **Biblioteca escolar e informática educativa:** uma integração que pode dar certo. Disponível em: <http://www.eci.ufmg.br/gebe/downloads/314.pdf>. Acesso em: set. 2009.

PREFEITURA DE PORTO ALEGRE. **Smed investe na informatização de bibliotecas escolares**. Prefeitura Municipal. Disponível em:<http://www2.portoalegre.rs.gov.br/cs/default.php?reg=97552&p_secao=3&di=2008-10-15>. Acesso em: set. 2009.

SOARES, M. B. **O que é letramento e alfabetização**. Disponível em: < http://www.moderna.com.br/moderna/didaticos/ef1/artigos/2004/0014.htm>. Acesso em: set. 2009.

VALENTE, J. A. **Informática Educativa.** Disponível em: <http://br.geocities.com/spereirag/informatica_educativa.htm>. Acesso em: set. 2009.

CAPÍTULO III:

FERRAMENTAS EMERGENTES

ARTIGO 5

Ambiente Virtual de Aprendizagem

Viviane Helena Kuntz, Ana Carolina Greef,
Denise Fukumi Tsunoda, Maria do Carmo Duarte Freitas

Sumário

Resumo	90
Palavras-chave	91
1. Introdução	91
2. Conceitos e exemplos de AVAs	92
3. O suporte ao ensino-aprendizagem: virtual e presencial	95
4. Estilos de aprendizagem oportunizada pelos AVAs	96
5. Conteúdos informacionais didáticos	97
6. Gestão do conhecimento no AVA	99
7. Encaminhamento metodológico	100
8. Case	101
9. Conclusão	103
10. Questões para reflexão	104
11. Tópico para discussão	105
Referências	106

Resumo

Ambientes Virtuais de Aprendizagem (AVAs) refletem situações do ensino-aprendizagem por meio de ferramentas de interação síncrona e assíncrona para realização desse processo, seja na educação presencial ou a distância. Terminologias as mais diversas são utilizadas para denominar os AVAs, que proporcionam a professor e aluno interagir em um local não necessariamente presencial, cuja configuração varia conforme o ambiente. Exemplos de ambientes, comerciais e livres, são apresentados para ilustrar a diversidade inerente a tais plataformas, oriunda de diversas gerações da Educação a Distância (EAD), possibilitando que AVAs sejam adaptados às necessidades de ensino-aprendizagem em questão e vice-versa. Tais adaptações exigem do professor e do aluno novas posturas quanto a estilos de aprendizagem envolvidos no processo, adaptação de conteúdos e modelos educativos, formas de gerir o conhecimento com apoio da tecnologia. Essa, por sua vez, não substitui o diálogo em que essas questões são estabelecidas e acordadas entre o aprendiz e o professor, que é imprescindível para que a proposta de curso aconteça em sua integridade. Antes de surgirem os Ambientes Virtuais de Aprendizagem, ferramentas da web como grupos e listas de discussão eram utilizadas para troca de conteúdos e compartilhamento de conhecimentos no âmbito da educação. O direcionamento dos AVAs, inicialmente exclusivo à Educação a Distância, voltou-se também ao ensino presencial a partir do momento em que a configuração desses ambientes considera cada vez mais as necessidades de seus usuários. Essa mescla é reforçada pela própria legislação nacional, que permite a realização de atividades no formato da EAD em cursos presenciais. Nesse sentido, a contribuição dos AVAs torna-se mais abrangente e vislumbra constantes novos horizontes, ilustrados em estudo de caso. Aluno e professor devem buscar refletir sobre os aspectos que envolvem a inserção desses ambientes no ensino-aprendizagem, principalmente na atual conjuntura da Sociedade da Informação.

Palavras-chave

Ambiente Virtual de Aprendizagem, Tecnologia educacional, Tecnologias de Informação e Comunicação.

1. Introdução

A Internet possibilita o convívio com ferramentas reais ou virtuais, privativas ou públicas que possibilitam diversão, acesso a informações, aprendizado, organização pessoal e comunicação com outras pessoas.

A educação, por sua vez, dispõe de inúmeras ferramentas na grande rede, entre as quais a que estudaremos neste artigo: o Ambiente Virtual de Aprendizagem (AVA). Acessível por meio de uma plataforma de troca assíncrona e/ou síncrona de informações, um AVA tem entre seus objetivos a possibilidade de permitir a organização de materiais e ferramentas orientados à aprendizagem e a disponibilização aos usuários "matriculados" nos cursos.

O objetivo deste artigo é apresentar fundamentos, características e aplicações dos AVAs (cuja origem se deu com os sistemas de Educação a Distância). A utilização desses como suporte para o ensino presencial também é trabalhada, bem como as possibilidades de adoção de diferentes estilos de aprendizagem e gestão do conhecimento.

Buscamos ainda discutir o preparo que devem ter os educadores ao cumprir um papel de mediadores e geradores de conteúdo, para que um AVA cumpra seu objetivo de ser uma ferramenta de apoio ao processo de ensino-aprendizagem.

2. Conceitos e exemplos de AVAs

Entre as terminologias utilizadas para caracterizar um espaço na web como suporte ao processo de ensino-aprendizagem, os "ambientes" são denominados conforme alguns dos termos: eletrônicos de aprendizagem, digitais de aprendizagem, inteligentes de aprendizagem, virtuais de ensino-aprendizagem e *e-learning*. Acrescentamos outras denominações enquanto vistos como programas ou sistemas educacionais, ou ainda plataforma de aprendizagem.

No exterior, têm-se os Sistemas Gerenciadores de Aprendizagem (*Learning Management System* - LMS), Sistema de Gestão de Cursos (*Course Management System* - CMS), Sistema Integrado de Aprendizagem (*Integrated Learning System* - ILS), Plataforma de Aprendizagem (*Learning Platform* - LP) e Ambiente Virtual de Aprendizagem (*Virtual Learning Environment* - VLE).

Tais terminologias apresentam, em sua essência, palavras em comum: aprendizagem, ferramentas, recursos, interação, programas de computador, suporte, apoio, espaço, disponibilização de informação, controle, mediação tecnológica.

A menção da questão tecnológica é passível de discussão, pois pode ser que um ambiente não envolva necessariamente as novas tecnologias digitais de informação e comunicação (TICs) – abordadas em outros artigos deste livro. Ou seja, existe a possibilidade de "atualizar e sobretudo virtualizar saberes e conhecimentos sem necessariamente estarmos utilizando mediações tecnológicas" (OKADA, 2003).

Entretanto, com o advento da Educação a Distância associada às tecnologias digitais, tem-se a potencialização desses últimos recursos. Esses viabilizaram o apoio à aprendizagem pela agregação das várias ferramentas e funções disponíveis na rede, como: *chat,* fóruns, *wikis, download, upload*, em um único ambiente e com um propósito.

O AVA é utilizado por instituições de ensino como suporte à aprendizagem (a distância ou presencial), bem como por empresas públicas e privadas, para realização de treinamentos e capacitações. Em certos casos, a situação é adaptada a ambientes existentes e, em outros, ambientes são desenvolvidos e adaptados à situação específica. Essa realidade resultou na explosão e no desenvolvimento contínuos de vários ambientes, alguns livres, outros comerciais, distinção apresentada na tabela 1 – a seguir.

Tabela 1 – Exemplos de Ambiente Virtuais de Aprendizagem

LMS/AVA	Distribuição	Sítio de acesso
AulaNet	Comercial	http://www.eduweb.com.br/portugues/elearning_tecnologia.asp
Dtcom	Comercial	http://www.dtcom.com.br/paginas/page.asp?setor=lms
WebCT	Comercial	http://www.blackboard.com
MPLS2	Comercial	http://www.micropower.com.br/v3/pt/corporativo/lms/mpls2lms/index.asp
SumTotal	Comercial	http://www.sumtotalsystems.com/
a-LMS	Livre	http://a-lms.sourceforge.net/
ATutor	Livre	http://www.atutor.ca/
ILIAS	Livre	http://www.ilias.de/ios/index-e.html
Moodle	Livre	http://moodle.org/
OLAT	Livre	http://www.olat.org/website/en/html/index.html
SAKAI	Livre	http://www.sakaiproject.org/portal
ÁGORA	Livre	http://agoravirtual.es

Fonte: Pedroso (2006).

As figuras a seguir ilustram alguns dos AVAs apontados na tabela 1.

O uso desses sistemas de apoio à aprendizagem exige do professor algumas mudanças nas práticas didáticas, pois cabem ao professor as tarefas de planejar, participar, instigar as discussões, acompanhar e analisar a construção do conhecimento do aluno por meio da participação individualizada e coletiva nos espaços de interação disponibilizados no ambiente (TABORDA, 2007).

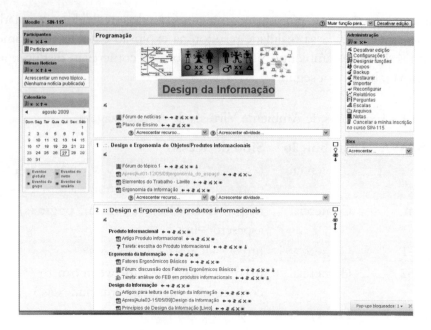

Figura 1 – Exemplo de disciplina no Ambiente Moodle
Fonte: UFPR, 2009.

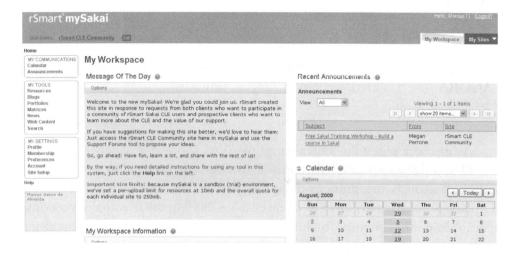

Figura 2 – Tela de apresentação do ambiente SAKAI
Fonte: SAKAIPROJECT, 2009.

3. O suporte ao ensino-aprendizagem: virtual e presencial

A condução do processo de ensino-aprendizagem, por muitos anos, era independente da utilização das TICs. O surgimento da internet trouxe a possibilidade de interação entre professores e alunos, rompendo a fronteira da sala de aula tradicional. Pode-se inclusive constatar o surgimento de gerações distintas no histórico desses ambientes:

- **Primeira Geração** (1985 a 1995): cresce o uso do correio eletrônico, sessões de *chat* mediante uso de computadores, internet, CD, videoconferência e fax. Característica: múltiplas tecnologias, incluindo os computadores e as redes.
- **Segunda Geração** (1995 a 2003): correio eletrônico, *chat*, computador, internet, transmissões em banda larga, interação por vídeo e ao vivo, videoconferência, fax, papel impresso. Característica: múltiplas tecnologias, incluindo o começo das tecnologias computacionais de banda larga.
- **Terceira Geração** (começa em 2003, com o surgimento da web 2.0 e suas múltiplas aplicações): *wikis*, blogs, redes de relacionamento, entre outras.

Ressaltamos que somente por volta de 1995 o AVA passou a ser visto como integrante da EAD. Isso principalmente por agrupar as seguintes ferramentas: distribuição de conteúdos, comunicação e colaboração síncronas e assíncronas, acompanhamento e avaliação, administração e permissão de usuário, bloco de notas, sistema de busca de conteúdos do curso, fórum, *chats*, entre outras.

Na EAD, a importância dos AVAs deve-se principalmente ao fato de que estes consistem em meios para troca de informações, comunicação, interação e disponibilização de material de estudo – já que se tem a situação do aluno distante do professor (RIBEIRO; *et al.*, 2007). Além disso, possibilitam a apresentação de informações de forma organizada (ALMEIDA, 2003).

Anterior ao surgimento desses espaços e à percepção dos benefícios relacionados havia uma revolução no meio pelo qual os conteúdos didáticos eram disponibilizados: arquivos digitais passíveis de envio virtual, por meio de e-mail e de grupos como *Yahoo!*® *e Google*™, não mais seriam deixados para fotocópia.

A partir de certo momento, essas ferramentas para a disponibilização de material, utilizadas de forma dispersa pela rede, poderiam ser contempladas em um único ambiente: o AVA. Esse contraponto à realidade anteriormente estabelecida trouxe não apenas a mudança do paradigma da EAD, mas também a aplicabilidade das ferramentas ao ensino presencial.

Ainda no ensino presencial, o AVA pode ser uma importante opção para aderir à Portaria n° 4.059, publicada em dezembro de 2004, pelo Ministério da Educação: normatiza a transformação de até 20% da carga horária presencial na modalidade não-presencial (MEC, 2009).

4. Estilos de aprendizagem com os AVAs

Uma vantagem atribuída aos AVAs é o fato de serem uma alternativa para otimizar a memorização, a reprodução de conteúdo e, principalmente, o desenvolvimento individual de cada aluno, aprimorando assim suas múltiplas inteligências (GARDNER, 1995 apud MARTINS; CAMPESTRINI, 2004).

Relacionado a isso, o uso de várias mídias, como vídeo, áudio, gráficos e textos, segundo Fahy (2004), viabiliza múltiplas modalidades de aprendizagem. Essa diversidade lida especificamente com estilos característicos de aprendizado, relacionados à forma como as pessoas interagem com as condições sob as quais processam a informação (LOPES, 2002).

Basicamente têm-se três formas de percepções da informação: visual, auditiva e cinestésica. A primeira utiliza-se da visão para obter e assimilar as informações; a segunda absorve informações pela audição, e a terceira relaciona-se aos sentidos e movimentos para guardar informações.

As ferramentas dos AVAs permitem trabalhar com os estilos de aprendizagem dos alunos, inteligências relacionadas e modos de assimilar a informação. A sua utilização relacionada a esses fatores é estabelecida na tabela 2, a seguir.

Tabela 2 – Ferramentas e estilos de aprendizagem

Estilo de aprendizagem	Ferramentas dos AVAs
Visual	*File Transfer Protocol* - ftp ou *download* de imagens, gráficos e apresentações.
Auditivo	Teleconferência, audioconferência, ftp ou *download* de áudios.
Cinestésico	Fórum, *wiki* e *chat*.
Audiovisual	Videoconferência

Fonte: as autoras, 2009.

5. Conteúdos informacionais didáticos

O estilo adequado às funcionalidades disponíveis nos AVAs deve ser identificado preferencialmente mediante conversação, envolvendo o aluno em um diálogo amigável e incentivador, desenvolvendo o contato entre este e o conteudista.

Quanto à relação do estilo com o assunto, devem ser utilizadas abordagens diferentes para assuntos diferentes, por meio de tabelas, listas, ilustrações, etc. (LAASER, 1997). A tabela 3 mostra formas para apresentação dos conteúdos.

Tabela 3 – Formas para apresentação do conteúdo

Recursos Didáticos	Conceitos	Exemplos	Exercícios	Revisão
Formas de Apresentação de texto	Com figura comparativa	Com figura comparativa	Múltipla escolha com figuras	Relacionar colunas
	Destacado com figura	Com figuras	Verdadeiro ou falso	Verdadeiro ou falso
	Com perguntas	Com perguntas	Preencher colunas	Múltipla escolha
	Com figuras	Esquemático com figuras	Múltipla escolha	Preencher lacunas
	Esquemático com figuras	Esquemático com figuras comparativas	Relacionar colunas	Múltipla escolha com imagens
	Esquemático com perguntas			

Fonte: Bica, et al. (2001).

O autor ainda propõe que o conteúdo possibilite comunicação bilateral, por meio do diálogo, possível organizando-se o conteúdo em pequenas partes, com atividades e exercícios por todo o texto, com retorno e notas de tarefas, sendo amigável e encorajador. O aluno deve ser dirigido, ciente da estrutura utilizada e ativamente envolvido, para aplicar novos conhecimentos e habilidades.

Além do estilo, outro aspecto importante, quando o assunto é conteúdo informacional, é a seleção do tipo de material didático, dependendo do seu público-alvo – assunto a ser discutido no próximo item.

A evolução tecnológica mostra possibilidades a serem implantadas no modelo de Educação a Distância. Entretanto, deve-se considerar o público-alvo e sua acessibilidade em relação às tecnologias (GOULART, 2007). Outras possibilidades que podem e devem ser associadas, visando o aspecto cognitivo e a acessibilidade dos alunos, estão expostas na tabela 4.

Tabela 4 – Recursos didáticos disponíveis num AVA

Recursos	Exemplos/Descrição
Links para impressão	Guia didático, calendário, eventos, avaliações, livro texto, exercícios, autoavaliações, material de apoio, jornais, informativos e outros *links*.
Vídeo	Videoaula ou Broadcast (TV aberta) - Este tipo de material provoca um sentimento de pertencer a um grupo, possui menor custo de distribuição, mas não permite interrupções e é efêmero, exigindo hora marcada para assistência. Acesso a vídeo e *links* de material audiovisual.
Áudio	*Link* para música, matéria de rádios em linguagem simples e de baixo custo.

Fonte: elaborado pela autora com base em Scheer (1997) e Goulart (2007).

KEMCZINSKI (2005) destaca que o emprego de computadores e da internet na EAD por meio dos AVAs considera a variedade de arranjos tecnológicos educacionais, classificados como:

• tutoriais;
• exercício e prática;
• acesso, troca e organização de informação;
• simulação;
• aprendizagem através de projeto e construção;
• modelagem;
• ferramentas inteligentes de aprendizagem.

No entanto, cabe destacar que a rapidez na evolução tecnológica tem proporcionado problemas novos, exigindo soluções inovadoras e ágeis. Urge a instrumentalização no ambiente universitário, por ser um espaço privilegiado para a apropriação e construção de novos saberes e conhecimento, pensando de forma criativa soluções para os problemas emergentes (KEMCZINSKI, 2000).

6. Gestão do conhecimento no AVA

O assunto gestão do conhecimento é desenvolvido com mais propriedade em um dos artigos desta série, entretanto discutiremos aqui a sua aplicabilidade nos AVAs.

Termos como: disseminação, acesso à informação, armazenagem, colaboração, estruturação e busca são comuns entre a gestão do conhecimento e os AVAs. Três conceitos específicos do primeiro fator serão abordados, tendo foco em AVAs: conhecimento tácito, conhecimento explícito e comunidade de prática.

Explicitar o conhecimento pessoal torna-se um desafio árduo e constante. Esse processo é chamado de "externalização" pelos precursores do assunto Nonaka & Takeuchi. O conhecimento tácito pode vir do professor ou do aluno, por meio das ferramentas de *upload*, fórum, *wiki, chat*.

Em sala de aula, esse conhecimento geralmente é explicitado, mas dificilmente tem-se o registro documental. No AVA, existindo a interação pelas ferramentas como *chat*, fórum e *wiki*, automaticamente tem-se o seu registro armazenado.

Quanto às comunidades de prática, Wenger (2006 *apud* RODRIGUES, 2009) – teórico organizacional que cunhou esse termo no início dos anos 90 –, três elementos a definem:

- **Primeiro:** é o tema sobre o qual se fala (é preciso definir um interesse comum). Nos AVAs, cada disciplina tem seu espaço, portanto, o tema de interesse em comum é definido conforme os assuntos abordados.
- **Segundo:** são as pessoas que têm de interagir e construir relações entre si em torno do tema.
- **Terceiro:** é a prática, a ação.

Reunidas em comunidades, virtuais ou não, as pessoas aprendem juntas como fazer coisas pelas quais se interessam.

7. Encaminhamento metodológico

O objetivo de formar cidadãos em que se inserem as instituições de ensino, básico ou superior, exige a constante atualização sobre ferramentas, técnicas e linguagens de ensino-aprendizagem.

A interação entre os atores do ensino-aprendizagem é refletida em técnicas do ensino presencial e em ferramentas da EAD, disponibilizadas pela maioria dos AVAs, em formatos distintos conforme o Ambiente.

Seja presencialmente ou a distância, essas técnicas e ferramentas podem ser aplicadas por meio do uso do AVA conforme a estrutura do curso, conteúdos e objetivos de aprendizagem que se pretende atingir.

Observemos a tabela 5, que apresenta situações interativas do ensino-aprendizagem e sua efetivação nos modelos presencial e a distância:

Tabela 5 – Momentos, técnicas e ferramentas do ensino-aprendizagem

Situação de ensino-aprendizagem	Espaço presencial (técnicas)	Educação a Distância (ferramentas)
Apresentação e exposição de conteúdos, por parte do professor; apresentação de seminários por parte do aluno	Exposição oral de conteúdos com apoio de apresentação de slides.	Inserção do conteúdo em páginas dinâmicas. Disponibilização de arquivos de apresentações para *download*; *chat*; videoconferência; bases de artigos e conteúdos.
Atribuição de tarefas e atividades por parte do professor aos alunos	Repasse de atividades oralmente ou via documentos impressos; entrega impressa.	Criação de tarefas virtuais, com inserção de prazos em calendário e abertura de espaço para postagem de arquivos digitais.
Resolução de dúvidas do aluno	Questionamentos realizados oralmente.	Questionamentos realizados via *chat* (em tempo real), mensagem de texto enviada pelo sistema ou via fórum de discussão (sem tempo real).

Continua

Debates e discussões da turma sobre determinado tema	Oral, apenas um palestrante por vez.	Debate por videoconferência (um palestrante por vez) ou por fórum de discussão (vários palestrantes por vez).
Provas e avaliações	Redação de documentos ou avaliação oral.	Criação de questionários e formulários de avaliação virtuais – com configuração de respostas corretas e avaliação em tempo real, com atribuição de nota diretamente pelo sistema.

Fonte: as autoras

As características dos Ambientes Virtuais de Aprendizagem, aliadas às teorias de ensino-aprendizagem, originaram a discussão sobre a aplicabilidade dos AVAs ao ensino presencial. Essas tecnologias não necessariamente deveriam se orientar com exclusividade à EAD, podendo beneficiar também a educação tradicional.

A escolha de uma plataforma virtual deverá ter como orientação consciente o fato de que a aprendizagem pode ocorrer tal qual numa sala presencial. As ferramentas disponibilizadas por AVAs podem ser utilizadas também no ensino presencial. Para selecionar a ferramenta adequada, é ideal começar a usá-la como apoio ou suporte tecnológico no ensino presencial, libertando o aluno do uso e do custo das copiadoras, permitindo alternativas na busca de outros materiais e recursos didáticos.

8. Case

No encaminhamento metodológico, citamos a necessidade de atualização profissional sobre o ensino-aprendizagem – onde o desenvolvimento tecnológico é agente significativo. Essas exigências confrontam o professor, especificamente, com novidades familiares ao aluno e ao mercado.

A Escola no Século XXI

Tal discussão originou o projeto de pesquisa em utilização de AVA como ferramenta controlada de apoio e suporte ao ensino-aprendizagem no Departamento de Ciência e Gestão da Informação (DeCiGI), da Universidade Federal do Paraná (UFPR). Como AVA a ser utilizado, selecionou-se o ambiente Moodle (acrônimo de *Modular Object-Oriented Distance Learning Environment*) – disponível a docentes e discentes da UFPR via servidores da instituição.

O projeto teve como objetivo capacitar os docentes do departamento a utilizar o Moodle como suporte às aulas presenciais dos cursos de graduação e de pós-graduação. Desse modo, o AVA, já disponível na Universidade, teria perspectiva de uso efetivo, e os docentes teriam meios de atualização de práticas em sala de aula.

Foram investigadas, então, características e funcionalidades do ambiente; demanda real, por parte dos docentes, de capacitação ao uso do AVA; meios para criar módulos e materiais para esse processo – inclusive com foco nos discentes; e formas avaliação e monitoramento dos resultados e uso do AVA.

Manuais de usuários do Moodle foram utilizados como base, sendo seu conteúdo listado e detalhados conforme conceitos associados ao AVA. A listagem originária desse estudo serviu como base para selecionar as funcionalidades e conteúdos mais pertinentes para a capacitação a ser aplicada: principais funcionalidades do Moodle, conceitos correlatos e etapas de configuração para disponibilização de disciplinas.

O impacto inicial dessa iniciativa, analisado quantitativa e qualitativamente, reforçou a premissa pela qual iniciamos este tópico. Agregar valor à atuação docente, adquirir novos conhecimentos e diversificar o espaço de sala de aula foram citados pelos capacitados como motivação à participação.

Materiais didáticos foram desenvolvidos para dar suporte ao curso de capacitação - criação de disciplinas no Moodle e uso de suas funcionalidades. Utilizar uma ferramenta tecnológica exige habilidades técnicas e a superação de barreiras cognitivas, fatores tomados por base da criação desses materiais, estruturados por sequências de instruções simples e objetivas, acompanhadas de imagens recortadas do ambiente em funcionamento.

Disponibilizando os materiais didáticos em formato impresso e digital, foram oferecidos aos docentes do DeCiGI os devidos recursos para resolução de dúvidas e reciclagem do conteúdo da capacitação. Um dos docentes integrantes do projeto recebeu a atribuição de ministrar o curso, realizado presencialmente. Cada docente capacitado teve a oportunidade de criar disciplinas no Moodle e testar a configuração individual das funcionalidades deste, sob orientação do ministrante e com apoio da equipe de suporte. Essa equipe permaneceu ativa durante e após o curso, solucionando dúvidas e problemas técnicos percebidos pelos docentes.

O público-alvo da capacitação avaliou o processo quanto aos métodos, materiais didáticos, infraestrutura oferecida e transferência da mensagem, confrontando expectativas e resultados. Após essa avaliação, percebeu-se que o objetivo que citamos foi atingido, em termos técnicos. A mudança cultural envolvida no processo, entretanto, carecia ainda de maior atenção.

Essa mudança – do ensino-aprendizagem inteiramente presencial para um contexto com a participação de uma ferramenta tecnológica – exigiu cuidados e acompanhamento por parte da equipe do projeto. Isso tanto junto a docentes quanto a discentes, que também foram capacitados para o uso da ferramenta. Os benefícios da inserção do Moodle no Departamento foram reforçados. Considerar todos os atores envolvidos na proposta de mudança cultural e apresentar a eles justificativas da real importância de um AVA para suas atividades consistem nas principais lições aprendidas em relação a todo o processo.

Quando se trata de capacitar pessoas é importante colocar-se no lugar delas ao selecionar, desenvolver e apresentar conteúdos. Isso especialmente quando o público é docente, cujo cotidiano é o ensino-aprendizagem. Esse fator faz com que o docente internalize muitas das questões básicas de aprendizado – como a resolução de dúvidas – e possa eventualmente apresentar dificuldade de representá-las de forma clara. Em complemento, torna-se novamente um indivíduo cujos conhecimentos estão em transformação.

Assim, o conhecimento novo deve ser desmistificado e adaptado ao aprendiz, para que realmente passe a integrar o leque de saberes desse indivíduo.

9. Conclusão

Conceitos inerentes aos Ambientes Virtuais de Aprendizagem são inventados e reinventados conforme a própria educação passa por processos de mudança, que origina atualizações e modificações também sobre os AVAs.

Para o ensino-aprendizagem, virtual ou presencial, esses ambientes devem ser estudados e analisados para que a opção mais adequada seja selecionada como ferramenta de apoio aos atores do processo. Essa seleção acontece quando se tem uma ideia clara dos objetivos do curso e dos estilos de ensino e de aprendizagem envolvidos, por exemplo.

Estudos teóricos e conceituais, no entanto, não são suficientes para selecionar o AVA adequado à proposta de ensino. Para isso, as possibilidades e dispo-

A Escola no Século XXI

nibilidade dos professores, as funcionalidades mínimas necessárias ao curso e fatores como finanças, tecnologias de suporte disponíveis e pessoal capacitado devem ser levantadas e então será possível determinar o ambiente a ser utilizado.

Questões como o estilo de aprendizagem dos alunos e os meios pelos quais a gestão do conhecimento acontece com apoio do AVA são também fatos a considerar sobre o uso da tecnologia no ensino-aprendizagem.

O AVA, por si, não oferece todos os recursos, métodos e ações para que esse processo aconteça efetivamente, ou seja, não é solução para todos os problemas. A tecnologia atua como suporte no contexto onde o ensino-aprendizagem acontece e, portanto, exige que os atores desse processo modifiquem sua postura frente à tecnologia e que eles, somente eles, tornem-se responsáveis pelo processo como um todo.

O professor encontra no AVA uma ferramenta de apoio para comunicação, interação com os alunos e distribuição de tarefas, pela qual pode descentralizar sua atuação e contar com um local específico de encontro com os alunos. Ainda assim, deve manter sua autoridade e posição de mediador da aprendizagem.

O aluno, por sua vez, quando utiliza um AVA, passa a ter um recurso que desmistifica sua relação com o professor, elimina barreiras de convivência e oferece adaptabilidade a seu estilo de aprendizagem. Em contraponto, deve efetivamente buscar aprender e utilizar os potenciais da tecnologia a seu favor, sem tê-la como inteiramente responsável por seu aprendizado.

10. Questões para reflexão

A Sociedade da Informação faz com que convivamos desde cedo com Tecnologias de Informação e Comunicação, que aprendemos a manipular e aplicar em nosso cotidiano – habilidades não tão presentes nas gerações mais antigas.

Esses fatos aplicam-se também ao uso de AVAs na educação, onde muitas vezes o professor tem certa dificuldade em se inteirar das questões técnicas da ferramenta. O aluno pode oferecer apoio ao professor, nesse sentido? Novamente o diálogo mostra-se uma importante ferramenta facilitadora de resolução dessas questões, onde as experiências de ensino e de interação com tecnologias podem ser complementares.

Parte desse contexto envolve o estilo de aprendizagem de cada um, que também não surge simplesmente à medida que as ferramentas dos Ambientes Virtuais de Aprendizagem são utilizadas. Cabe a cada um se posicionar, identificar a forma pela qual melhor adquire conhecimentos e representá-la dialogando com pares e professor sobre a aplicabilidade desse modelo ao curso em questão.

Como fazê-lo é questão que foge ao escopo deste artigo, entretanto ressaltamos a importância de refletir sobre o papel mediador, de apoio, da tecnologia – o ensino-aprendizagem ainda acontece essencialmente por meio de comunicação e interação entre o professor e o aluno. Esse papel comunicativo também surge na avaliação do ambiente que está sendo utilizado em curso ou daquele a ser selecionado.

11. Tópico para discussão

A busca constante por inovações e recursos didáticos motivacionais para uso em sala de aula traz desafios ao professor dos dias de hoje.

Nós professores somos desafiados a manter a atenção dos nossos alunos em matérias como: matemática, português, ciências, geografia, história, entre outras. No entanto, os computadores estão recheados de links redesenhando nossos conteúdos com dinamismo e interação.

Diante desta realidade: Qual será o nosso papel? Devemos concorrer com os recursos tecnológicos disponíveis na web e nos CD-ROMs? Como melhor utilizar essas ferramentas e esses materiais em apoio às nossas atividades?

Refletindo sobre os tópicos que colocamos anteriormente, podemos simular a possibilidade de uso da tecnologia educacional para suprir situações como a suspensão de aulas devido à pandemia de Gripe A (H1 N1). A cultura de sala de aula, enraizada em nossa sociedade, dita que o ensino-aprendizagem deve ser interrompido diante de questões como essa. Não poderia, entretanto, o professor colocar questões básicas de pesquisa para seu aluno, nesse período de paralisação, por meio de um AVA e discutir com esse aluno aspectos relacionados ao tema?

Obviamente não se pode prever questões como essa, mas é possível apresentar a professor e aluno as possibilidades que os Ambientes Virtuais de Aprendizagem têm a oferecer, para que a educação torne-se algo dinâmico, extrapole os livros, crie links com esses diversos outros conteúdos e estilos de ensino-aprendizagem.

No entanto, essa iniciativa não cabe apenas a órgãos públicos ou diretorias. É também nossa responsabilidade, seja enquanto professores, alunos, formadores do processo de educação, buscar o papel que questionamos, buscar meios de fazer das nossas atividades algo constantemente renovado, conhecer nossos pares nesse processo e criar formas de uso dos AVAs e outras ferramentas para facilitar a geração de conhecimento. Assim tornamo-nos parte da Sociedade da Informação.

Referências

ALMEIDA, M. E. B. Distance learning on the Internet: approaches and contributions from digital learning environments. **Educação e Pesquisa**, jul/dez. 2003, v. 29, n. 2, p. 327 – 340. Disponível em: <http://www.scielo.br/scielo.php?script=sci_arttext&pid-S1517-970220020002000010&ing=es&nrm=iso> . Acesso em: mar. 2008.

BICA, F. et al. Metodologia de construção do material instrucional em um ambiente de ensino inteligente na web. In: **SIMPÓSIO BRASILEIRO DE INFORMÁTICA NA EDUCAÇÃO**, XII, 2001, Vitória. Educação a distância mediada por computador. Disponível em: <http://www.inf.ufes.br/~sbie2001/figuras/artigos/a097/a097.htm>. Acesso em: maio 2007.

FAHY, P. J. Media characteristics and online learning technology. 2004. In: ANDERSON, T.; ELIOUMI, F. **Theory and practice of online learning**. Athabasca, 2004. Disponível em: <http://auspace.athabascau.ca:8080/dspace/handle/2149/1221>. Acesso em: out. 2008.

GOULART, D. F. Pedagogia e educação a distância. **AVERTUT**: Autoensino Orientado. Disponível em: <http://www.avertut.com/mod/resourc.php?id=1152>. Acesso em: jun. 2007.

KEMCZINSKI, A. **Ensino de graduação pela internet: um modelo de ensino-aprendizagem semipresencial.** Florianópolis, 2000. 166 f. Dissertação (Mestrado em Engenharia de Produção) – Programa de Pós-Graduação em Engenharia de Produção, Universidade Federal de Santa Catarina, Florianópolis, 2000.

LAASER, W. et al. **Manual de criação e elaboração de materiais para educação a distância.** Brasília: CEAD; Editora Universidade de Brasília, 1997.

LOPES, W. M. G. ILS – **Inventário de estilos de aprendizagem de FELDER-SALOMAN**: investigação de sua validade em estudantes universitários de Belo Horizonte. Florianópolis, 2002. Tese (Doutorado em Engenharia de Produção) – Programa de Pós-graduação em Engenharia de Produção, Universidade Federal de Santa Catarina. Florianópolis, 2002.

MARTINS, J. G; CAMPRESTRINI, B. B. Processo ensino-aprendizagem em disciplinas na modalidade de Educação a distância no ensino Superior. In: **CONGRESSO INTERNACIONAL DE EDUCAÇÃO A DISTÂNCIA**, XI, Salvador, set. 2004.

MEC. Ministério da Educação. **Portaria nº. 4.059, de 10 de dezembro de 2004**. Disponível em: <http://www.mec.gov.br>. Acesso em: jul. 2009.

OKADA, A. L. P.; SANTOS, E . A construção de ambientes virtuais de aprendizagem: por autorias plurais e gratuitas no ciberespaço. In: **REUNIÃO ANUAL DA ASSOCIAÇÃO NACIONAL DE PÓS-GRADUAÇÃO E PESQUISA EM EDUCAÇÃO**, XXIII, Poços de Caldas. ANPED, 2003.

PEDROSO, L. dos S. **Manual de orientação ao professor conteudista para elaboração de material instrucional do programa de autoria ECLASS. BUILDER.** Curitiba, 2006. 171 f. Trabalho de Conclusão de Curso. (Graduação em Gestão da Informação), Universidade Federal do Paraná.

RIBEIRO; et al. A importância dos ambientes virtuais de aprendizagem na busca de novos domínios da EAD. In: **CONGRESSO INTERNACIONAL DE EDUCAÇÃO A DISTÂNCIA**, XIII, Curitiba, 2007.

RODRIGUES, M. G. **Comunidades de aprendizagem como alternativa para o processo ensino-aprendizagem participativo.** Disponível em: <http://ccvap.incubadora.fapesp.br/portal/materiais/206.pdf>. Acesso em: jul. 2009.

SAKAIPROJECT. **Try sakay.** Disponível em: <http://trysakai.longsight.com/portal>. Acesso em: 27 ago. 2009.

SCHEER, S. Multimeios em EaD. In: MARTINS, O. B.; POLAK; Y. N. de S.; SÁ, R. A. de. **Educação a distância:** um debate multidisciplinar. Curitiba: UFPR, 1999.

TABORDA, M. Ambientes virtuais de aprendizagem na educação superior: da teoria à prática. In: **13º Congresso Internacional de Educação a Distância**, Curitiba, 2007. Disponível em: < www.abed.org.br/congresso2007/tc/52200744828PM.pdf > Acesso em: dez. 2008.

UNIVERSIDADE FEDERAL DO PARANÁ. **Ambiente moodle**. Disponível em: <http://moodle.ufpr.br/ >. Acesso em: 27 ago. 2009.

ARTIGO 6

Software de Apresentação

Viviane Helena Kuntz, Maria do Carmo Duarte Freitas

Sumário

Resumo	108
Palavras-chave	109
1. Introdução	109
2. Recursos audiovisuais no ensino	109
3. Técnicas para montagem de apresentações	113
3.1. Requisitos de sistema	113
3.2. Conteúdo informacional	114
3.3. Oratória	120
4. Encaminhamento metodológico	121
5. Case – Produção do curso WEB-PCO	121
6. Questões para reflexão	124
7. Tópico para discussão	124
Referências	127

Resumo

Os recursos didáticos proporcionam ao professor a utilização de um suporte ao ensino que visa ao favorecimento da aprendizagem. Com o incentivo do governo e a importância devido aos canais de aprendizagem, cabe ao professor a aderência dessas técnicas. Com relação aos softwares de apresentação, algumas orientações são fundamentais para a efetividade desse recurso. Para tanto, objetiva-se primeiramente enfatizar a importância dessa tecnologia educacional que se utiliza do recurso audiovisual como contribuição à aprendizagem. Sendo assim, a elaboração de uma apresentação requer cuidados com requisitos técnicos, conteúdo sintático, semântico e pragmático, ou seja, o ergodesign e o valor da informação, e ainda questões relacionadas com a oratória merecem atenção. Busca-se a conscientização de como melhor utilizar os programas computacionais, visando a efetividade do ensino.

Palavras-chave

Software de apresentação, Tecnologia educacional, Recurso visual.

1. Introdução

A utilização de recursos visuais para ensino de crianças, jovens ou adultos é uma ferramenta valiosa nas mãos do educador. Desde os álbuns seriados, montados com cartazes exibidos em sequência, passando pelas transparências montadas em folhas de acetato e slides, chegamos ao datashow, ainda no final da década de 1980, para alguns anos mais tarde (a partir de 1995) passarmos a dispor de projetores multimídia.

Para utilizar estes recursos os educadores e as pessoas que farão uma apresentação ao público precisam utilizar um *software* que permite organizar de maneira rápida e que ofereça efeitos sonoros e visuais que tornem a apresentação didática e interessante a quem assiste.

A maioria dos educadores apresenta dificuldades na montagem de apresentações que didaticamente venha a propiciar a aprendizagem de seus alunos. O uso demasiado de cores, fontes, painéis, sons, animações e figuras disponíveis deixam a apresentação sobrecarregada de elementos que comprometem a eficiência da comunicação e a eficácia do recurso didático.

Neste artigo será apresentada a importância dos recursos audiovisuais para o ensino, o histórico dos recursos de apresentação e um foco nas técnicas de apresentação, ou seja, o que fazer e o que não fazer na montagem de apresentações.

2. Recursos audiovisuais no ensino

Você, que já passou por várias gerações de tecnologias aplicadas à educação ou que está iniciando as suas atividades, deve saber que, para passar o conteúdo programado aos alunos, o professor utiliza inúmeros recursos didáticos, materiais de apoio, ferramentas de ensino e tecnologias educacionais. As tecnologias utilizadas na educação partem desde objetos (lápis, caderno, borracha, etc.), materiais impressos (mapas, cartazes, apostilas, livros, jornais, etc.) até mídias digitais (jogos eletrônicos, multimídias, *softwares*, etc.).

Os recursos são históricos, veremos alguns de fatos.

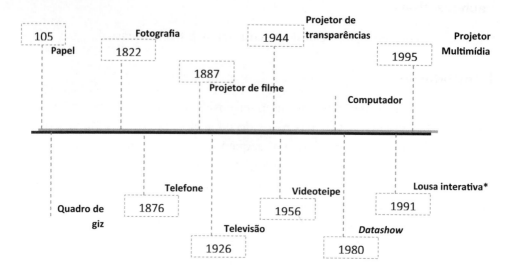

Figura 1 – Linha do tempo dos recursos didáticos
Fonte: adaptado de Gregório (2009).

*A lousa interativa foi inventada pela empresa SMART Technologies. Trata-se de uma tecnologia sensível ao toque SMART Board™. A lousa interativa SMART Board, conectada a um monitor LCD e a um computador, apresentou ao mundo a tecnologia interativa em sala de aula, reuniões de grupo e apresentações. (SMART, 2009).

Figura 2 – lousa interativa
Fonte: SMART (2009).

A linha do tempo apresenta alguns recursos criados especificamente para o ensino (quadro de giz) e recursos que foram adaptados para o ensino como, por exemplo: telefone (mais concretamente na utilização da modalidade de ensino a distância) e o computador, que tem tido um avanço sem limites, a cada dia com uma nova forma de veicular o conhecimento (GREGÓRIO, 2009).

Ressalta-se que os recursos didáticos são instrumentos complementares que ajudam a transformar as ideias em fatos e em realidades. Eles auxiliam na transferência de situações, experiências, demonstrações, sons, imagens e fatos para o campo da consciência, onde então eles se transmutam em ideias claras e inteligíveis.

Em se tratando mais especificamente dos recursos para apresentação, segue a evolução, do quadro negro ao *flipchart*, do retroprojetor ao *datashow*.

Figura 3 – Evolução dos recursos de apresentação
Fonte: Adaptado de Google™ Imagens (2009).

Para explicar os *softwares* de apresentação torna-se relevante a definição, conforme Rutz (2009), dos seguintes termos: multimídia, slide e apresentação.

- **Multimídia**: combinação de texto, figuras, sons, animação e vídeo transmitidos pelo computador.
- **Slide**: material visual apresentado, incluindo as apresentações de computador, slides de 35mm e transparências.
- **Apresentação**: transformação de uma informação em uma mensagem simples e concisa.

O recurso de apresentação promove a motivação e o despertar do interesse dos participantes, favorecendo o desenvolvimento da capacidade de observação, aproximando o participante da realidade. Além disso, torna o conteúdo visual e concreto ao oferecer informações. Permite-se, portanto, uma maior fixação da aprendizagem.

Sendo assim, a finalidade dos recursos didáticos é a de melhorar a qualidade de transmissão e recepção das mensagens e tornar os conteúdos ministrados mais facilmente assimiláveis, aprimorando o processo ensino-aprendizagem (CEFAK, 2009).

A aprendizagem é um processo complexo. Ela pode advir das mais diversas experiências humanas, envolve o pensar, o sentir e o agir. Neste processo, os órgãos dos sentidos exercem papel de grande relevância (SILVA, 2001).

É importante empregar métodos de ensino que utilizem simultaneamente recursos orais e visuais. A tabela 1 ilustra essa necessidade.

Tabela 1 - Retenção dos dados

RECURSO	DADOS RETIDOS APÓS 3 HORAS	DADOS RETIDOS APÓS 3 DIAS
ÁUDIO	70%	10%
VISUAL	72%	20%
ÁUDIO E VISUAL	85%	65%

Fonte: Ferreira; Junior (1986).

O contexto da educação em pleno século XXI exige modificações frente à forma de pensar e ensinar, visto que a linguagem midiática já faz parte do cotidiano de todas as pessoas (ALCIDES, 2009).

Para tanto, surge como incentivo do governo o Programa Nacional de Tecnologia Educacional (ProInfo), criado pela Portaria nº 522, de 9 de abril de 1997, pelo Ministério da Educação, que tem por objetivo a promoção e o uso pedagógico da informática na rede pública de ensino fundamental e médio.

Cabe ao professor orientar a aprendizagem dos participantes no sentido de capacitá-los para discutir as informações apresentadas. Para tanto deverá dar ênfase aos aspectos formativos, procurando transformar o participante de simples espectador, de mero e passivo receptor, de elemento manipulado pelo tema, em elemento crítico da mensagem em estudo (UEM, 2009).

Tal demanda, dentre outros fatores, exige do professor uma postura diferente, que "adicione ao seu perfil novas exigências bem complexas", tendo sabedoria para lidar com ritmos diferentes de cada aluno, capacidade para elaborar materiais didáticos para esse público em específico (MARTINS, 1999).

3. Técnicas para montagem de apresentações

Para montar uma apresentação e projetá-la alguns cuidados devem ser tomados, aqui divididos em quatro critérios, sendo eles: requisitos de sistema, quantidade de informação, relação fundo e forma e oratória.

3.1. Requisitos de sistema

Para reproduzir os slides criados no *software* de apresentação, são necessários alguns equipamentos, como: computador, projetor e anteparo.

O projetor proporciona a reprodução das imagens da tela (slides) de um monitor computacional em um anteparo, numa escala maior, com a possibilidade de ótima resolução gráfica, legibilidade e qualidade de cor, conforme visto na Figura 4.

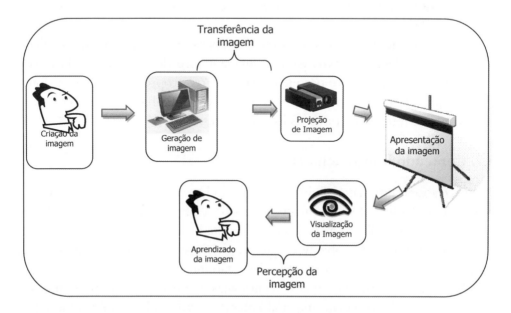

Figura 4 – Processo para projeção de slides
Fonte: Adaptado de Lincho e Ulbricht (2002).

Além de saber o processo e os equipamentos para projeção de slides, cabem algumas questões importantes, como:

- saber se o local permite ou possibilita o uso do recurso escolhido;
- só escolher a técnica (ou recurso) se tiver absoluto domínio sobre ela;
- sempre levar em conta o tempo que um determinado recurso vai exigir para ser aplicado;
- o preparo do material com antecedência possibilita um tempo para consultas.

Outro requisito para ser adequado ao processo de projeção é a iluminação do ambiente. Birolini (2009) salienta que para obter efetividade do dispositivo implica em ter que reduzir a luminosidade do ambiente. Para o ambiente cabem orientações específicas, tais como:

- evite a escuridão total, a não ser que seus dispositivos o exijam;
- prefira a "meia luz" de modo a não interromper totalmente a comunicação bidirecional entre professor/aluno;
- durante sua apresentação, acenda a luz quando, por exemplo, estiver dando vazão a alguma elucubração mental ou fazendo algum comentário. Um banho de fótons é um santo remédio contra a modorra (apatia ou sonolência);
- não esqueça de dois meios de comunicação, às vezes considerados arcaicos, mas que podem ser extremamente eficientes se devidamente utilizados e desde que as condições o permitam: a lousa e o retroprojetor. Ambos (a lousa mais que o retroprojetor) permitem que você mantenha um diálogo bastante dinâmico e interativo com seus interlocutores.

3.2. Conteúdo informacional

Ao elaborar um material didático, segundo Laaser (1997), priorize conhecer os alunos, identificando suas características para determinar as necessidades de aprendizagem do público-alvo. Tendo o resultado dessas características, parte-se para a elaboração dos objetivos, que propiciará ao professor e ao aluno uma indagação clara e concreta para onde eles estão indo.

Freitas (1999) observou que as tecnologias de informação invadiram os diferentes setores da sociedade, inserindo recursos multimídia, combinando texto, imagem, som e movimento. Houve uma verdadeira trama de combinações possíveis, integrando a percepção, em suas múltiplas formas, ao raciocínio e à imaginação de forma fluente, pessoal e cheia de movimento. No tocante à linguagem, observou que os materiais didáticos deveriam apresentar-se mais próximos dos usuários, como segue:

- Vocabulário - semelhante ao do usuário;
- Imagens – possuir imagens atrativas que favoreçam a fixação da aprendizagem;
- Sintaxe - simples para memorizar e homogeneizar;
- Linguagem - determinação da linguagem escrita apropriada e cores;
- Nível educativo – público-alvo interessado;
- Tira dúvidas - facilitado e rápido.

Além dessas questões, podem-se dividir os cuidados com o conteúdo disponibilizado em questões sintáticas, semânticas e pragmáticas, ou seja, forma, significado e contexto, respectivamente.

A questão sintática envolve os conceitos teóricos encontrados nas áreas de ergonomia e design. Já nas questões semânticas e pragmáticas têm-se os estudos relacionados ao valor da informação.

3.2.1. Ergodesign da informação

Para Brandão e Moraes (2006) a aplicação dos princípios da ergonomia implantada ao processo de design resulta em um produto atrativo e amigável.

Através da organização e sistematização das informações, analisando funcionalmente o nível de contraste, tamanho de letra e de texto, uso das cores, fotografias, legendas, gráficos e animações, a ergonomia e o design procuram facilitar a clareza, a organização, a acessibilidade, a estrutura, fazer com que os alunos visualizem as informações de maneira mais rápida e eficaz". Tudo para que "a mensagem seja transmitida com eficiência" (SILVA, 2001).

Freitas (1999) apresenta dicas de design para elaboração de material com auxílio de programas computacionais (por exemplo, PowerPoint) e pede recomendações criteriosas para o planejamento e elaboração do material. A seguir, algumas orientações para ajudar você professor na preparação do material instrucional, tais como:

Texto	• texto em caixa baixa é mais legível que TEXTO EM CAIXA ALTA; • deve-se usar, no máximo, 3 a 4 tamanhos (corpos) de letras e três fontes; • palavras familiares aceleram o processo de leitura; • usar termos consistentes, específicos, descritivos, distintivos entre si e familiares para o usuário (gírias, expressões instáveis e amenidades sociais jamais devem ser utilizadas); • expressões ou textos curtos alinham-se pela esquerda e os números e cifras, pela direita;
Cores	• a melhor visibilidade é aquela em que as cores utilizadas são contrastantes; • o abuso de cores cansa as pessoas. Usar no máximo 5 cores, pois quanto mais aumenta o número, mais diminui a discriminação; • se o conteúdo é monótono, incluir pequenas áreas pintadas em cores excitantes; • observar os efeitos psicológicos das cores. O uso consistente das cores permite uma aproximação maior com o mundo real percebido pelo usuário; • homogeneizar as páginas, utilizando os mesmos princípios organizacionais, as mesmas formas, as mesmas cores e a mesma disposição espacial em todo o conjunto; • distinguir categorias de informação utilizando outros meios, como o uso de diferentes tipos de letras, o agrupamento de informações e a modificação no brilho; • efeito de piscagem funciona como alarme e é restrito a algumas situações;
Ícones	• no caso de uso de ícones, selecionar aqueles que transmitem a ideia desejada, observando o público-alvo:

Diagramação	• utilizar linha em branco entre parágrafos melhora substancialmente a clareza e a legibilidade do texto; • para maior consistência e clareza, começar a página com títulos ou cabeçalhos que descrevam rapidamente o conteúdo ou propósito da tela. Simplificar ao máximo os títulos; • assegurar, nas tabelas, espaçamento correto entre letras, palavras, colunas e linhas; • usar inclinação (como o itálico) para criar ênfase em ponto específico da informação ou cor contrastante para distinção rápida entre ítens ou palavra que se deseja destacar, mas, em textos longos, o negrito bold é mais adequado que o itálico porque não quebra o ritmo da leitura; • em textos corridos, usar linhas com no máximo 40 a 60 caracteres, dependendo do corpo da letra, e justificadas à direita e à esquerda.

Outras dicas para preparação do material didático, quer sejam transparências/slides ou cartazes, dadas por Freitas (2001):

• reveja a ortografia;
• seja generalista – não estatístico;
• seja breve;
• seja consistente;
• mantenha a uniformidade do material;
• não coloque muitos dados em uma mesma transparência, não use texto normal;
• observe a regra dos sete: no máximo sete palavras por linha e sete linhas por slide;
• dê espaço entre as linhas para maior legibilidade;
• balanceie textos e imagens;
• explore a possibilidade das cores. É aconselhável fundo claro e letras escuras; e
• dê vida ao material.

Segundo Williams (2005), quatro princípios básicos devem aparecer em um material para obter essa eficiência:

• **contraste** – evita que elementos diferentes fiquem similares através dos tipos, cores, tamanhos das letras/palavras ou entre elas por meio da espessura de linha, forma, espaço, etc.;

- **repetição** - indicar uma organização dos elementos visuais, fortalecendo a unidade;
- **alinhamento** – criar uma aparência limpa e suave ao ter uma ligação com outro elemento do slide;
- **proximidade** – ajuda a organizar as informações, criando uma estrutura clara, por meio de agrupamento dos itens relacionados.

Dentro desses princípios, seguem algumas orientações (GREGÓRIO, 2009):

- use figuras para transmitir uma ideia. Imagine sinais de trânsito sem desenhos. Quanto tempo demoraria a ler "cuidado, risco de pista escorregadia?" Tempo suficiente para acontecer o acidente;
- um slide consiste em um título e em um corpo. O título é normalmente escrito em fontes grandes e descreve, sucintamente, o que será apresentado no slide. O corpo é reservado para o material que você quer apresentar. No corpo, é possível combinar desenhos, diagramas e palavras (Hasbani, 2001);
- deixe bastante espaço entre os itens para facilitar a visualização;
- use fontes grandes para melhorar a visualização;
- os desenhos não precisam ser perfeitos, mas devem ser claros e ter sentido;
- mantenha sempre a mesma aparência durante toda a apresentação, utilizando sempre a mesma cor de fundo, tipo de fonte etc. Quebre a consistência somente se desejar usar um elemento surpresa (Hasbani, 2001).

3.2.2. Valor da informação

Na elaboração do material didático deve-se cuidar para que o conteúdo semântico dos termos seja compreendido por todos os alunos da mesma maneira. Nesse sentido, a interpretação não pode variar de pessoa para pessoa. O que se afirma deve ser demonstrado, ser exato e objetivo e referir-se a algo com exatidão (FLEMMING; LUZ; COELHO; 2002).

Mcgee e Prusak (1994) definem informação ao extrapolar o limite dos simples dados coletados, classificando-a como: dados coletados, organizados, ordenados, aos quais são atribuídos significados e contexto.

Davenport (2002) propõe seis características que determinam o valor da informação e Stair (1998) reconhece onze características da boa informação, destacadas na tabela a seguir.

Tabela 2 – Valor da informação na visão de Davenport e Stair

Características	Observação	Davenport	Stair
Exatidão/precisão	Deve ser percebida como valiosa e utilizada com confiança, com ausência de erros na coleta de dados.	X	X
Oportunidade/ atualidade	Ser enviada quando necessária.	X	
Acessibilidade/ economia	Obtenção rápida do que é de interesse: ser de produção econômica e oferecer boa relação entre a informação e o custo de sua produção.	X	X
Envolvimento/ completude	Apresentada como útil.	X	X
Aplicabilidade	Utilizada diretamente para equacionar problemas ou apoiar a decisão.	X	
Escassez	A raridade de uma informação pode ter grande influência em seu valor.	X	
Flexibilidade	Pode ser utilizada para diferentes finalidades.		X
Confiabilidade	Ser obtida de fontes confiáveis e por meio de métodos de coleta igualmente confiáveis.		X
Simplicidade	Ser facilmente compreensível e sem detalhes desnecessários.		X
Verificabilidade	Poder ser verificada a fim de aferir sua correção.		X

Fonte: Freitas *et al.* (2008).

As informações colocadas nos slides são importantes para a eficácia desse recurso didático. Para tanto, seguem algumas recomendações de Gregório (2009) corroborando com as características de acessibilidade, simplicidade, aplicabilidade, oportunidade e atualidade, vistas pelos autores Davenport e Stair.

- Coloque o mínimo possível de informação em seu slide e mantenha o foco (Acessibilidade e economia/simplicidade).
- O conteúdo dos slides deve estar diretamente relacionado ao que você está dizendo. Não deixe o seu discurso se desviar do conteúdo imediato do slide que está mostrando (oportunidade e atualidade/ aplicabilidade/ envolvimento e completude).

As características exatidão/precisão, escassez, confiabilidade e verificabilidade entram em questões que professores sempre devem ater-se ao lidar com a aprendizagem. Outra questão implícita a essas é a ética informacional. Os direitos reservados aos autores dessas publicações encontradas devem ser respeitados por meio de citações e referências.

3.3. Oratória

Mesmo com todas as questões de requisitos do sistema e conteúdos definidos, ainda assim corre-se o risco de uma apresentação ineficaz. Ou seja, o equipamento todo montado e o melhor conteúdo coletado e estruturado não garantem o sucesso do recurso.

A apresentação pública ou uma aula é um instante único. Você deve expor suas ideias em curto espaço de tempo, porém com lucidez e lógica. O aluno presente deve, ao final da sua apresentação, saber o conteúdo exposto (Freitas *et. al.*, 2001). As anotações que se seguem foram meras sugestões práticas e se encaixam a todo tipo de trabalho:

- verificar antecipadamente a ordem dos slides ou transparências, o estado do retroprojetor e do microfone;
- ensaiar a apresentação;
- não complicar, não ficar se atendo aos detalhes;
- concentrar-se no que fala e não nos detalhes;
- falar devagar, cuidado com os vícios de linguagem;
- seja polido;
- permanecer tranquilo, não ter medo de usar a criatividade, não imitar, não forçar. Ser natural;
- título curto e interessante;
- falar primeiro sobre a mensagem e, após, sobre o conteúdo;
- checar o nível de compreensão da plateia;
- **não ler simplesmente o que está escrito e, sim, falar sobre o material;**

Ferramentas Emergentes

- dar um tempo para as pessoas lerem antes de começar a falar;
- nunca exceder o tempo;
- apelar para a visão e a audição. Abusar dos recursos disponíveis;
- ao responder as questões, repeti-las e agradecer;
- terminar com clímax para ser lembrado (*Le grand finale*).

A voz e os gestos constituem os instrumentos para a oratória. Os movimentos físicos devem agir em consonância com a voz. Isso desperta o interesse do ouvinte e a inflexão adequada para a fala, destacando assim as principais ideias (MEDEIROS, 2008).

Para Birolini (2009) algumas recomendações relacionadas a oratória são fundamentais:

- escolha um assunto importante;
- escolha um tópico interessante;
- estabeleça seus objetivos para a apresentação;
- organize suas ideias;
- use recursos audiovisuais para ilustração;
- capte a atenção da plateia;
- use linguagem clara, objetiva e correta.

4. Encaminhamento metodológico

Reúna seus alunos em grupo e proponha que eles escolham um tema para construção de um conjunto de slides. Observe que eles devem seguir as orientações de cores, uso de imagens, cuidados com ortografia etc.

É interessante observar que a oferta dos recursos didáticos cresce dia a dia e desafia a criatividade do professor no seu uso e aplicação em sala de aula. Reflita como será o futuro da sala de aula quando todos puderem ter acesso à internet em suas máquinas pessoais, com ênfase em pontos positivos e negativos.

5. Case – Produção do curso WEB-PCO

Na fase de desenvolvimento do material didático para um curso a ser oferecido na internet, a equipe contou com a participação de outros profissionais, por meio de consultas, discussões presenciais e, na sua grande maioria, virtuais (correio eletrônico e ligações telefônicas).

Os fatores considerados no processo de decisão sobre as especificações funcionais e pedagógicas, o design e a metáfora do curso WEB-PCO são:

- parte da clientela alvo do curso não possuía conhecimentos avançados de informática, conforme pesquisa feita com aqueles que visitaram a página na internet;
- dado decisivo para que se reduzisse a quantidade de multimídia (eliminando-se áudio e vídeo), limitando-nos, na interface de interatividade, ao uso de programas conhecidos e de fácil manipulação, com ênfase no hipertexto e em imagens visuais estáticas e gráficas;
- utilizou-se o modelo da aula convencional, prática usual do professor no preparo das aulas (textos, transparências, atividades, estudo de casos). Foi considerado o modelo mental a que o aluno já está acostumado, com vistas a facilitar o seu desempenho no curso, evitando-se de ele ter de aprender a usar novas mídias e considerando-se ainda a limitação de tempo;
- consideraram-se as transparências como o recurso de ensino mais favorável ao modelo de curso em questão. Elas foram concebidas em PowerPoint e transformadas em páginas para web; e foram ainda auxiliadas por informações complementares, em texto na mesma linguagem, sempre se procurando manter o princípio do curso, de ser centrado no conteúdo e na metáfora do modelo de aula, e não no meio.
- tendo-se tomado a decisão de usar transparências veiculadas no ambiente web, cuidados especiais foram tomados no sentido de que uma interface informatizada fosse utilizada em lugar do ambiente natural de uma sala de aula. Neste aspecto, os cuidados tomados referiram-se às características de usabilidade, levando-se em conta o novo meio de interação no planejamento didático-pedagógico e na execução da aula;
- utilizaram-se programas básicos para a realização da interface, definindo-se quais seriam utilizados pelos atores do curso, conforme a tabela 3.

Tabela 3 – Programas utilizados no curso WEB-PCO

Programa	Tarefa ou atividade	Projetista	Professor	Aluno
Autocad, Corel Draw, Lviewpro, MGI Foto suite	Desenhos, projetos, scaner, tratamento de imagens e fotos	X		
Eudora ou similar	Leitura de correio eletrônico	X	X	X
Excel, Lotus	Planilhas e tabelas	X	X	X
FTP	Transferência de arquivos para a rede	X		
Browser	Navegador do ambiente	X	X	X
Pagemill, Front Page	Criação das páginas em HTML	X		
PowerPoint	Transparências	X	X	
Word, Write ou bloco de notas	Processamento de textos; Auxílio na criação da páginas em HTML	X	X	X

Fonte: Freitas (1999)

Na produção uma das discussões passava pela sofisticação do material produzido para os cursos e sua disseminação, de um lado, e a realização concreta do aprendizado, de outro. Alerta para o fato de que a sofisticação exagerada pode resultar em cursos excessivamente assépticos, em que faltam o "toque pessoal" e o "calor humano" obtidos com a presença direta ou indireta do professor.

Para tanto, a ideia foi apresentar ao aluno a caricatura de cada um dos professores do curso e utilizar também uma linguagem diferenciada, através de bolhas de diálogo (Figura 5).

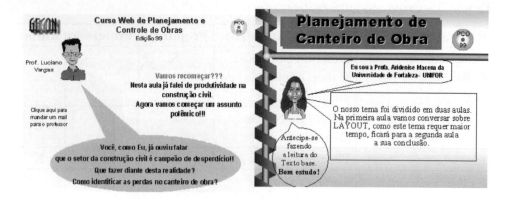

Figura 5 – Uso de caricaturas e bolhas de diálogo nas transparências
Fonte: Freitas (1999).

6. Questões para reflexão

Reveja o texto e identifique, entre as recomendações e dicas para produção de matérias didáticos baseados em tecnologia, quais os itens mais repetidos pelos autores.

Descreva e discuta esses itens com exemplos próprios. Caso não concorde com alguns itens, aponte-os e explique para seus pares as razões que o(a) levam a tomar esta decisão.

7. Tópico para discussão

Sugere-se que seja feita uma avaliação dos slides a seguir. Para cada um deles relacione o problema que apresenta e forneça uma alternativa de melhoria.

Software de Apresentação

Dicas do que fazer e do que não fazer.

(I)

Software de Apresentação

- Coloque o mínimo possível de informação em seu slide e mantenha o foco;
- O conteúdo dos slides deve estar diretamente relacionado ao que você está dizendo. Não deixe o seu discurso se desviar do conteúdo imediato do slide que está mostrando;
- Considere formas alternativas de apresentar gráficos. Por exemplo, um gráfico de crescimento populacional pode ser construído com barras de formato humano no lugar de barras convencionais;
- Não faça cópias xerocadas de livros ou relatórios. Faça sempre ilustrações produzidas com um estilo consistente em toda a apresentação;
- Os materiais de apoio oferecem ao auditório uma representação visual de seus pensamentos. Eles ajudam a guiá-los aos pontos importantes com mais eficiência. É mais fácil se expressar com o uso de **gravuras, gráficos e modelos.** Pense no quanto é difícil descreve o desenho de um prédio, por exemplo;
- **Use figuras para transmitir uma idéia.** Imagine sinais de trânsito sem desenhos. Quanto tempo demoraria a ler "cuidado, risco de pista escorregadia?" Tempo suficiente para acontecer o acidente;
- Um slide consiste em um **título** e em um **corpo**. O título é normalmente escrito em fontes grandes e descreve, sucintamente, o que será apresentado no slide. O corpo é reservado para o material que você quer apresentar. No corpo, é possível combinar desenhos, diagramas e palavras. (Hasbani, 2001)
- **MOS** (mantenha-o simples);
- **Use desenhos ou gráficos** sempre que puder e reduza o número de palavras e números;
- **Deixe bastante espaço** entre os itens para facilitar a visualização;
- **Use fontes grandes** para melhorar a visualização;

(II)

A Escola no Século XXI

(III)

Linha (2001)	CPR	XAS	SAS	XD-1	XD-2	SGM	TGM	SXS	XRF	XRL	Total
Total realizado nas Linhas	27	41	34	20	4	18	3	13	19	2	181
Por país:											
Brasil	27	38	28	15	4	17	3	11	9	2	154
Argentina		3	2					2	9		16
Alemanha			1			1					2
Cuba				2							2
México				2							2
Portugal			2								2
EUA				1							1
França			1								1
Hungria									1		1
Total	27	41	34	20	4	18	3	13	19	2	181
Por área de pesquisa:											
Ciência dos Materiais		17	16	10	2			5	1		61
Física	1	14	1	7	2	18	2	5	9		59
Química		9	5	2			1	1	4		22
Biologia Molecular Estrutural	17		1								18
Ciências da Vida	8		6	1					2		17
Biofísica			3					1	2		6
Bioquímica			2								2
Instrumentação / Tecnologia	1							1		2	4
Físico-química		1									1
Ciências da Terra									1		1
Total da Linha	27	41	34	20	4	18	3	13	19	2	181
Por instituição brasileira:											
USP	11	7	11	3	1	0	0	3	2	0	38
LNLS	9	8	1			8		2		1	29
UNICAMP		6	4	1	1	2		4	5		23
UFRJ		1	2	1		3	3	1	2	1	14
UNESP	7	3	1	1	0	0	0	0	0	0	12
UFMG		2	1	3	1						7
UFRGS		3	1			1		1			6
UFSCar		1	2	1							4
Outras instituições	0	7	5	5	1	3	0	0	0	0	21
TOTAL	27	38	28	15	4	17	3	11	9	2	154

(IV)

A) Tabelas e gráficos sem legibilidade e muita informação.
B) Muita informação em um único slide. Além de ilegível, torna o conteúdo cansativo.
C) Problemas com as cores e com as fontes.
D) Falta de contraste, fazendo com que os slides fiquem ilegíveis.

Referências

ALCIDES, R. **Potencialidade do filme de animação como recurso didático-pedagógico de apoio à aprendizagem no ensino superior.** Curitiba, 2009. Trabalho de Conclusão de Curso. (Graduação em Gestão da Informação), Universidade Federal do Paraná.

BIROLINI, Dario. **Apresentação de temas livres**: Receitas, "dicas" & sugestões. Disponível em: < http://perfline.com/tutorial/apres/parte6.html>. Acesso em ago. de 2009.

BRANDÃO, E. R.; MORAES, A. de. **Publicidade on-line, ergonomia e usabilidade:** o efeito de seis tipos de banner no processo humano de visualização do formato do anúncio na tela do computador e de lembrança da sua mensagem. Rio de Janeiro, 2006. 400 p. Dissertação de Mestrado - Departamento de Artes & Design, Pontifícia Universidade Católica do Rio de Janeiro.

CEFAK. **Recursos didáticos**. Disponível em: <http://www.luzespirita.com/cursos/instrutores/cursoinstrutesp018.pdf>. Acesso em jul. 2009.

DAVENPORT, T. H. **Ecologia da Informação**: por que só a tecnologia não basta para o sucesso na era da informação. São Paulo: Futura, 2002.

FERREIRA, O. M.; JUNIOR, P. D. **Recursos Audiovisuais no Processo Ensino-Aprendizagem**. São Paulo: E.P.U.,1986.

FLEMMING, D. M; LUZ, E.F.; COELHO, C. Desenvolvimento de material didático para educação a distância no contexto da educação matemática. In: CONGRESSO INTERNACIONAL DE EDUCAÇÃO A DISTÂNCIA, XII, 2000, São Paulo, **Congresso internacional de educação a distância.** 2002. Disponível em: <http://www.abed.org.br/publique/cgi/cgilua.exe/sys/start.tm?amp%3BUserActiveTemplate=4abed&infoid=171&sid=105&tpl=printerview>. Acesso em: abr. 2007.

A Escola no Século XXI

FREITAS, M. C. D. **Um ambiente de aprendizagem pela Internet aplicada na Construção Civil.** Dissertação apresentada ao Programa de Pós-Graduação em Engenharia de Produção da Universidade Federal de Santa Catarina. Florianópolis, 1999.

FREITAS, M. C. D. ; et. al. Web semântica e ontologias aplicada a tecnologia da informação na construção civil. In: **XII ENTAC - Encontro Nacional de Tecnologia do Ambiente Construído,** 2008.

FREITAS, M. C. D.; et. Al. **Guia Prático para pesquisa em engenharia.** Florianópolis: LABSAD/UFSC, 2001.

GREGÓRIO, S. B. **Recursos Audiovisuais.** Disponível em: <http://www.ceismael.com.br/oratoria/oratoria039.htm>. Acesso em ago. de 2009.

LAASER, W. *et al.* **Manual de criação e elaboração de materiais para educação a distância.** Tradução de: Handbook for designing and writing distance education materials. Brasília: CEAD; Editora Universidade de Brasília, 1997.

LINCHO, P. R. P. ULBRICHT, V. R. Uma abordagem ergonômica dos Recursos didáticos visuais projetados. In: **Congreso Internacional de Ingeniería Gráfica Santander, XIV,** España, jun. de 2002.

MARTINS, O. B. A educação a distância: uma nova cultura docente - discente. In: MARTINS, O. B.; POLAK, Y. N. de S.; SÁ, R. A. de. **Educação a distância:** um debate multidisciplinar. Curitiba: UFPR, 1999.

MCGEE, J.; PRUSAK, L.. **Gerenciamento estratégico da informação.** (tradução de Astrid Beatriz de Figueiredo). 12 ed. Rio de Janeiro: Campus, 1994.

MEDEIROS, R. Elementos da oratória. In: **expressividade.** Disponível em: <http://www.expressivo.com.br/colaboradores/artigos.php>. Acesso em jun. 2009.

RUTZ, S. **Recursos de ensino-aprendizagem.** Disponível em: <http://www.fisica.uepg.br/professores/srutz/files/Download/RECURSOS_AUDIOVISUAIS.pdf>. Acesso em jul. de 2009.

SILVA, J. B. da. Reflexões sobre o universo do ensino-aprendizagem de jovens e adultos. In: **Formação**: escolarização, profissionalização e saúde: faces da cidadania. Ministério da saúde. Set. de 2001.

SMART Technologies. Disponível em: <http://smarttech.com/>. Acesso em set. 2009.

UEM. **Recursos didáticos**. Disponível em: < http://www.uemmg.org.br/list. noticia.php/origem/20/noticia/511/titulo/Recursos_didaticos >. Acesso em jul. 2009.

WILLIANS, R. **Design para quem não é designer**: noções básicas de planejamento visual. (Tradução: Laura Karin Gillon). 2. ed. São Paulo: Callis, 2005.

ARTIGO 7

Software de Autoria na Educação: Aplicação e Respectivas

Isabela Gasparini, Avanilde Kemczinski

Sumário

Resumo	130
Palavras-chave	131
1. Introdução	131
2. Aspectos conceituais	131
3. Aspectos tecnológicos e fatores de qualidade	132
4. Representação de conteúdos educacionais	135
5. *Software* de autoria	140
5.1. *Software* de autoria educacional	140
5.2. *Software* de autoria em AVAs	142
6. Perspectivas futuras: rumo à adaptabilidade	145
7. Case: AdaptWeb®	146
8. Considerações finais	148
9. Questões para reflexão	149
10. Tópicos para discussão	149
11. Para saber mais sobre o tema	149
Referências	150

Resumo

O crescimento da utilização de tecnologia da informação e comunicação (TIC) na área educacional faz com que cada vez mais professores necessitem entender e usar um *software* de autoria. Queremos apresentar os principais aspectos necessários para que os educadores possam escolher e utilizar com qualidade este tipo de ferramenta. Destacamos neste sentido os fatores de usabilidade e acessibilidade, além de apresentar os principais modelos de representação de conteúdos educacionais. Apresentamos alguns *softwares* de autoria educacionais e convidamos a refletir sobre o futuro do processo de autoria. Finalmente, focamos em uma aplicação de estudo de caso, onde apresentamos um sistema hipermídia que adapta conteúdo instrucional, navegação e interface, de acordo com o perfil do aluno. Esperamos que, com essa perspectiva, possamos criar materiais mais especializados de acordo com o estilo e as preferências educacionais de cada aluno.

Palavras-chave

Software de autoria, hipermídia, EAD, AVA, adaptabilidade, TIC, SHA.

1. Introdução

A consideração da utilização de tecnologia da informação e comunicação (TIC) na área educacional remete implicitamente ao uso do computador. Não obstante, para que educadores possam utilizar plenamente essa tecnologia na educação, eles devem primeiramente transportar seus materiais didáticos para o computador, através de um *software* de autoria ou *software* educacional. Para tanto, deve-se analisar as estratégias de representação do conhecimento e a modelagem do conteúdo que o educador pode realizar no *software* de autoria. Com isso, o processo de ensino-aprendizagem passa a ser informatizado, e tanto educadores quanto estudantes passam a se comunicar através de uma tecnologia.

A decisão por um determinado *software* de autoria deve ser baseada em diversos critérios, tanto pedagógicos como metodológicos e tecnológicos. A escolha ainda deve estar de acordo com objetivos e práticas educacionais do educador e/ou instituição, analisando a proposta educacional de cada *software*, mesmo quando este não a apresenta explicitamente (SETTE; AGUIAR; SETTE; 1999).

2. Aspectos conceituais

Existem diferentes formas do processo de criação e desenvolvimento de materiais didáticos, sejam estes criados pelo educador, pelo instrutor em sala de aula, ou pelo programador *web*: (1) pelo uso de ferramentas próprias de autoria; (2) pelo desenvolvimento de materiais como documentos *web* e (3) pelo uso de Ambientes Virtuais de Aprendizagem (AVA) que possuem sistema de autoria (MOORE; KEARSLEY, 2007).

Algumas ferramentas tradicionais que vieram da área de multimídia para a criação de instrução a ser veiculada por computadores são *Authorware, To-*

olbook, *Director* e *Flash*. O grande problema desses tipos de ferramentas é que elas devem ser utilizadas por pessoas especializadas, por não serem voltados para preparação de materiais educacionais. Com o advento da internet, muitos professores começaram a disponibilizar seus materiais didáticos *online* para seus alunos. Deste modo, grandes problemas de interação e usabilidade (qualidade de uso e informação) começaram a aparecer, pois, apesar da internet ser um espaço democrático de informação, por ser uma rede de informação de acesso livre e ilimitado, pode apresentar problemas de acesso à informação e à navegação.

Atualmente, existem ferramentas de autorias voltadas para criação de conteúdos educacionais, como o Visual Class (CALTECH INFORMÁTI-CA, 2009). Essas ferramentas têm a vantagem de serem voltadas para o processo de ensino-aprendizagem, focando nas diversas possibilidades educacionais para os professores. Além das ferramentas de autoria educacionais, diversos Ambientes Virtuais de Aprendizagem (AVA) possuem sistemas de autoria próprios, para que professores disponibilizem seus materiais didáticos. Exemplos de ambientes são WebCT, AulaNet, TeleEduc, TIDIA-ae, AdaptWeb, Moodle, entre outros. A grande vantagem de realizar a autoria dentro de um AVA é que este já está preparado para o aluno, e o professor dispõe de diversas outras ferramentas que também auxiliam no processo de ensino-aprendizagem, como um ambiente de avaliação de aprendizagem, mecanismos de discussão como fórum e chats, e o aluno pode visualizar o material instrucional no próprio ambiente, sem a necessidade de realizar *download* nem instalação de ferramentas.

3. Aspectos tecnológicos e fatores de qualidade

Como qualquer produto de *software*, os *software*s de autoria voltados à educação devem ser de fácil uso, eficientes e agradáveis, ou seja, devem ser projetados com usabilidade. A usabilidade preocupa-se com a relação entre as ferramentas e os seus utilizadores. De modo a que uma ferramenta seja eficiente, ela deve permitir que os seus utilizadores consigam realizar tarefas da melhor maneira possível. Usabilidade pode ser definida em função de múltiplos componentes e associada com diversos atributos (NIELSEN, 1993), (ROCHA; BARANAUSKAS, 2003), (PREECE; ROGERS; SHARP, 2005):

- Facilidade de aprendizagem do sistema: relação de tempo e esforço necessários para que os usuários atinjam um determinado nível de desempenho no sistema;

- Eficiência e produtividade: o sistema deve ser eficiente, ou seja, refere-se à maneira como o sistema ajuda os usuários na realização de suas tarefas. A produtividade avalia se o uso do sistema permite ao usuário ser mais produtivo do que seria se não o utilizasse;
- Facilidade de uso: avalia o esforço físico e cognitivo do usuário durante o processo de interação, medindo a velocidade e o número de erros cometidos durante a execução de uma determinada tarefa;
- Facilidade de relembrar: o sistema deve ser fácil de lembrar como se usa, ou seja, se o usuário passar certo tempo sem utilizar o sistema, ele deve ser capaz de usá-lo, sem a necessidade de aprendê-lo novamente;

    Erros: erro aqui é entendido como toda ação que não leva ao resultado desejado, um "engano". O *software* deve possuir baixas taxas de erros, e, existindo o erro, o usuário deve ser capaz de se recuperar dos erros, sem perdas;
- Satisfação subjetiva do usuário: avalia se o usuário gosta e sente prazer em trabalhar com o sistema;
- Flexibilidade: avalia a possibilidade de o usuário acrescentar e modificar as funções e o ambiente inicial do sistema. Assim, este fator mede também a capacidade do usuário de utilizar o sistema de maneira inteligente e criativa, realizando novas tarefas que não estavam previstas pelos desenvolvedores.

Quando se trata de *software* voltado para a educação, esses atributos são ainda mais importantes, visto que a falta de qualidade de uso e informação pode acarretar em dificuldade de aprendizado por parte do aluno. A navegação em sistemas hipermídia (como a *web* propriamente dita) não trata apenas de ir de um conteúdo instrucional a outro, mas também de prover orientação (KALBACH, 2009). Diferentes problemas podem ocorrer quando o sistema não está bem estruturado e organizado. Os alunos podem fazer diferentes perguntas ao depararem com um sistema hipermídia como, por exemplo, "Onde começar?" ou ainda "Onde estou?". Esse problema é rotulado como "perdido no hiperespaço", visto que na maioria dos sistemas hipermídia não existe a preocupação em situar o aluno dentro de um contexto estabelecido pelo professor. Outra pergunta bastante frequente é "Para onde devo ir?", quando o aluno não possui muito conhecimento do tema. A estratégia é indicar ao aluno quais os nodos (ou páginas) que o professor gostaria que ele visitasse, sem tirar do aluno a possibilidade de exploração de outras partes do hipermídia. Já a pergunta "Por onde andei da última vez?" pode ser resolvida com um histórico da navegação, e a pergunta "Quais caminhos de navegação disponíveis?" pode ser respondida apresentando claramente ligações disponíveis no momento, destacadas e padronizadas dentro de um sistema.

A desorientação ou "perdido no espaço" surge a partir da necessidade do aluno saber em que ponto da rede ele está, de onde veio, e como ir para outra parte do hipermídia. Mecanismos de navegação, tais como sumários com os números dos nodos/páginas, índices com palavras-chave e número de páginas e páginas marcadas, são estratégias de apoio à navegação (PINTO, 1995).

A sobrecarga cognitiva ocorre tanto em nível de autoria quanto em nível de navegação. A sobrecarga cognitiva é uma sobrecarga mental suplementar para o autor ao nomear nodos/páginas e realizar ligações significativas e semanticamente corretas entre estes nós. Para o aluno, a sobrecarga se deve às contínuas tomadas de decisão de quais ligações seguir e quais descartar, dado um grande número de escolhas disponíveis.

Desta forma, o educador deve analisar a ferramenta a ser escolhida, observando os critérios de usabilidade para conteúdos educacionais via *web*, tais como (ROCHA; BARANAUSKAS, 2003):

- Clareza na arquitetura da informação;
- Facilidade de navegação;
- Simplicidade;
- Relevância do conteúdo;
- Consistência.

Além dos critérios de usabilidade, deve-se analisar o conceito de *design* universal e acessibilidade. O termo acessibilidade na *web* remete ao acesso à informação e à comunicação a qualquer pessoa, independentemente de suas limitações físicas, cognitivas, ou tecnológicas. Atualmente existe o Decreto n°. 5.296, onde o governo brasileiro destaca a obrigatoriedade da "acessibilidade nos portais e sítios eletrônicos da administração pública na rede mundial de computadores (internet), para o uso das pessoas portadoras de deficiência visual, garantindo-lhes o pleno acesso às informações disponíveis" (BRASIL, 2004). Neste sentido, deve-se flexibilizar o acesso à informação, realizando a integração com os usuários através dos mecanismos de navegação às páginas e sítios *web* e adaptando ambientes e situações de uso.

Muitos problemas de acessibilidade estão vinculados com os problemas de usabilidade relatados, como a falta de estrutura das páginas, a desorientação do usuário, a dificuldade de navegação e utilização de recursos específicos de *software* para uso na *web* e o uso abusivo de elementos gráficos, sem uma alternativa de textos acessíveis. Com o uso de modelos de representação de conteúdos educacionais e *softwares* de autoria que possuem ferramentas alternativas para o desenvolvimento de conteúdos acessíveis, os educadores são auxiliados no desenvolvimento de material instrucional acessível e usável. Maiores detalhes sobre iniciativas de acessibilidade para *web* podem ser vistas em (W3C, 2009), (WAI, 2009), (ACESSIBILIDADE BRASIL, 2009), (ABRA, 2009), (LYNCH; HORTON, 2009).

4. Representação de conteúdos educacionais

A pesquisa na área de representação do conhecimento discute sobre como o ser humano pode representar o conhecimento e quais as formas possíveis de representação. Dentro da área da educação, isso se torna mais grave, visto que o resultado da representação do conhecimento do professor é visto por diversos tipos de educando, cada um com seu estilo de aprendizagem e diferentes formas de pensamento. Desta forma o professor deve se preocupar em como estruturar seu conteúdo educacional. Quando se pensa em EAD (Educação a Distância) isso fica ainda mais grave, pois os sistemas hipermídia, quando mal estruturados, podem levar aos problemas já citados de sobrecarga cognitiva e desorientação.

Existem diversas formas de representação de conteúdos educacionais. Através do uso dos modelos de representação do conhecimento, o aluno pode explorar os conteúdos didáticos dos professores de forma mais organizada e estruturada. Isso é muito importante, porque o conhecimento é adquirido aos poucos, e muitas vezes é necessário existir uma continuidade entre os conceitos, ou seja, conceitos podem ser pré-requisitos a outros, fazendo com que sejam peça chave na aquisição de conhecimento para o aluno (GASPARINI; PIMEN-TA, 2002). Todo conhecimento pode ser dividido em conteúdos educacionais, que devem ser organizados de forma clara para facilitar a compreensão do aluno. Essa organização é estabelecida pelo educador, que estabelece critérios tais como seus objetivos, sua estratégia didática, seu conhecimento e as necessidades dos alunos para estabelecer o grau de abrangência e profundidade de cada conteúdo. A seguir são apresentados os principais modelos existentes na literatura.

Modelo hierárquico
O modelo hierárquico é a representação conceitual mais tradicional, pois remete a estrutura já difundida pelos livros em papéis, através de seus sumários.

Sua vantagem é a facilidade do educador em analisar quais são os conteúdos hierarquicamente superiores e inferiores - nodos pais e filhos. Essa estrutura é bastante difundida, pois é possível fazer uma analogia entre a vida cotidiana com esse modelo, visto que todos os objetos da vida real são hierárquicos por natureza. Sua lógica consiste em ser dividido em níveis, onde cada conceito pode ainda ser subdividido em outros subníveis. Em geral, os modelos de representação exigem que o professor consiga abstrair os conceitos e analisar que conceitos são simples, medianos e complexos, e também verificar como eles devem ser relacionados. A diferença para outros modelos é que para cada subnível (para cada conceito) só existe um nível superior direto.

A seguir, a Figura 1 apresenta uma representação gráfica do Modelo Hierárquico.

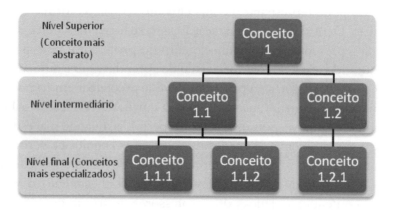

Figura 1 – Exemplo de Representação no Modelo Hierárquico

Mapas conceituais

Uma metodologia para planejar e desenvolver estratégias que visem à melhoria nos processos educacionais é a teoria da aprendizagem significativa, criada pelo teórico educacional David Ausubel em meados dos anos 60. Segundo ele, "é no curso da aprendizagem significativa que o significado lógico do material de aprendizagem se transforma em significado psicológico para o aprendiz". Em 1972, Joseph Novak, na universidade de Cornell, desenvolveu uma estratégia facilitadora da aprendizagem significativa, o mapeamento conceitual. O mapa conceitual é um instrumento capaz de mostrar, de maneira pontual, as relações existentes na estrutura cognitiva de um aluno, do ponto de vista construtivo, mais simples e menos trabalhoso que a elaboração de um texto. Mapa conceitual, ou mapas de conceitos, são diagramas indicando relações entre conceitos ou entre palavras que usamos para representar conceitos (NOVAK, 1990), (AMO-RETTI; TAROUCO, 2000).

Mapas conceituais representam uma estrutura que vai desde os conceitos mais abrangentes até os menos inclusivos. São utilizados para auxiliar a ordenação e a sequência hierarquizada dos conteúdos de ensino, de forma a oferecer estímulos adequados ao aluno. Mapas conceituais são usados como uma linguagem de descrição e comunicação de conceitos. Podem ser usados para relacionar conceitos prévios, antes de iniciar uma atividade de aprendizagem, bem como para descrever conceitos fundamentais associados a um conteúdo educacional e seus inter-relacionamentos. Durante décadas os mapas conceituais vêm sendo utilizados para estabelecer associações entre a experiência passada e novas informações, entre fatos conhecidos e novos conceitos, entre partes de um conceito ou problema e seu conjunto (Leiva, 2003).

As relações entre conceitos que devem ser enfatizadas ficam explícitas aos instrutores e alunos. Os mapas conceituais podem seguir um modelo hierárquico onde no topo do mapa estão os conceitos mais abrangentes e, conforme se caminha no mapa de cima para baixo, vão aparecendo conceitos intermediários, até que se chega na base, onde se encontram os conceitos mais específicos. Porém, esse é apenas um modelo, logo, os mapas conceituais não precisam necessariamente seguir esse tipo de hierarquia, ou seja, sua principal vantagem é a sua flexibilidade. Por outro lado, é imprescindível que o mapa mostre de forma bem clara quais são os conceitos mais importantes, secundários e os mais específicos.

É importante verificar que diferentes mapas conceituais podem ser produzidos a partir de uma mesma temática. Isto ocorre devido às diferenças nas estruturas conceituais elaboradas por diversos autores sobre certo conteúdo programático. Os mapas conceituais são utilizados para a descrição de ideias que educadores possuem sobre um conteúdo, além de tornar mais fácil a transformação de conhecimento sistematizado em conteúdo curricular e permite ainda refletir a organização conceitual de uma disciplina, de um livro, de um artigo, de um experimento de laboratório, etc.

A Figura 2 apresenta um exemplo de mapa conceitual sobre a representação do conteúdo educacional. Este exemplo foi elaborado através de uma ferramenta de elaboração de mapas conceituais chamada CMAPTools (CMAPTools, 2009). Essa ferramenta foi desenvolvida pelo *Institute for Human and Machine Cognition* e traz a ideia dos mapas conceituais unida com a tecnologia *web*. O *software* facilita a construção e a modificação de mapas conceituais e ainda permite que usuários colaborem à distância na construção de seus mapas (NOVAK; CAÑAS, 2008).

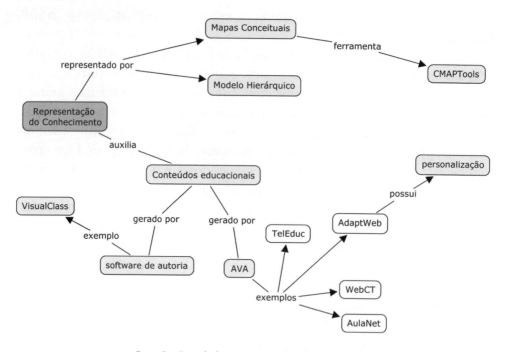

Figura 2 — Exemplo de mapa conceitual criado no CMAPTools
CMAPTools (2009).

A Figura 3 mais adiante apresenta o Mapa Conceitual da própria Ferramenta CMAPTools, disponível em seu sítio oficial.

Outras alternativas semelhantes são os Mapas de Tópicos e os Grafos Conceituais. Mapa de Tópico é uma forma padronizada de intercâmbio de conhecimento, enfocando a rastreabilidade das informações. O modelo é flexível, pois pode ter sua divisão em camadas, e possui três tipos de componentes: Tópico, Associação e Componentes. Maiores detalhes em Moore e Pepper (2004), Pietra (2008). Já os Grafos Conceituais são diagramas bipartidos, finitos e conectados, consistindo em um conjunto rotulado de nodos de conceitos e um conjunto rotulado de nodos de relacionamentos entre conceitos. Maiores detalhes em Pietra, Hounsell, Kemczinski (2009).

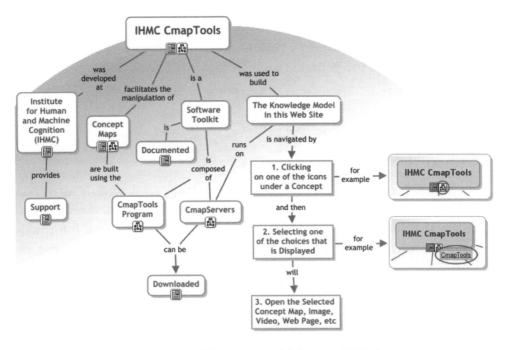

Figura 3 – Exemplo de mapa conceitual da ferramenta CMAPTools
Fonte: CMAPTools (2009).

Modelo de Espaços de Habilidades (MEH)

O Modelo de Espaços de Habilidades (MEH) foi criado por Hounsell, Kemczinski e Silva (2005) como uma forma alternativa de representação de conteúdos técnicos. A concepção inicial referente ao Modelo Espaço-Habilidades trata do fato de que o conhecimento vai se especializando na medida em que vai evoluindo. Pode-se dizer que esse modelo possui "uma representação estruturada de conteúdos que contempla várias dimensões de habilidades ortogonais onde cada átomo de conhecimento mantém individual e intrinsecamente os seus pré-requisitos organizados na forma de matriz e permitindo a livre exploração de vizinhos imediatos" (Pietra, 2008). Maiores detalhes do modelo em Pietra, Hounsell, Kemczinski (2009) e Hounsell, Kemczinski e Silva (2005). Um *software* chamado MEH-RECE (Modelo Espaço-Habilidades para Representação de Conteúdos Educacionais) implementou esse modelo de representação de conteúdos técnicos e está disponível na *web*, podendo ser utilizado gratuitamente. Neste sistema o educador pode criar e gerenciar cursos. O sistema também dispõe de gerenciamento e estruturação do processo de aprendizagem. Maiores detalhes em (MEH-RECE, 2009).

5. *Software* de autoria

Essa seção apresenta alguns softwares de autoria educacionais. A seção 5.1 apresenta soluções individualizadas e a seção 5.2 mostra os softwares de autoria de AVAs.

5.1. *Software* de autoria educacional

5.1.1. Visual Class

O Visual Class é um software de autoria voltado ao desenvolvimento de materiais educacionais, com mais de 500.000 usuários no Brasil e no exterior (CALTECH INFORMÁTICA, 2009). Surgiu em 1995, pela Caltech Informática, por necessidade da Faculdade de Engenharia de Minas da Escola Politécnica da USP, que estava à procura de uma ferramenta para criação de aulas multimídia. A Caltech Informática é uma empresa especializada no desenvolvimento de softwares educacionais, fundada em 1991 na cidade de Presidente Prudente-SP, que tem como principal produto o software de autoria Visual Class.

> "Na área educacional o Visual Class pode ser utilizado na perspectiva tradicional, onde o professor cria as aulas e atribui aos alunos; ou na forma construtivista, onde o aluno cria os conteúdos e o professor orienta e avalia o processo de criação. Neste segmento o Visual Class vem sendo utilizado em universidades, escolas do ensino regular público e privado (infantil, fundamental e médio), escolas técnicas, prefeituras, núcleos de tecnologia educacional. Algumas redes de ensino como Rede Pitágoras e Rede Pueri Domus fornecem o Visual Class para suas unidades de ensino. Na área empresarial o Visual Class vem sendo utilizado para treinamento e marketing" (CALTECH INFORMÁTICA, 2009a).

Suas principais vantagens são ser um *software* voltado para a construção de materiais educacionais e possui sua enorme quantidade de recursos para o professor, além da troca de experiências possíveis com os diversos utilizadores. Sua desvantagem está no fato de não ser gratuito, dificultando o acesso por parte dos educadores.

Um guia explicando as funcionalidades do *software* é apresentado na figura 4. A figura 5 apresenta uma tela criada com o *software*.

Figura 4 – Apresentação online de utilização do Visual Class
Fonte: VISUAL CLASS (2009).

Figura 5 – Tela de um primeiro projeto – exemplo de utilização
Fonte: VISUAL CLASS (2009).

5.1.2. Hot Potatoes

Hot Potatoes é um programa que contém um pacote de seis ferramentas de autoria, desenvolvido pelo Grupo de Pesquisa e Desenvolvimento do Centro de Informática da Universidade de Victoria, Canadá (HotPotatoes, 2009). Estes programas possibilitam a criação de seis tipos de exercícios interativos para a internet, compatíveis com os navegadores mais utilizados, tais como o Internet Explorer e o Netscape, bem como com as plataformas Windows ou Macintosh. Atualmente é um *software* gratuito e pode ser adquirido em http://hotpot.uvic. ca/. A figura 6 apresenta um exemplo de questão e exercícios suportados pelo *software*.

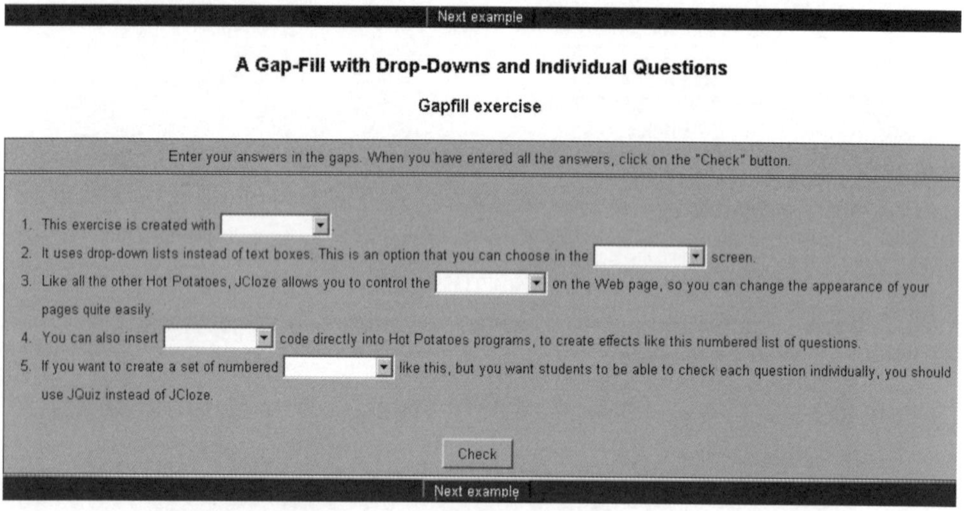

Figura 6 – Exemplo de exercícios suportados pelo software
Fonte: HOT POTATOES (2009).

5.2. *Software* de autoria em AVAs

Esta seção apresenta os *softwares* de autoria de dois AVAs, mostrando suas características e inovações.

5.2.1. TelEduc

O TelEduc é um ambiente para criação, participação e administração de cursos na *web*. O ambiente foi desenvolvido por pesquisadores do Nied (Núcleo de Informática Aplicada à Educação) da Unicamp, de forma participativa, de modo que suas ferramentas foram idealizadas, projetadas e depuradas segundo necessidades relatadas por seus usuários (TELEDUC, 2009). Deste modo, o TelEduc apresenta características que o diferenciam dos demais ambientes para educação a distância disponíveis no mercado, como a facilidade de uso por pessoas não especialistas em computação, a flexibilidade quanto a como usá-lo e um conjunto enxuto de funcionalidades. O ambiente apresenta quatro visões distintas: visão do administrador, do coordenador, do formador e do aluno. O conjunto de funcionalidades oferecido pelo TelEduc pode ser dividido em três grupos: ferramentas de coordenação, ferramentas de comunicação e ferramentas de administração (GONÇALVES, 2003).

O TelEduc possui o ambiente de autoria denominado AutorWeb. Este ambiente tem por objetivo disponibilizar ferramentas integradas que deem suporte ao administrador, coordenador e formador, cada um no seu nível de acesso, nas seguintes funcionalidades (TESSAROLLO, 2000), (GONÇALVES, 2003):

- Criação de cursos: ferramentas que auxiliam a criação da estrutura do curso no servidor;
- Planejamento do curso: ferramentas para o formador selecionar os recursos que estarão disponíveis no curso;
- Apresentação do curso: ferramentas para o formador mostrar aos alunos as informações gerais do curso, os objetivos da aprendizagem, a metodologia e como será a organização;
- Entrada do conteúdo: ferramentas que auxiliem o formador na entrada do conteúdo dos recursos selecionados durante o planejamento do curso;
- Reestruturação do curso: ferramentas que facilitam que o formador possa alterar, atualizar ou excluir o conteúdo de um recurso.

O material a ser disponibilizado no curso deve ser preparado anteriormente, utilizando uma ferramenta de edição com a qual o formador possua familiaridade. A disponibilização e a organização dos materiais do curso se dão através da página de administração do curso. Entre os recursos disponíveis o ambiente provê ferramentas que permitem ao formador inserir, alterar, excluir e visualizar seu material (GONÇALVES, 2003).

5.2.2. AulaNet

O AulaNet é um AVA gratuito desenvolvido no Laboratório de Engenharia de Software - LES - do Departamento de Informática da Pontifícia Universida-

A ESCOLA NO SÉCULO XXI

de Católica do Rio de Janeiro (PUC/RJ) em 1997 para administração, criação, manutenção e participação em cursos a distância (Aulanet, 2009). Os cursos criados no ambiente AulaNet enfatizam a cooperação entre os alunos e entre aluno e educador e são apoiados por diversas tecnologias disponíveis na internet. O AulaNet promove a separação entre o conteúdo instrucional e a navegação, liberando o educador da tarefa de programação.

Atualmente é distribuído pela empresa EduWeb (EDUWEB, 2009). O ambiente de administração, criação, manutenção e participação de cursos apoiados em tecnologia da internet pode ser utilizado tanto para ensino a distância como para complementação às atividades de educação presencial e treinamento de profissionais. Os objetivos do AulaNet são promover a adoção da *web* como um ambiente educacional; contribuir com mudanças pedagógicas, dando suporte à recriação; e encorajar a evolução do conhecimento, tanto para alunos quanto para professores (GONÇALVES, 2003).

A parte de autoria do AulaNet está representada nos Mecanismos de Cooperação que devem ser utilizados no decorrer do curso. Estes são um conjunto de ferramentas que permite a ação cooperativa dos integrantes de um curso (educadores e alunos), através de coautorias e alguns recursos adicionais. Como mecanismos de cooperação para cada curso, têm-se (GONÇALVES, 2003):

- Transparência, apresentação gravada, texto de aula, livro-texto, bibliografia: ou seja, são os materiais didáticos;
- Demonstração: permite a utilização de demonstrações através de animações como material de referência;
- Coautoria de professor: permite que o autor indique outros professores para serem coautores;
- Coautoria de aluno: possibilita a alunos fornecerem material a ser inserido;
- Tutorial: tutorial de utilização do ambiente AulaNet para criação e participação em cursos;
- Download: através deste recurso os participantes de um curso podem descarregar para seus computadores os materiais utilizados.

O aluno pode ter acesso a diferentes ferramentas: Plano de aula, Documentação, Bibliografia, Webliografia, Docentes coatores, Aprendizes coatores, Lista de discussão, Avisos, Tarefas, Avaliação, Mediadores do curso, Lista de Aprendizes, Listagem do Curso, Publicar Curso, Contato com a Administração, Intervalo dos Conceitos e outros. Estas ferramentas são oferecidas de acordo com a seleção dos mecanismos de comunicação, coordenação e cooperação, realizada previamente pelo professor (GONÇALVES, 2003).

6. Perspectivas futuras: rumo à adaptabilidade

A área de pesquisa em Informática na Educação tem evoluído com a introdução da internet e milhares de cursos baseados na *web* que surgiram nos últimos anos. Entretanto, estas novas aplicações educacionais não passam de um repositório estático de conteúdo, com os mesmos conteúdos, estruturas e apresentação para todos os alunos, sem aproveitar adequadamente as características dinâmicas e de adaptabilidade que o ambiente *web* propicia. Este fato ocasiona sérios problemas de usabilidade (GASPARINI, 2003):

* Problemas de orientação: uma página apresenta constantemente o mesmo conteúdo e as mesmas ligações, não levando em conta quais páginas são mais importantes para o aluno, dificultando a busca de informações de seu interesse. Nossa premissa é que alunos com diferentes metas e conhecimentos podem estar interessados em diferentes porções da informação apresentada em uma página hipermídia e podem utilizar diferentes ligações para a navegação entre as páginas.
* Problemas de caminho: a navegação por caminhos totalmente livres pode ocasionar problemas de compreensão de localização. Nossa premissa é que muitas vezes é aconselhável uma determinada ordenação para percorrer um conjunto de conhecimentos, o qual é construído aos poucos, tornando-se pré-requisito para posteriores conhecimentos. No entanto, reconhecemos que a navegação arbitrária e livre não pode ser de todo abolida.

Estes problemas são críticos para AVAs e ambientes de educação a distância (EAD) baseados na *web*. Prover um ambiente de EAD com funcionalidades que permitam a adaptação deste ambiente à situação específica vivida pelo aluno é uma tarefa inovadora e investigativa. Sistemas Hipermídia Adaptativos (SHA) são sistemas que refletem algumas características dos estudantes no modelo do aluno e aplicam este modelo para adaptar vários aspectos visíveis do sistema. SHAs tentam superar problemas de orientação e caminho adaptando o conteúdo (informação) e a navegação (ligações) a serem apresentados para o usuário.

Uma das características mais importantes nos sistemas de EAD é encontrar a melhor maneira de apresentar a informação aos alunos. Uma alternativa para aumentar a qualidade dos sistemas de EAD via *web* é a utilização de Sistemas Hipermídia Adaptativos (SHA), que estão se popularizando nos últimos anos por serem ferramentas versáteis e poderosas para organização e acesso à informação (BOTICARIO; GAUDIOSO, 2000).

O AdaptWeb® (Ambiente de Ensino-Aprendizagem Adaptativo na Web) visa à autoria e à apresentação adaptativa das disciplinas que são oferecidas em cursos EAD na *web*, tendo a finalidade de proporcionar aos diversos alunos de diferentes cursos a apresentação do conteúdo de forma divergente, adequada às suas preferências individuais.

O ambiente foi inicialmente desenvolvido através de um projeto de pesquisa realizado pela UFRGS (Universidade Federal do Rio Grande do Sul) em parceria com a UEL (Universidade Estadual de Londrina) e apoio do CNPq (Conselho Nacional de Desenvolvimento Científico e Tecnológico) (OLIVEIRA, 2006). Atualmente a UDESC (Universidade do Estado de Santa Catarina) participa no desenvolvimento de novas soluções no ambiente (UDESC, 2009). É um ambiente *opensource*, gratuito, disponível no Sourceforge e operacional em diversas instituições (ADAPTWEB, 2009).

7. Case: AdaptWeb®

O AdaptWeb® (Ambiente de Ensino-Aprendizagem Adaptativo na Web) é um Sistema Adaptativo de EAD baseado na web e tem a finalidade de adaptar o conteúdo, a apresentação e a navegação de acordo com o perfil do usuário. A sua adaptação é suportada pela criação de um modelo flexível do aluno, onde, para cada estudante, são armazenadas informações pessoais, tais como sua formação, conhecimento, preferências, histórico navegacional, estilo de aprendizagem e recursos tecnológicos. Maiores detalhes em Gasparini (2003) e Eyharabide et. al. (2009).

Os conteúdos educacionais no AdaptWeb® são organizados por meio de uma estrutura hierárquica de conceitos, estabelecendo critérios de pré-requisitos que são definidos pelo professor. A adaptação ocorre tanto no conteúdo quanto na interface e na navegação. O modelo do aluno (MA) descreve o usuário para o sistema.

Cada disciplina pode estar relacionada a um ou mais cursos. Por exemplo, no nosso estudo de caso, a disciplina "Cálculo Algébrico e Numérico" é apresentada para os cursos de Ciência da Computação, Engenharia e Matemática. Uma disciplina possui um ou mais tópicos. O Ambiente AdaptWeb® provê, para cada tópico, espaço para a inserção de conceito (conteúdo propriamente dito), exemplos, exercícios e materiais complementares. A figura 7 descreve o esquema da disciplina.

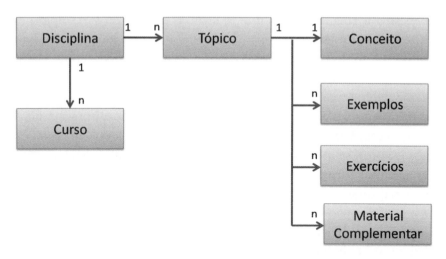

Figura 7 — Esquema de uma disciplina no AdaptWeb
ADAPTWEB (2009)

A primeira característica adaptada no ambiente é a formação do aluno. Uma mesma disciplina pode ser vista por diferentes formações e cursos. O professor, com sua experiência, deve analisar quais conceitos devem ser apresentados para cada curso. A grande vantagem é que o professor necessita somente realizar a autoria uma vez, independentemente de quantos cursos possam acessar sua disciplina, facilitando assim o processo de autoria. A figura 8 apresenta o menu navegacional adaptado para os dois cursos da disciplina.

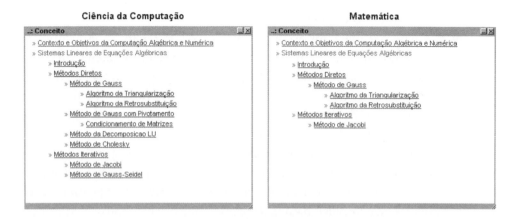

Figura 8 — Adaptação do conteúdo e navegação para cada curso
ADAPTWEB (2009).

A Escola no Século XXI

Da mesma forma, o professor deve analisar quais são os exemplos, exercícios e materiais complementares para cada curso. Esses ainda são divididos em fácil, médio e complexo. Outra opção para o aluno é o modo como ele navega pela disciplina. Existem atualmente dois modos de navegação: o modo livre e o modo tutorial. No modo tutorial o aluno deve assistir a uma disciplina de acordo com os pré-requisitos traçados pelo professor na fase de autoria. Já no modo livre, o aluno está livre para navegar pela disciplina sem levar em conta os pré-requisitos do professor. Isso possibilita que diferentes estilos de alunos possam escolher a melhor forma de aprendizagem do conteúdo instrucional.

Existem diversas ferramentas complementares atualmente no ambiente para auxiliar o professor no processo de ensino-aprendizagem. Além de um sistema de autoria que possibilita a adaptabilidade do material instrucional do professor, o ambiente dispõe de ferramentas para analisar o comportamento do aluno em uma disciplina, mural de recados para comunicação entre professor e alunos, fórum de discussão, como um mecanismo de avaliação formativa, um ambiente de avaliação de aprendizagem (somativa) e um ambiente para analisar os estilos de aprendizagem dos alunos de uma determinada disciplina. Atualmente estão sendo implantadas outras ferramentas de suporte para o professor, como um editor de texto colaborativo e um *chat*. Vale lembrar que o ambiente está disponível em diversas línguas e pode ser usado por diversas plataformas.

8. Considerações finais

Os *softwares* de autoria educacionais (individuais ou dentro de AVAs) devem auxiliar educadores no processo de ensino-aprendizagem, facilitando a comunicação entre alunos e professores.

Um dos aspectos mais importantes nos sistemas interativos da tecnologia da informação e comunicação em geral é encontrar a melhor maneira em que a informação possa ser apresentada aos alunos. Em um mesmo ambiente, podem ser encontradas diversas classes de alunos com características e objetivos bem diferentes. A utilização de processos hipermídia, com a interação de bancos de dados, fornece aos educadores instrumentos eficientes de informação e comunicação com os alunos e proporciona maior liberdade no manuseio de materiais instrucionais interativos a partir do uso de Ambientes Virtuais de Aprendizagem e softwares de autoria. Integrada a esse cenário vem a internet, cuja interconectividade e abrangência impulsionam, entre vários outros segmentos, a educação.

Destaca-se ainda a importância do educador no processo de transposição de seu conhecimento. Vale afirmar que o sucesso de um software de autoria não depende somente de sua concepção e finalização do produto, e sim, como o educador pode utilizá-lo de maneira eficiente, assegurando deste modo a qualidade no processo de ensino-aprendizagem.

9. Questões para reflexão

Devemos ter em mente que o processo de autoria através de softwares de autoria educacionais sempre estará em desenvolvimento e em processo de inovação, e que a cada dia novas propostas (pedagógicas, metodológicas e tecnológicas) podem surgir para melhorar o processo de ensino-aprendizagem. Porém, cabe lembrar que nenhuma tecnologia substitui o professor, e este deve estar preparado para lidar com diferentes modelos e processos educacionais e diversos estilos de alunos. Nada adianta uma ferramenta de autoria se o professor não possui claramente o conhecimento e a estrutura dos conceitos para auxiliar os alunos durante o processo de ensino-aprendizagem. Desta forma, o professor deve sempre estar atualizado e buscar sempre inovações necessárias para atender de forma mais clara seus alunos.

10. Tópicos para discussão

1. Como podemos aproveitar dos *softwares* de autoria (sejam eles individuais ou dentro dos AVAs) para contemplar os diversos estilos de aprendizagem dos alunos? Como deveria ser a visão do educador?
2. Sobre os modelos de representação do conhecimento, será que existem representações mais adequadas para certos tipos de áreas de conhecimento e/ou estilos de aprendizagem?
3. Quais as novas possibilidades de autoria que a adaptabilidade de conteúdo instrucional pode trazer?

11. Para saber mais sobre o tema

LÉVY, P. **O que é o virtual?** São Paulo: Ed. 34, 1996. 160 p. (Coleção TRANS).

OLIVEIRA, J. P. de; et al. AdaptWeb: um Ambiente para Ensino-aprendizagem Adaptativo na Web. **Educar em Revista**, Curitiba, 2003.

Referências

ABRA, Associação Brasileira de Acessibilidade. **Normas Técnicas de Acessibilidade**. Disponível em: <http://www.acessibilidade.org.br>. Acesso em: set. 2009.

ACESSIBILIDADE BRASIL. **Princípios da acessibilidade na web**. Disponível em: <http://www.acessobrasil.org.br>. Acesso em: set. 2009.

ADAPTWEB. Sítio Oficial **SourceForge**. Disponível em: <http://sourceforge.net/projects/adaptweb/>. Acesso em jul. 2009.

AMORETTI, M S M; TAROUCO, L M R. Mapas Conceituais: modelagem colaborativa do conhecimento. **Revista Informática na Educação:** Teoria e Prática, v.3, n. 1, set. 2000.

AULANET. **Oficina de Aprendizagem**. Disponível em: <http://139.82.24.160/aulanet2/>. Acesso em set. 2009.

BOTICARIO, J. G.; GAUDIOSO, E. Towards a Personalized Web-Based Educational System. **Mexican International Conference on Artificial Intelligence**. Proceedings of Advances in Artificial Intelligence. Springer, p. 729-740. (LNAI 1793), 2000.

BRASIL, **DECRETO Nº 5.296**, de 02 de dezembro de 2004. Disponível em: <http://www.planalto.gov.br/ccivil_03/_Ato2004-2006/2004/Decreto/D5296.htm>. Acesso em: set. 2009.

CALTECH INFORMÁTICA. **Software de Autoria.** Disponível em: <http://www.classinformatica.com.br/3lanca_1.htm?origem=3site1_1_1&wmp=false&lnk=1&codCurso=&projeto=sitefxn&usuario=&tmp=&rrs=0&crts=0>. Acesso em: jul. 2009.

CALTECH INFORMÁTICA. **Descrição do Visual Class**. 2009a. Disponível em: <http://www.classinformatica.com.br/3desc_1_1.htm>. Acesso em : set. 2009.

CMAPTools. **Sítio Oficial da Ferramenta**. Disponível em: <http://cmap.ihmc.us/conceptmap.html>. Acesso em set. 2009.

EDUWEB. **Sítio Oficial**. Disponível em: <http://www.eduweb.com.br/>. Acesso em set. 2009.

EYHARABIDE, V., GASPARINI, I., SCHIAFFINO, S., PIMENTA, M. S., AMANDI, A. Personalized e-learning environments: considering students contexts. In: IFIP **Advances in Information and Communication Technology: Education and Technology for a Better World, Springer**, 302, 48-57, 2009.

GASPARINI, I. **Interface Adaptativa no Ambiente AdaptWeb:** navegação e apresentação adaptativa baseada no modelo do usuário. 2003. Dissertação (Mestrado em Ciência da Computação) - Instituto de Informática, UFRGS, Porto Alegre.

GASPARINI, I.; PIMENTA, M. S. Concepção de Interfaces WWW Adaptativas para EAD. **Cadernos de Informática (UFRGS)**, Porto Alegre, v. 2, n. 1, p. 71-76, 2002.

GONÇALVES, L. L. **EditWeb:** Mecanismos de autoria assistida de páginas para ambientes de EAD via Web visando Usabilidade e Acessibilidade. 2003. Dissertação (Mestrado em Ciência da Computação) - Instituto de Informática, UFRGS, Porto Alegre.

HOUNSELL, M.. S.; KEMCZINSKI, A..; SILVA, D. D. Espaço de Habilidades, um Modelo de Software Educativo. In: **Global Congress On Engineering And Technology Education**, 2005, Bertioga. GCTE 2005. São Paulo: Claudio da rocha brito e Melany M. Ciampi (eds), 2005. v. 1. p. 1648-1652.

HOT POTATOES. **Sítio Oficial da Ferramenta**. Disponível em <http://hotpot.uvic.ca/>. Acesso em: set. 2009.

KALBACH, J. **Design de Navegação Web – otimizando a experiência do usuário**. O´Reilly, Bookman, 2009.

LEIVA, W D. **Um modelo de hipertexto para apoio ao ensino mediado pela Web**, tese doutorado, ICMS – USP, 2003.

LYNCH, P.; HORTON, S. **Web style Guide**: Basic Design Principles for Creating Web Sites, Second Edition, também disponível em: <http://webstyleguide.com/>. Acesso em ago. 2009.

MEH- RECE. **Modelo Espaço-Habilidades para Representação de Conteúdos Educacionais**. Disponível em: <http://www2.joinville.udesc.br/~larva/mehrece/>. Acesso em: set. 2009.

MOORE, M.; KEARSLEY, G. **Educação a Distância – uma visão integrada**. Editora Thomson, 2007.

NOVAK, J. D; CAÑAS, A. J. **The Theory Underlying Concept Maps and How to Construct and Use Them**. Florida Institute for Human and Machine Cognition, Pensacola Fl, 32502, Technical Report IHMC CmapTools, revisado em 2008. Disponível em: <http://cmap.ihmc.us/Publications/ResearchPapers/TheoryCmaps/TheoryUnderlyingConceptMaps.htm>. Acesso em set. 2009.

NOVAK, J. D. Concept mapping: a useful tool for science education. **Journal of Research in Science Teaching**, 27:937–949, 1990.

NIELSEN, J. **Usability Engineering**. Morgan Kaufmann- Academic Press, 1993.

OLIVEIRA, J. P. M. de. Adaptabilidade em Sistemas de Ensino a Distância. In: Alice T. Cybis Pereira; Neri dos Santos; Vania Ribas Ubricht (Org). **Ambientes Hipermidiáticos**, volume 1, Editora Ciência Moderna, 2006.

PREECE, J.; ROGERS, Y.; SHARP, H. **Design de Interação – Além da interação homem-computador**, Bookman, 2005.

PIETRA, M.. L.; HOUNSELL, M. S.; KEMCZINSKI, A. A Skills Space Model for Educational Content Representation as a Software Realization. In: **IFIP-WCCE: World Conference on Computers in Education**, 2009, Bento Gonçalves - RS. IFIP-WCCE2009. Porto Alegre - RS : IFIP-SBC, 2009. v. 1. p. 1-10.

PIETRA, M. **Modelo Espaço de Habilidades para Representação de Conteúdos Educacionais na Web**. Trabalho de conclusão de curso (Bach. em Ciência da Computação) – Departamento de Ciência da Computação, UDESC, Joinville.

PINTO, S. C. C. da S. **M-Assiste:** um meta-assistente adaptativo para suporte à navegação em documentos hipermídia, COPPE-Sistemas/UFRJ, dissertação de mestrado, 1995.

ROCHA, H.V. da; BARANAUSKAS, M. C. C. **Design e Avaliação de interfaces humano-computador**, NIED, 2003.

SETTE, S. S.; AGUIAR, M. A.; SETTE, J. S. A. **Software na Educação**, extraído de Formação de Professores em Informática na Educação – um caminho para mudanças – Coleção Informática para mudanças na Educação – MEC – 1999.

TELEDUC. **Ambiente de Educação a Distância**. Disponível em: <http://teleduc.nied.unicamp.br/> e <http://www.teleduc.org.br/>. Acesso em: set. 2009.

TESSAROLLO, M. R. M. **Ambiente de Autoria de Cursos a Distância (AutorWeb)**. Campinas: 2000. Dissertação de Mestrado. Universidade Estadual de Campinas.

UDESC. **Portal EAD do Grupo de Pesquisa em Informática na Educação da UDESC.** Disponível em <http://ead.joinville.udesc.br/>. Acesso em ago. 2009.

VISUAL CLASS. Disponível em: < http://www.classinformatica.com.br> Acesso em set. 2009.

W3C , World Wide Web Consortium. **Accessibility**. Disponível em: <http://www.w3.org> Acesso em ago. 2009.

WAI, **Web Accessibility Initiative (WAI)**, Disponível em: <http://www.w3.org/WAI/>. Acesso em set. 2009.

Artigo 8

Software de Autoria

Sandra Helena Pereira Rodrigues

Sumário

Resumo	154
Palavras-chave	154
1. Introdução	155
2. Novos aparatos tecnológicos e sua aplicabilidade no ambiente educativo	157
3. Muitos caminhos a serem percorridos	159
4. O uso de *software* de autoria na educação: conhecendo o Visual Class	165
5. Estudo de caso: Projeto Brasil-Japão	167
6. Considerações finais	173
Referências	173

Resumo

Este artigo se propõe a analisar a questão do uso de ferramentas tecnológicas dentro do contexto atual fazendo uma relação com a ação prática do professor neste contexto. Busca-se refletir sobre como o professor pode incorporar essas novas tecnologias diante de uma cultura midiática disseminada e incorporada no aprendente, que vivencia no cotidiano uma relação informal com as mídias interativas.

Abre-se espaço para traçar o contexto da hipermídia como uma nova forma de leitura e aprendizagem, que não pode ser descontextualizada desse cenário. Finaliza-se apresentando o software Visual Class a partir do uso prático em uma atividade disseminada por uma instituição pública brasileira.

Palavras-chave

Educação a Distância, hipermídia, Web, Tecnologia, autoria, hipertexto.

1. Introdução

A difusão das novas tecnologias da informação e comunicação vem transformando continuamente e em uma velocidade muito rápida a forma de comunicação e transmissão de conhecimento. Neste sentido, a educação vem buscando compreender essas novas formas de interação e mediação, a partir desses novos contextos baseados em espaços de compartilhamento de informações, conhecimentos e novas mídias.

Recentemente a Revista Nova Escola trouxe como matéria de capa o tema **A tecnologia que ajuda a ensinar**, mostrando assim que a prática educativa vem passando por um processo de transformação e que, de fato, os educadores não podem se distanciar dessas novas práticas.

Um dos questionamentos que a Revista Nova Escola coloca tem a ver com essas novas práticas e concepções de aprendizagem que se fazem presentes no contexto das tecnologias da informação e comunicação. Dentre elas: "Como acionar nos alunos mecanismos de interesse pelo saber? Como notar que relação os estudantes estabelecem com o saber escolar?"

Ao levantar esses questionamentos, é possível compreender que os professores estão diante de novos desafios.

Ainda na mesma edição da revista, um artigo escrito pela jornalista Amanda Polato traz a temática Tecnologia + Conteúdos = Oportunidades de Ensino, iniciando o artigo com os seguintes questionamentos:

> "Entre os professores, a disseminação de computadores, internet, celulares, câmeras digitais, e-mails, mensagens instantâneas, banda larga e uma infinidade de engenhocas da modernidade provoca reações variadas. Qual destes sentimentos mais combina com o seu: expectativas pela chegada de novos recursos? Empolgação com as possibilidades que se abrem? Temor de que eles tomem seu lugar? Desconfiança quanto ao potencial prometido? Ou, quem sabe, uma sensação de impotência por não saber utilizá-los ou por conhecê-los menos do que os próprios alunos?" (POLATO, 2009).

Neste novo contexto observa-se que prolifera uma diversidade de ferramentas de cunho tecnológico que se adequam ao uso em sala de aula. Muitos desses softwares educativos se propõem a abrir caminhos para o conhecimento. Porém, há neste vasto campo de produtos e ferramentas muitos que, apesar de se comprometerem a auxiliar nas atividades pedagógicas, nem sempre constroem ou possibilitam uma aprendizagem significativa.

Okada e Almeida (2004) traduzem esse anseio ao novo, essa busca por novas ferramentas tecnológicas a partir da seguinte reflexão:

"As informações e apelos às novidades são tantas e tão luminosas que se passa correndo sobre elas. Tornam-se desapercebidas como se queimassem ao contato, como se brilhassem demais diante de vistas acostumadas à sombra dos fundos das cavernas. A batalha de armas diversas contra as informações disponíveis, mutantes e emergentes de todos os cantos provocam cansaço. Corremos à geladeira à busca de um refrigerante ou de um iogurte qualquer sem nos darmos conta do que causa a sede" (OKADA; ALMEIDA, 2004).

Apesar dessa grande variedade de softwares para uso educativo, é possível encontrar alguns que de fato se diferenciam e que podem tornar a aprendizagem mais significativa, incorporando uma prática diferenciada ao contexto da aprendizagem.

É nesse sentido que este estudo se propõe a analisar algumas ferramentas disponíveis na atualidade que se diferem por serem *softwares* de autoria ou por permitirem novas possibilidades de experimentações, onde o aprendente pode, dentro do contexto hipermidiático, ou seja, a partir da adaptação aos novos modelos de aprendizagem não linear ou multimídia, desenvolver novas formas de narrativas a partir do que se vivencia na atualidade.

A partir da disseminação da internet, as novas formas de narrativa ou de leitura passaram a permitir e associar conceitos como o hipertexto, ou seja, a variação de percursos de leitura, que torna o leitor mais ativo e favorece novas experimentações e aprendizagens por caminhos diferenciados, muitas vezes a partir de fragmentos de textos ou imagens que vão criando múltiplas interfaces com o conhecimento.

Quem melhor conceitua o hipertexto é o autor e filósofo Pierre Lévy, apresentando-o como fragmentos de textos os quais não compreendemos, não tornamos em conjunto, não reunimos uns aos outros, negligenciando-os. Afirma que o hipertexto, ao mesmo tempo em que rasga a leitura, a fere também. Ou seja, são fragmentos que ressoam como nova forma de construção de leitura, intermediada por costuras, mobilidade, deslocamentos, novos fluxos de informação.

A autora Leão (2005) define o hipertexto como um documento digital composto por diferentes blocos de informações interconectadas. Ainda segundo ela, essas informações são amarradas por meio de elos associativos, os *links*, que permitem que o usuário avance em sua leitura na ordem que desejar. Neste sentido, a autora afirma ainda que, além do modelo hipertextual baseado no binômio "elos e blocos de textos", existem sistemas com outros tipos de estruturas interativas.

Essas novas narrativas hipermidiáticas possibilitam um novo enfoque quanto à forma de interação, ou seja, esses novos aparatos tecnológicos criam uma nova forma de leitura e aprendizagem a partir de uma interface que permite ao usuário relacionar-se com os sistemas, o que o teórico Johnson (2001) veio a denominar de cultura da interface. O autor vem estudando a relação das crianças e jovens quanto ao uso e à aplicabilidade dos jogos eletrônicos, que, segundo ele, facilitam o aprendizado. Segundo o autor, as crianças, ao se relacionarem com as interfaces gráficas dos jogos eletrônicos, tendem a aprender fazendo, experimentando, decifrando códigos e espaços digitais.

Johnson (2001), ao abordar a questão das interfaces multimidiáticas, traz uma questão que parece ser primordial: o fato de que tecnologia e cultura se fundem, num contingente cada vez mais veloz.

Neste sentido, o autor faz um questionamento bem pertinente a essa realidade: "Por que um menino de sete anos de idade absorve as complexidades da economia industrial na forma de jogo, quando o mesmo tema faria com que saísse de uma sala de aula aos berros?" (JOHNSON, 2001)

Sendo assim, é importante que o educador compreenda que o aluno está inserido neste contexto e que, tendo a tecnologia incorporada à sua vida cotidiana, sente dificuldades de aprendizagens quando inserido em contextos de educação reprodutiva como outrora se conheceu e ainda se concebe.

2. Novos aparatos tecnológicos e sua aplicabilidade no ambiente educativo

Desde o final dos anos 80 a palavra multimídia começou a ser difundida, sendo caracterizada como sistemas que incorporavam informações a partir de som, imagens, vídeos, entre outros.

Nesse período foram criados diversos softwares para criação multimídia, objetivando assim ampliar as possibilidades de interação e aprendizagem nas práticas educativas, sendo depositadas grandes expectativas no sentido de que esses *softwares* pudessem revolucionar a educação.

Muitas dessas ferramentas tinham formatos de CD-ROMs autoexplicativos que simulavam exercícios ou apresentavam narrativas lineares contextualizando temas. Foram criados enciclopédias multimídias, CD-ROMs interativos, jogos educativos, numa espécie de fichário eletrônico contendo ícones para navegação, botões e *viewer* – janelas que são programadas para abrirem umas sobre as outras –, marcando assim um modelo de apresentação de informações.

Nos anos 90, a multimídia interativa ganha amplidão e mercado, começando a ser mais utilizada. Porém, a confecção desses produtos multimídia se restringiam a um grupo de desenvolvedores que se especializavam em criar as produções conforme especificações dos clientes.

A Escola no Século XXI

Alguns *softwares* de autoria foram reconhecidos no mercado pela precisão e eficiência com que produziam o material, entre eles: Gold Disk´s Animation para Windows, Asymetrix Multimedia Toolbook e o mais conhecido de todos, o Macromedia Authorware.

É bem interessante o apontamento da autora Kenski (2004) quanto à questão de uso de *softwares* educativos na educação. Diz a autora que:

> "Todos aqueles que já "cruzaram a fronteira" – ou seja, procuraram relacionar-se com as novas tecnologias educativas – têm queixas e observações semelhantes à baixa qualidade didática de muitos dos programas que são comercializados e introduzidos como pacotes pedagógicos nas escolas de diversos níveis de ensino. A queixa procede. Na verdade, um pouco dessa culpa não está nos programas em si, mas nas equipes produtoras desses programas e softwares, e aí nós, educadores, também temos parte da responsabilidade" (KENSKI, 2004).

Recentemente o conceito de multimídia tem uma relação mais estreita com a hipermídia, sistema não linear concebido como um grande labirinto que interliga as informações criando portas e acessos a novos conhecimentos. Esse conceito partiu da *web*, que ganhou dimensões hipercomplexas, fazendo o usuários disporem de uma gama de interações e relações hipertextuais Essa nova organização da complexidade de informações é descrita pela autora Leão (2005) a partir do conceito de não-linearidade, que, segundo ela, deriva da matemática e tem sido empregado de uma forma bastante frequente quando se fala de sistemas complexos dinâmicos. Hoje, diferentemente de períodos anteriores e por conta da *web*, o usuário se vê permeado por rede de nós de forma totalmente imprevisível, ou seja, hiperconexões de informações associadas por *links*. Para exemplificar, basta acessar um ambiente *web* como o *Google* que verificam-se as interconexões de informações que redirecionam o usuário a campos informativos aleatórios e não definidos pelo usuário. Através de uma busca o usuário recebe uma lista de *sites* relacionados ao tema procurado.

> "A organização dos sistemas hipermidiáticos caracteriza-se por ser uma organização policêntrica. Vejamos, por exemplo, o caso da hipermídia nas redes: cada site, em si, representa um centro. Mais uma vez, a complexidade do sistema em sua totalidade irá estabelecer a ordem e a regulação dos nós. Porém, além disso, pode-se dizer que, na Internet, o centro está em toda parte e em lugar nenhum, o que nos leva à definição de um sistema acentrado" (LEÃO, 2005).

Estando diante de um complexo de informações mediadas por tecnologia e sistemas complexos não lineares, o educador muitas vezes se vê sem rumo e não sabendo qual a praticidade desses sistemas para uso educativo. Levando-se também em conta que esse complexo de informações advindas do ambiente *web* tornam as leituras fragmentas e não totalmente contextualizadas, os educadores têm pela frente um desafio enorme de buscar compreender uma linguagem que já está inserida culturalmente na vida de seu aluno.

Assim, como fazer uso de sistemas aparentemente tão complexos para possibilitar uma aprendizagem significativa, estimulante e diferenciada e fundamentada em conhecimentos de fato relevantes sem se perder nas múltiplas trilhas que se apresentam nesses ambientes? De que forma o educador pode incorporar essas novas linguagens multimídia no contexto de sala de aula?

Kenski (2004) afirma que não é possível pensar na prática docente sem pensar na pessoa do professor e em sua formação, que não se dá apenas durante seu percurso nos cursos de formação de professores, mas durante todo o seu caminho profissional, dentro e fora de aula. Neste sentido, para que o professor possa relacionar-se com as novas tecnologias educativas, é necessário ter conhecimento das ferramentas e saber como utilizá-las.

Como a própria autora apresenta, o que se vê na prática escolar, nas escolas que já utilizam os equipamentos tecnológicos de última geração, é que, apesar deles, muito pouca coisa se alterou no processo de ensino (KENSKI, 2004).

O que se percebe é que as escolas permanecem com as mesmas práticas pedagógicas e propostas curriculares sedimentadas em conteúdos com carga-horária predefinida e divisão de alunos em turmas. Muitas das vezes o uso do computador é direcionado para aulas de informática educativa, aproximando os alunos apenas do contato com o computador em aulas enfadonhas que não os motivam, pois continuam sendo reproduções de atividades preestabelecidas.

Não cabe aqui expandir essa discussão, mas sim alertar sobre que educação se quer efetivamente realizar e o que se quer dos *softwares* educativos.

Neste sentido, Kenski (2004) afirma que:

> "Para que as novas tecnologias não sejam vistas como apenas mais um modismo, mas com a relevância e o poder educacional transformador que elas possuem, é preciso refletir sobre o processo de ensino de maneira global. Antes de tudo, é necessário que todos estejam conscientes e preparados para assumir novas perspectivas filosóficas, que contemplem possibilidades comunicativas e informativas das novas tecnologias, para a concretização de um ensino crítico e transformador de qualidade" (KENSKI, 2004).

3. Muitos caminhos a serem percorridos

É neste sentido que, ao se pensar no uso de programas de cunho tecnológico e ao mesmo tempo educativo, é importante antes de tudo que haja uma relação entre educação e novas tecnologias para que se possa desenvolver um projeto pedagógico que permita ao professor uma maior flexibilização e uma lógica de aprendizagem. Evidentemente que a vivência pedagógica do educador permite ao mesmo associar as novas práticas às já conhecidas, para que possa efetivamente criar um dinamismo na sua prática pedagógica.

Para melhor entender esse novo cenário se faz necessário compreender que a nova geração de jovens e crianças que se fazem presentes nas instituições educacionais nasceu em um contexto totalmente diferente dos professores que estão atuando hoje. Em sua maioria esses educadores tiveram suas formações dentro de um modelo tecnicista, cartesiano, centrado no professor, um processo de aprendizagem preso a regras, conceitos e horários, diferentemente da geração atual, que ainda é obrigada a estar inserida neste contexto de aula tradicional que difere de sua relação com o meio e a cultura. Reconstruir a partir de novos paradigmas se faz necessário, pois as tecnologias digitais e telemáticas tomam todos os espaços, modificando a vida das pessoas e os espaços geográficos, estimulando os indivíduos a reverem suas limitações e compreensão das relações, que passam a ser dominadas por ambientes virtuais a partir de novos códigos e condutas, construindo-se assim novas concepções sociais.

Neste sentido, antes de mais nada é importante que o educador perceba essa mudança de paradigma e compreenda como é significativa, para que possa assim captar a dimensão desse modelo novo que está em formação.

Assim, é preciso que o educador se relacione com a educação e as tecnologias de forma a incorporar as novas linguagens, sejam elas vídeos, documentários, filmes, textos, internet. Poderia-se dizer que isso já se faz em sala de aula e não se está trazendo nada de novo, mas se deter a essa visão é um erro, uma vez que faz-se sim esse uso de recursos tecnológicos desde os anos 70, mas de forma linear, numa perspectiva consolidada em narrativas centradas, estruturadas. Neste novo modelo, esses recursos tecnológicos se mostram num cenário diferenciado onde a narrativa é não linear, onde o tempo e o espaço não mais existem, onde os domínios do conhecimento perpassam as fronteiras e onde as possibilidades de interação se estabelecem em redes e labirintos.

Muitos desses espaços são impulsionados por ambientes imersivos digitais, nos quais cruzam-se diversas encadeações e processos cognitivos.

A construção do conhecimento, nesta nova era, requer uma nova maneira de se pensar e raciocinar, a partir do processamento desse novo universo, que consiste em um novo redirecionamento na habilidade de lidar com informações multimídias, juntando elementos de várias linguagens num mosaico interativo e dinâmico.

A construção do conhecimento a partir do processo multimidiático é, como afirma Moran (1998), mais livre, menos rígido, com conexões mais abertas, que passam pelo sensorial, pelo emocional e pela organização do racional; uma organização provisória, que se modifica com facilidade, que cria convergências instantâneas, que precisa de processamento múltiplo instantâneo e de resposta imediata.

Diante desse cenário, os novos aparatos tecnológicos midiáticos precisam de alguma forma se adaptar a esses novos contextos a partir de conceitos como hipermídia, cooperação, interatividade, colaboração.

Como já abordado, a *web* abriu possibilidades para descobertas e estruturações de novas formas de aprendizagem, dentre elas a educação a distância.

A geração do ensino a distância a partir das redes telemáticas não apenas difere em sua forma de aprendizagem, mas abre espaço para a intermediação através da incorporação da multimídia.

Assim vem ampliando-se a aprendizagem a distância em ambientes virtuais de ensino.

A maior parte dos sistemas que sustentam essas redes de aprendizagem oferece desde texto para análise e estudo até objetos de aprendizagem que facilitam, dentro de uma linguagem específica, a aprendizagem de forma contextualizada. Em seu formato inicial, as ferramentas de aprendizagem tinham o foco no ensino instrucional, ou seja, eram criadas telas sequências, onde a aprendizagem se estruturava de forma linear a partir da leitura de telas uma a uma, tornando-se assim um tutorial.

Com a hipermídia, esses espaços ganharam um reforço da mediação e interação, incorporando agentes inteligentes que favorecem o aprendizado.

Harasin, Teles, Turoff e Hiltz (2005) descrevem alguns exemplos do uso da multimídia na educação a distância, como o programa canadense de Excursão Eletrônica por Sites (*Electronic Site Tours*), que promove excursões eletrônicas a museus e galerias de arte para alunos de mais de cem escolas de ensino médio do norte de Ontário. Segundo citam os autores, nessas excursões, um representante do museu ou da galeria conduz os estudantes por meio de *slides* audiográficos sem que eles saiam do lugar. Os alunos participam comentando, perguntando e respondendo.

Neste contexto de educação a distância através de ambientes virtuais, os objetos de aprendizagens (*learning objects*) desempenham importante papel em termos de suporte. Um exemplo brasileiro de objetos de aprendizagem para uso na educação básica encontra-se no Repositório Virtual RIVED, vinculado ao site do Ministério da Educação – MEC. O material disponibilizado pelo RIVED é produzido em atividades interativas, composto em formato multimídia com orientações e guia para melhor aplicação pelo professor em sala de aula e atende os ensinos médio e fundamental.

Um outro exemplo aqui apresentado é o da Fundação Joaquim Nabuco, que, conjuntamente com a Universidade Federal de Pernambuco, desenvolveu um curso a distância para capacitação de auditores públicos do MEC com utilização de aulas virtuais acompanhadas por professores também virtuais (estes desenvolvidos pela Universidade Federal de Pernambuco). Ao questionar os alunos se a versão digital dos professores de alguma forma estimulava a aula, disseram que sim e que acompanharam as aulas de forma atrativa. Após a realização do curso, foi perguntado aos alunos o que acharam das aulas virtuais e todos acharam que a interface interativa possibilitou a aprendizagem mais rapidamente. Essa simulação de um professor em um ambiente virtual permitiu ao aluno sentir-se de fato acompanhado.

Figura 1 – Interface gráfica do curso de auditores do MEC realizado pela Fundação Joaquim Nabuco
Fonte: Acervo FUNDAJ, 2009.

Pode-se observar a adoção de *softwares* para desenvolvimento de interfaces amigáveis na aplicabilidade da mediação em cursos a distância. Esses recursos visuais, aliados à moderação do professor tutor, automatizam os procedimentos e facilitam a aprendizagem, simplificando de forma significativa as interações em redes *online*.

Para Harasim, Teles, Turoff e Hiltz (2005), as redes de aprendizagem afetam os próprios educadores. Acreditam que, além dos métodos básicos de ensino, novos tipos de aula são possíveis.

A interface gráfica para esses cursos é um elemento que precisa ser de fato pensada a partir do que se pretende com a aprendizagem; assim, Harasin, Teles, Turoff e Hiltz (2005) salientam que a interface gráfica é a porta de entrada virtual para todos os recursos educacionais e humanos.

Novos cenários evolutivos designados de espaços virtuais imersivos vêm sendo pesquisados, como por exemplo imagens que ganham dimensões e estabelecem novas formas de interação pautadas nos contextos da hipermídia, da realidade virtual, entre outros.

Esses espaços de interação já não se inserem em mapas ou conceitos, mas possibilitam simular ambientes.

Segundo Santaella (2006), os ambientes imersivos digitais podem ser definidos como espaço informacional, um ambiente de signos híbridos suscetíveis à aprendizagem com grandes possibilidades de interação. Salienta a autora que navegar nestes ambientes é extremamente necessário para a aprendizagem, uma vez que o usuário encontra o que ela denomina de "uma floresta de signos e rotas", implicando assim numa alfabetização na linguagem da hipermídia.

> "Da competência semiótica resultam tanto a prontidão perceptiva quanto a agilidade das inferências mentais, grande parte delas abdutivas, quer dizer, baseadas na arte da adivinhação, mas também indutivas, baseadas na habilidade de seguir pistas, e mesmo dedutivas, baseadas na capacidade de prever. Entretanto, percepções e inferências mentais não bastam. Elas precisam se fazer acompanhar de movimentações físicas" (SANTAELLA, 2006).

Assim, tem-se demonstrado que os ambientes imersivos com seus dispositivos midiáticos promovem o desenvolvimento e a oportunidade de uma autoformação mediação de saberes muito além do tradicionalismo da sala de aula, onde aluno e professor podem interagir em um ambiente de saber. Alguns ambientes vêm sendo estudados como ambientes propícios à prática pedagógica, como o *Second Life* e o *Activeworlds*.

Algumas ferramentas em uso do *Second Life* na educação são descritas pelo professor Mattar (2009), que vem pesquisando o ambiente. Diz ele que:

> "A maneira mais simples de comunicação entre os avatares no Second Life ocorre através de chats, que podem incluir texto e voz. A combinação adequada e planejada entre texto e voz é um dos recursos mais poderosos oferecidos pela ferramenta. Um professor pode, por exemplo, falar enquanto os alunos digitam comentários e perguntas; e os chats podem ser gravados, para estudo assíncrono" (MATTAR, 2009).

Figura 2 — A autora visita ambiente imersivo Second Life
Fonte: A autora, 2008.

Ainda sobre as ferramentas, cita que:

"Textos podem também ser registrados em notecards, que aceitam também imagens, sons e landmarks (indicações de locais para onde o aluno pode se teleportar). Esses notecards, apesar de aparentemente simples, são também um recurso pedagógico poderoso, pois podem ser facilmente distribuídos para uma sala repleta de alunos e são armazenados no inventário dos alunos, podendo ser relidos a qualquer momento" (MATTAR, 2009).

Ainda sobre o ambiente *Second Life*, Mattar (2009) acrescenta que:

"Vídeos filmados em mundos virtuais são chamados de machinimas (machine + cinema). O Second Life oferece excelentes ferramentas para criar machinimas, incluindo a habilidade de construir cenários e palcos customizados, avatares customizados para representar qualquer personagem imaginável e ferramentas de programação e construção para criar interações, gestos, equipamentos e efeitos" (MATTAR, 2009).

Observa-se assim que ambientes como o *Second Life* passam a ser novos espaços para interação e uso de aulas, com práticas diferenciadas a partir de simulações.

Barbosa, Rodrigues e Araújo (2008) afirmam que:

"À guisa da formação através de ambientes imersivos o fenômeno da imersão pode potencializar uma aprendizagem significativa, uma vez integrada em um projeto educacional que proporcione aos participantes uma aprendizagem cooperativa. No ponto de vista dos dispositivos midiáticos como mediadores dos saberes, pressupõe-se que o ambiente informacional deve gerar condições de construção cognitiva, prática e personalizada, desenvolvendo uma ação que possibilite uma situação evolutiva de interação e aprendizagem" (BARBOSA, RODRIGUES; ARAÚJO, 2008).

4. O uso de *software* de autoria na educação: conhecendo o Visual Class

Escolheu-se aqui abordar o *software* de autoria Visual Class como ferramenta educativa, uma vez que se insere no contexto de *softwares* de autoria e tem obtido excelentes resultados quanto sua aplicabilidade e uso no contexto educacional.

Outro ponto que torna relevante a sua análise é o fato de estar inserido no Guia de Tecnologias Educacionais – 2008, do Ministério de Educação, que o indica como ferramenta a ser oferecida nos sistemas de ensino, conciliando-se e somando-se às propostas do governo federal quanto à implementação de Metas Compromisso Todos pela Educação.

Sobre o *software*, foram encontradas algumas informações pertinentes no Guia de Tecnologias Educacionais, salientando assim as seguintes características:

"O Visual Class é um software aberto, de autoria, para a criação de aulas e apresentações com recursos multimídia. Serve como recurso de reforço de aprendizagem para o professor e como criação e desenvolvimento de projetos com temas transversais para o aluno. É flexível, não impõe modelos predefinidos e diferencia-se na facilidade de instalação e de uso não requer suporte técnico. É indicado para usuários não especializados em informática, a partir de 7 anos de idade. Incorpora elementos de avaliação no registro do professor, da evolução dos alunos" (GUIA DE TECNOLOGIAS EDUCACIONAIS, 2008).

Sobre os recursos incorporados:

"O Visual Class permite a utilização de recursos multimídia, tais como: imagens, em formato bmp, jpg, gif, wmf, tif; sons, em wav, mid, mp3; animações, em flash, gif animado, animações próprias; vídeos, em avi, mpeg, mov, wmv. Permite a criação de 14 tipos de exercícios, com correção automática, incluindo testes de múltipla escolha, de respostas discursivas, preenchimento de lacunas, seleção de figuras, seleção de texto, liga e associa, arrasta e solta e quebra-cabeças. Os projetos podem ser desenvolvidos em formato linear ou arbóreo, através de hiperlinks, como sites da internet, e convertidos para o formato executável swf (flash), pdf e html (para publicação na internet). Na conversão em html, os arquivos compactados automaticamente diminuem em até 100 vezes o tamanho original. Tem versão para Windows (Visual Class FX) e Linux (Visual Class Java 2.0)" (GUIA DE TECNOLOGIAS EDUCACIONAIS, 2008).

Observando assim as características descritas, percebe-se que, de fato, o *software* de autoria Visual Class permite ao professor fazer um uso diferenciado em suas atividades de prática educativa. Ao salientar que serve como recurso de reforço de aprendizagem para o professor e na criação de desenvolvimento de projetos com temas transversais para o aluno, tem-se a perspectiva de que, caso o professor esteja preparado para o melhor uso dos diferentes recursos inseridos nas novas tecnologias da comunicação e informação, ele pode desenvolver projetos educativos diferenciados.

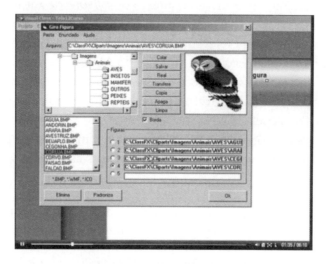

Figura 3 – Tela de programação do Visual Class
Fonte: Site Visual Class, 2009.

Antes de prosseguir, é importante contextualizar o histórico deste *software*, para compreender melhor sua finalidade e criação.

Criado a partir de uma demanda no ano de 1995, da Faculdade de Engenharia de Minas da Escola Politécnica da USP – que tinha como projeto criar ferramentas multimídia para auxiliar professores em suas práticas educativas –, sua concepção partiu da necessidade de se desenvolver um *software* que contemplasse a seguinte característica: facilidade de uso dispensando a necessidade de programação. O *software* então foi criado pelo desenvolvedor Celso Tatizana (2006), que mantém ainda hoje o *software* atualizado com recentes versões, conforme as necessidades do mercado e das demandas tecnológicas.

No ano seguinte ao surgimento da primeira versão, o *software* já ganha repercussão nacional e vem a ser lançado na Feira Internacional Educar. Dois anos depois ganha representação internacional ao participar de evento de Tecnologia Educacional na Califórnia (EUA), na qual estava inserida uma comitiva do Ministério da Educação.

Desde então o *software* Visual Class ganha espaço entre os professores e alunos em todo o país, pela facilidade de uso e pela possibilidade do professor poder gerar seus próprios conhecimentos e aplicá-los em sala de aula.

Muitas prefeituras em diversas regiões do país já fazem uso do *software* de autoria Visual Class, como a Prefeitura de Uberlândia, que implantou o Visual Class Fx em 50 laboratórios municipais, a Prefeitura de Quatá, que vem realizando um trabalho diferenciado, dentre outras. A Prefeitura de Marília, além da aquisição do *software* para uso em sala de aula, criou com o software Visual Class uma versão do Saresp (Sistema de Avaliação do Rendimento Escolas do Estado de São Paulo), buscando avaliar o rendimento escolar dos alunos. Com a denominação de Sarinfo, a versão criada é composta por questões de matemática e português e vem sendo aplicada em alunos das séries de ensino fundamental. Este feito foi documentado em jornal local da região.

Ainda sobre o *software* de autoria Visual Class já há alguns anos é realizado um concurso voltado para as escolas municipais, estaduais e instituições particulares com o objetivo de estimular o aluno a construir projetos utilizando recursos multimídia como texto, imagens, sons, vídeos, animações e jogos educativos. O concurso em nível nacional versa sobre temas transversais e estimula a rede pública a exercitar os alunos aliando aos recursos tecnológicos a criatividade e a capacidade de pesquisa, planejamento, argumentação, síntese e comunicação.

5. Estudo de caso: Projeto Brasil-Japão

Para se ter uma ideia da aplicação do *software* de autoria Visual Class, será aqui descrito um projeto desenvolvido por alunos do ensino fundamental da instituição Governardor Mário Covas da Prefeitura de Marília, em São Paulo. O projeto foi o primeiro colocado do V Concurso Visual Class no ano de 2008 e tratou do tema "O Japão no Brasil", homenageando os 100 anos de imigração japonesa no Brasil.

O que chama atenção no projeto como um todo é que, ao tratar da saga da imigração japonesa no Brasil através de estudos desenvolvidos pelos alunos, percebe-se claramente que, aliado à tecnologia, há um estudo interdisciplinar, contextualizado e bem encaminhado pelo professor, com o conteúdo bem elaborado e com o uso de ampla iconografia e relatos importantes de antigos imigrantes. O trabalho também se relaciona com a vivência atual dos alunos, ou seja, o mundo contemporâneo vivenciado por jovens adolescentes da geração atual que têm vínculo com a história apresentada – assim, são contextualizados jovens japoneses atuantes na mídia televisiva, publicações estilo anime e mangás, entre outros.

Figura 4 – Tela de abertura do Projeto O Japão no Brasil
Fonte: Site oficial do Visual Class, 2009.

Figura 5 – Tela apresenta histórico da imigração japonesa no Brasil
Fonte: Site oficial do Visual Class, 2009.

Além do tratamento dado ao contexto histórico e iconográfico, percebe-se que a tecnologia é amplamente utilizada, o que de fato mostra que o *software* de autoria Visual Class, aliado a ferramentas tecnológicas como vídeos, sons, fotos digitais, sonorizações, entre outras, possibilita o enriquecimento do material como um todo.

Figura 6 – Material desenvolvido no Visual Class apresenta rico acervo de imagens
Fonte: Site oficial do Visual Class, 2009.

Ao analisar o material desenvolvido pelos alunos e que encontra-se disponível em http://www.visualclass.editoratoka.com.br/projetos_class/marilia_1_2008/, algumas telas apresentam questões que podem ser utilizadas para reflexão sobre o uso do *software* de autoria como excelente ferramenta em contextos educativos. Assim descrevem-se aqui algumas observações acerca da produção desenvolvida.

É interessante observar no conteúdo uma tela que trata de uma entrevista com D. Aurélia. As imagens são apresentadas em um contexto de sala de aula e pode-se ver que, além de se tratar de um elemento incorporado a um projeto de um referido grupo de alunos, este se dá no universo escolar, onde outros alunos compartilham das informações.

Figura 7 – O vídeo mostra a entrevista sendo realizada na sala de aula e outros alunos vivenciando o momento
Fonte: Site oficial do Visual Class, 2009.

Na entrevista seguinte com Sr. e Sra Endo é apresentado num vídeo em uma espaço de feira livre, onde os alunos interagem com os entrevistados.

O que se percebe neste contexto é um professor entusiasmado que estimula os aprendentes a desenvolverem a capacidade de amadurecem intelectualmente, valorizando o processo de organização da aprendizagem. Neste sentido, vale salientar o que Moran (2003) considera como valorativo na questão da integração entre tecnologia e educação:

> "Ensinar com as novas mídias será uma revolução se mudarmos simultaneamente os paradigmas convencionais do ensino, que mantêm distantes professores e alunos. Caso contrário, conseguiremos dar um verniz de modernidade, sem mexer no essencial" (MORAN, 2003).

Figura 8 – O vídeo mostra a entrevista realizada em feira livre. A imagem apresenta os alunos em atividade acompanhados do professor
Fonte: Site oficial do Visual Class, 2009.

O que se observa é que a utilização do *software* Visual Class, como *software* de autoria, se dá de forma eficiente por estar inserido num processo de aprendizagem que faz uso do melhor da educação presencial, integrando as novas tecnologias e trabalhando-se o oral, a escrita e o audiovisual. Percebe-se claramente que a mediação do professor se faz constante no grupo. Os alunos são iniciados ao tema e motivados à pesquisa. A aula tradicional é substituída pelo acompanhamento e monitoramento de pesquisa e por descobertas. Há uma relação de fato prazerosa entre os alunos e o professor.

Na sequência de tela que trata da cultura e apresenta fotos dos alunos acompanhando a preparação de um *sushi*, prato típico japonês, a troca de conhecimentos parece se dar de forma significativa.

Ferramentas Emergentes

Figura 9 – A sala de aula torna-se um ambiente experimental. Tudo é documentado e inserido no Visual Class
Fonte: Site oficial do Visual Class, 2009.

Neste sentido Moran (2003) salienta que, em alguns contextos educativos, há uma certa confusão entre informação e conhecimento. Afirma Moran (2003) que:

"Temos muitos dados, muitas informações disponíveis. Na informação, os dados estão organizados dentro de uma lógica, de um código, de uma estrutura determinada. Conhecer é integrar a informação no nosso referencial, no nosso paradigma, apropriando-se , tornando-a significativa para nós. O conhecimento não se passa, o conhecimento cria-se, constrói-se" (MORAN, 2003).

A visita a um museu é mostrada em mais uma tela, assim como a aprendizagem de *origami*, técnica de transformação do papel em arte. As imagens confirmam efetivamente que existe uma riqueza de interações, de contatos e troca entre os alunos, o professor e as pessoas envolvidas no projeto. A tecnologia é incorporada e aplicada dentro de um conteúdo proposto obtendo-se de fato um resultado.

A facilidade e familiaridade com o *software* de autoria Visual Class possibilitou que a utilização do programa multimídia enriquecesse todo o processo de ensino, de forma a tornar significativa a aprendizagem.

Neste sentido, Behrens (2004) acredita que a abertura de novos horizontes mais aproximados da realidade contemporânea e das exigências da sociedade do conhecimento depende de uma reflexão crítica do papel da informática na aprendizagem e dos benefícios que a era digital pode trazer para o aluno como cidadão.

Ainda segundo a autora, é desafiante para o educador incorporar a ação pedagógica que leve ao conhecimento, à formação de um sujeito crítico e ino-

Figura 10 – Técnica do origami é trabalhada em sala de aula
Fonte: Site oficial do Visual Class, 2009.

vador, aliando a tecnologia como ferramenta educativa. Neste sentido, a autora acredita que a prática educativa neste novo paradigma tem que ser aliada a abordagens pedagógicas formadoras de visões progressistas e holísticas associadas aos processos de pesquisa. Para tanto, acredita ser necessário abordar algumas características:

a) O ensino com pesquisa. Segundo a autora, pode provocar a superação de reprodução para a produção do conhecimento; com autonomia, espírito critico e investigativo.
b) A abordagem progressista que tem como pressuposto central a transformação social. Instiga assim o diálogo e a discussão coletiva como forças propulsoras de uma aprendizagem significativa, contemplando trabalhos coletivos, parcerias e participação crítica e reflexiva dos professores e alunos.
c) Visão holística ou sistêmica como a busca de superação da fragmentação do conhecimento, aliada ao resgate do ser humano em sua totalidade, considerando o homem com suas inteligências múltiplas, levando à formação de um profissional humano, ético e sensível.

Lembra a autora que estes itens devem estar aliados a instrumentos como o computador e a rede de informações, que são suportes relevantes na proposição de uma prática educativa.

6. Considerações finais

Entende-se que os educadores se encontram em um momento de grande desafio, buscando se adequar à era tecnológica, uma vez que muitos desses educadores tiveram sua formação dentro de uma instância de aprendizagem tradicional.

O aluno de hoje, diante de todo um aparato tecnológico, não se sente motivado por uma educação que não contemple o uso de dispositivos tecnológicos que se fazem presentes na vida cotidiana. Hoje até as crianças convivem com tecnologias como celulares, computadores, etc.

Conhecer as dimensões desse mundo de saberes com novas possibilidades criativas se faz necessário, para transformar conceitos, experimentar, refletir sobre esses novos caminhos.

Os ambientes virtuais digitais se expressam como ambientes motivacionais, assim como alguns softwares de autoria, como observou-se com o Visual Class.

As tecnologias digitais e os *softwares* autorais podem possibilitar o redimensionamento quando aplicados e incorporados em contextos hipermidiáticos, não lineares, abrindo novos campos, redimensionando a relação espaço-tempo, a auto-organização, as novas situações de aprendizagem, ampliando as fronteiras do conhecimento e enriquecendo a qualidade do ensino.

Referências

ANDRÉ, Cláudio Fernando. **GUIA DE TECNOLOGIAS EDUCACIONAIS**. Brasília: Ministério da Educação, Secretaria de Educação Básica, 2008.

BARBOSA, Al., RODRIGUES, S.; ARAÚJO, V. **Ambientes Virtuais Digitais em 3D: Novos Horizontes Epistemológicos.** In: Reflexões e experimentações sobre EAD. Disponível em: <http://www.scribd.com/doc/12785871/EAD-Reflexoes>. Acesso em set. 2009.

BEHRENS, Marilda Aparecida. Projetos de aprendizagem colaborativa num paradigma emergente. In: MORAN, José Manuel; MASETTO, Marcos T.; BEHRENS, Marilda Aparecida. **Novas tecnologias e mediação pedagógica**. São Paulo: Editora Papirus, 2003.

HARASIM, Linda; TELES, Lucio; TUROFF, Murray; HILTZ, Roxanne Starr. **Redes de Aprendizagem: um guia para ensino e aprendizagem on-line.** São Paulo, Editora SENAC, 2005.

A ESCOLA NO SÉCULO XXI

JOHNSON, S. **Cultura da Interface:** como o computador transforma nossa maneira de criar e comunicar. Rio de Janeiro: Jorge Zahar Editor Ltda, 2001.

LEÃO, L. **O labirinto da hipermídia:** arquitetura e navegação no ciberespaço. São Paulo: Editora Iluminuras, 2005.

KENSKI, V. M. **Tecnologias e ensino presencial e a distância.** Campinas, SP: Papirus Editora, 2004.

MATTAR, J. **O uso do Second Life como ambiente virtual de aprendizagem.** Disponível em: < http://www.educacaoadistancia.blog.br/revista/ucp_joaomattar.pdf>. Acesso em set. 09.

MORAN, José Manuel. **Ensino e aprendizagem inovadores com tecnologias audiovisuais e telemáticas.** In: MORAN, José Manuel; MASETTO, Marcos T. ; BEHRENS, Marilda Aparecida. **Novas tecnologias e mediação pedagógica.** São Paulo: Editora Papirus, 2003.

_____. **Mudanças na comunicação pessoal.** São Paulo: Paulinas, 1998.

OKADA, Alexandre e ALMEIDA, Fernando (2004) Navegar sem mapa? In: LEÃO, Lúcia.(Org.) **Derivas:** cartografia do ciberespaço. São Paulo: Annablume; SENAC, 2004.

POLATO, Amanda. Tecnologia + Conteúdos = Oportunidades de ensino. In: Nova Escola – Revista de quem educa. São Paulo: Editora Abril, 2009.

SANTAELLA, Lúcia. **Corpo e comunicação.** Sintoma da cultura. São Paulo: Editora Paulus, 2004.

SITE APRENDAKI. **II Concurso Internacional Visual Class – saber 2008.** Disponível em: <http://blog.aprendaki.net/2008/07/18/ii-concurso-internacional-multimidia-visual-class-saber-2008/>. Acesso em set. 2009.

SITE VISUAL CLASS. Disponível em: <http://www.classinformatica.com.br> Acesso em set. 2009.

TATIZANA, Celso. **Visual Class:** Software para criação multimídia. São Paulo, 2006.

ARTIGO 9

Lousa Digital

Ilda Basso, Sergio Ferreira do Amaral, Marcus Garcia de Almeida

Sumário

Resumo	175
Palavras-chave	176
1. Introdução	176
2. Desenvolvimento	178
3. Encaminhamento metodológico	183
4. Case	189
5. Conclusão	192
6. Questões para reflexão	193
7. Tópico para discussão	193
Referências	194

Resumo

Este artigo é resultado de pesquisas realizadas no Laboratório de Novas Tecnologias Aplicadas na Educação (LANTEC) da Faculdade de Educação da Universidade Estadual de Campinas. Apresenta-se a lousa digital como linguagem digital interativa, destacando o seu valor pedagógico, enquanto ferramenta que possibilita a construção coletiva do conhecimento. Ressaltam-se a aquisição e a ampliação de competências e habilidades para o manuseio desse recurso didático-tecnológico, facilitador do uso da linguagem digital em sala de aula; considerando-se que, atualmente, as novas tecnologias estão em processo de democratização e seu uso reflexivo-crítico é tarefa importante do fazer educativo. O formato é de lousa, aparência de quadro, mas é digital. É só tocar na tela branca e a mágica começa: textos deslizam, formas geométricas se movimentam, mapas revelam aos poucos os relevos, vegetação, cidades, estradas, ruas, pontos de referência, prédios e fotos de todos os locais da terra. A história da humanidade desenrola-se em um filme de animação. As obras de arte dos Grandes Mestres são exibidas com riqueza de detalhes. As manifestações

A ESCOLA NO SÉCULO XXI

culturais de ontem e de hoje podem ser vistas com todas as cores e nuances com que o docente sonha para encantar seus alunos. Poemas, contos e romances ganham vida em trechos encenados ou narrados por artistas. A geometria ganha vida nas formas das colunas jônicas; a álgebra e suas expressões aparecem em gráficos; a aritmética é viva. A física e os fenômenos estudados por ela adquirem movimento e transcendem as leis e as fórmulas, pois são apresentados na dimensão do mundo real. A etiologia não é mais endógena ou exógena apenas, mas causal em relação direta com a vida em movimento. A química e seus tubos de ensaio são simulados antes de serem provados e o aprendizado se materializa. As expressões artísticas de todos os tempos podem ser mostradas, analisadas, comentadas, combinadas e acessadas. Tudo isto ao mesmo tempo e sem recorrer a um livro sequer. Tudo digital. Tudo, literalmente, na ponta dos dedos. Parece mágica e seria impensável há 10 anos. Resultado da combinação de um conjunto de tecnologias complexas envolvendo computadores, periféricos, mapeamento a laser, *softwares* especializados e conexão à internet: é mais do que um recurso midiático, é uma plataforma para o desenvolvimento do processo de ensino e de estimulação da aprendizagem. A ferramenta é poderosa, mas é só tecnologia; necessita de conteúdo e metodologia adequada para produzir efeito didático e pedagógico na estimulação dos processos cognitivos.

Palavras-chave

Lousa digital. Competências e habilidades. Interatividade. Recurso midiático.

1. Introdução

A tecnologia usada na Lousa Digital permite integrar numa única plataforma todos os componentes necessários para que o agente humano (professor ou aluno) possa interagir com o que está sendo apresentado, em um espaço amplo (a dimensão de uma lousa de sala de aula), de forma visível a todos os participantes da aula.

O pressuposto sobre o uso da plataforma é que os conteúdos criados possam ser reaproveitados, reelaborados, complementados, anotados e compartilhados, de forma dinâmica, rápida e se possível prazerosa. O velho paradigma da lousa, giz e apagador ainda é o preferido pelos saudosistas, mas inadequado à velocidade com que os docentes precisam desenvolver os conteúdos para crianças e jovens da geração net, acostumados à agilidade, interatividade e facilidade da internet.

Ferramentas Emergentes

O artigo não se alonga em histórico, evolução e pressupostos dos métodos de ensino e aprendizagem, visto que há artigos dos colegas neste livro que tratam com propriedade do assunto. Vamos nos concentrar aqui na lousa digital e a que os docentes do Século XXI precisam ficar atentos para permear o seu uso desde o início do pensar pedagógico (PPP) e sua adequada aplicação.

A lousa digital, com o auxílio de *softwares* específicos, possibilita ao professor e ao aluno acessarem páginas na internet e escreverem, utilizando o dedo como recurso em substituição ao *mouse,* pois a superfície da lousa é sensível ao toque. Há, ainda, a possibilidade de se utilizar uma caneta especial como acessório cuja ponta de borracha, junto com um apagador especial, realizam atividades. Entretanto, a concepção, a presença e o uso dessa ferramenta tão ágil e interativa demanda algumas reflexões.

Nesse novo milênio, as discussões sobre as profundas transformações ocorridas no século XX ganham destaque, especialmente no que se refere à ascensão das tecnologias e sua repercussão na área educacional.

A sociedade contemporânea tem sido moldada pelos grandes avanços científicos e tecnológicos, por isso é referenciada por diferentes autores como: sociedade da informação, do conhecimento, sociedade aprendente, era das redes e das incertezas, entre outras denominações (MORIN, 2000; ENGUITA, 2004; ASSMANN, 1998, BAUMGARTE, 2001). O conjunto das inovações tem causado profundas transformações em todas as esferas da vida humana, sobretudo na educacional. Nesse contexto, em que cada vez mais o indivíduo é chamado a organizar e gerir sua vida social e profissional com competência e precisão, a educação é entendida como âncora. No entanto, a escola perdeu sua centralidade, além de não conseguir acompanhar a lógica, a rapidez e a dinâmica do presente. Sob esse olhar, torna-se urgente uma discussão sobre competências e habilidades necessárias ao professor na sociedade atual. Segundo Kuenzer (2001) e Rios (2001), esse é um desafio complexo e real neste momento histórico e político.

Por outro lado, é necessário pensar sobre a educação como um processo mais abrangente, entendendo-a não apenas como um lócus da revolução tecnológica e mercadológica, em que o trabalho educativo se limita a atender às necessidades do mercado e da produção capitalista. Muito embora todos os avanços tecnológicos tragam inúmeros benefícios, entre eles a facilidade ao acesso à informação e à comunicação, não se pode deixar de avaliar as ambiguidades de sua utilização, especialmente no cotidiano escolar, pois, apesar de tantas inovações, o ensino no Brasil ainda se centraliza na aquisição de conteúdo. O paradigma reprodutor no âmbito educacional, por um lado, insiste em se manter; por outro, vem sendo forjado pelas crianças e jovens que chegam à escola já possuindo um contato ou domínio significativo de diferentes linguagens, como a audiovisual, a musical, a impressa, a gestual e a verbal. Segundo Tedesco (2001), há uma mudança fundamental na forma de trabalho e consumo, ou seja, presencia-se a passagem de um sistema de produção para o consumo de massas a um sistema de produção para um consumo diversificado. Isso porque as tecnologias emergentes da revolução na informática e a possibilidade de novas linguagens digitais permitem a produção em quantidades menores e cada vez mais adaptadas aos diferentes clientes, satisfazendo as necessidades de cada indivíduo.

Procurando minimizar a dicotomia existente entre educação, tecnologia e linguagem digital, os interesses mercadológicos se aproveitaram das dificuldades e desenvolveram programas de *softwares* educativos, vídeos e, mais recentemente, a lousa digital, todos com a intenção de complementar e auxiliar o docente no processo de ensino e aprendizagem dos conteúdos e interagir com as tecnologias.

Na educação, gradativamente, as tecnologias vêm conquistando mais espaço, de forma que a reflexão a respeito das práticas que permeiam o cotidiano de professores não pode mais ser adiada, pois, nesse contexto, o perfil do professor não é mais de transmissor de conhecimentos, mas de mediador, cujas competências e habilidades para orientar, colaborar e liderar permitem articular e medir os saberes com as novas linguagens digitais que se apresentam.

Refletir sobre competências e habilidades para o uso da linguagem digital interativa, em especial sobre a lousa digital, não é tarefa simples, mas é um tema que vem suscitando o interesse de pesquisadores de diferentes campos do saber, inclusive da educação. Por vezes, o tema é reduzido ao aspecto da capacitação, do manuseio de instrumentos e conteúdos, tendo como cenário as mudanças e inovações ocorridas no mundo atual. Este texto apresenta uma reflexão sobre a formação de professores indagando primeiramente sobre as competências e habilidades necessárias a esses profissionais diante das linguagens digitais que se apresentam e, principalmente, da lousa digital.

2. Desenvolvimento

Competência, habilidades e o uso da lousa digital

As tecnologias da informação e comunicação têm ajudado a construir uma ordem socioeconômica na qual conhecimento e competência assumem papel primordial.

São muitos os questionamentos sobre os conceitos a respeito do conhecimento e de competências. À luz da LDB, ser competente é não se limitar ao conhecer, mas ir além; envolve a capacidade de agir frente a uma determinada situação problema. Portanto, as competências são as capacidades, os saberes em uso, que envolvem conhecimento e habilidades. O desafio que se instaura é o de configurar as relações essenciais de cada conceito, para que se consolide um patamar conceitual, numa ótica circular com pontos de convergência e processos contínuos de interação, em vez de cadeias lineares.

O campo conceitual e prático, que emerge e une conhecimento e competências, se configura como uma ponte, inaugurando um discurso e uma práxis apoiada na inter-relação que supera a visão linear e fragmentada do conhecer e do saber fazer. Belluzzo (2004) afirma:

> "Há necessidade de se entender que aprender é um processo complexo, onde o ser humano deve ser o sujeito ativo na construção do conhecimento, e que este somente se dá a partir da ação do sujeito sobre a realidade. O conhecimento é o principal fator de inovação disponível ao ser humano. O conhecimento não é constituído de verdades estáticas, mas um processo dinâmico, que acompanha a vida e não constitui mera cópia do mundo exterior, sendo um guia para a ação. Ele emerge da interação social e tem como característica fundamental poder ser manifestado por intermédio da comunicação. Assim a capacidade de aprender, de desenvolver novos padrões da interpretação e da ação, depende da diversidade e da natureza vária de conhecimento."

Educar na sociedade do conhecimento, quando esse conhecimento não é mais estático, linear, mas dinâmico, em que está evidente uma forma de pensar acentuadamente transdisciplinar, significa compreender também a importância que adquire o conhecimento e a interatividade, pois ninguém consegue escapar dos processos interativos das linguagens, que vão além da interação social. Esses processos promovem um fenômeno articulador, um espaço relacional, onde o agir pedagógico adquire especificidades e começa a criar condições para a construção do conhecimento e competências. Assmann (1998) reconhece como sociedade do conhecimento aquela que possibilita um processo de ampliação do potencial cognitivo do ser humano, na direção da construção do conhecimento.

É importante mencionar que, mais acentuadamente, a partir da segunda metade do século XX, ocorreu o processo de fragmentação do conhecimento, supervalorizando o conhecimento disciplinar e que, no entender de Machado (2000, p.139), necessita urgentemente ser repensado:

> "No entanto, urge uma reorganização do trabalho escolar que reconfigure seus espaços e tempos, que revitalize os significados dos currículos como mapas de conhecimento que se busca, da formação pessoal como a constituição de um amplo espectro de competências e, sobretudo, do papel dos professores em um cenário onde as ideias de conhecimento e de valor encontram-se definitivamente imbricadas."

Nesse contexto em que conhecimento e competências se encontram imbricados e começam a ser vistos como componentes inseparáveis do processo educativo, e não apenas como abordagem estanque, urge instaurar uma trama dialógica pelos espaços de cruzamentos conceituais e práticos dessas duas áreas. Trata-se de resgatar a interação e descobrir o "fio condutor" que os entrelaça.

A noção de competência já esteve presente em diferentes contextos e momentos históricos e hoje se insere nas mais diversas esferas da sociedade: nos sistemas produtivos, no mundo do trabalho, na economia, na política, até na atuação profissional qualificada, na educação e na formação especializada. Por esse motivo, as inúmeras definições do fenômeno dependem das teorias em que foram fundamentadas e como são aplicadas nas diferentes áreas.

Ferretti *et al* (2003) consideram que a noção de competência oriunda do discurso empresarial e retomada por economistas e sociólogos é ainda bastante imprecisa se comparada ao conceito de qualificação, fundamento da sociologia do trabalho francesa desde os seus primórdios. Noção marcada política e ideologicamente por sua origem e da qual está totalmente ausente a ideia de relação social, que define o conceito de qualificação para alguns autores.

Segundo Belluzzo (2006, p.27), a expressão "competência" reporta-nos ao final da Idade Média, quando pertencia essencialmente à área jurídica:

> "[...] assim, competência era a capacidade atribuída a alguém ou a uma instituição para apreciar e julgar certas questões. Por extensão, o termo veio a designar o reconhecimento social sobre a capacidade de alguém se pronunciar a respeito de um assunto específico. Mais tarde, passou a ser utilizado de forma mais genérica, principalmente na linguagem das organizações, para qualificar a pessoa capaz de realizar determinada atividade produtiva com efetividade."

Um expoente que se deve evidenciar, pois tem sido uma referência na área da educação e dá sustentação teórica quando se trata de competências e habilidades, é o sociólogo suíço Perrenoud. Segundo o autor, a competência abarca um conjunto de elementos. Refere-se a esquemas, segundo um sentido muito próprio, seguindo, todavia, a concepção piagetina que define o esquema como uma estrutura invariante de uma operação ou de uma ação que pode sofrer acomodações, mas não estando condenado à repetição idêntica. O autor esclarece dizendo que competência jamais poderia ser uma simples implementação de conhecimentos, procedimentos e modelos de ação. Ao afirmar isso, passa a indicar as condições inerentes à competência, pois esta envolve três domínios:

- Tomar decisões – tipos de situações das quais se tem certo domínio; é a capacidade para apreciar ou julgar algo.
- Saber mobilizar recursos – conhecimentos teóricos ou metodológicos, as atitudes, os esquemas motores, de percepção, de antecipação e de decisão.
- Ativar, recorrer a esquemas – esquemas são o conjunto de nossos saberes; esquemas de pensamento que permitam a mobilização dos recursos pertinentes, em situações complexas em tempo real.

Para o reconhecimento de uma competência não basta apenas identificar as situações a serem controladas, os problemas a serem resolvidos ou as decisões a serem tomadas, mas se exige também a explicitação dos saberes, das capacidades e dos esquemas de pensamento que possibilitem desenvolver respostas inéditas, eficazes, criativas para novos problemas. Perrenoud assegura que "uma competência orquestra um conjunto de esquemas", tais como: percepção, pensamento, avaliação e ação.

Portanto, define uma competência como:

> "A aptidão para enfrentar uma família de situações análogas, mobilizando de uma forma correta, rápida, pertinente e criativa, múltiplos recursos cognitivos: saberes, capacidades, macrocompetências, informações, valores, atitudes, esquemas de percepção, de avaliação e de raciocínio" (PERRENOUD, THURLER, 2002, p.19).

O conceito de habilidade também varia, mas, em geral, as habilidades são consideradas algo menos amplo do que as competências. Assim, a competência estaria constituída por várias habilidades; e uma habilidade não pertence apenas a determinada competência, pois pode contribuir para competências diferentes.

Para Macedo (2005), a competência é uma habilidade de ordem geral, enquanto a habilidade é uma competência de ordem particular, específica.

Encontram-se também questionamentos sobre o uso da palavra no singular ou plural dos termos: competência ou competências?

Rios (2001) aborda o termo no singular, considerando a competência um conjunto de propriedades, de caráter técnico, político, ético e estético, não limitada a saberes a ensinar, mas de saberes para ensinar.

A Escola no Século XXI

Referindo-se à profissão docente, a autora afirma que ser competente é ter qualidade. Mas a palavra qualidade é mobilizadora devido a sua polissemia e pode se transformar em retórica de qualidade e, simultaneamente, pode sugerir o discurso competente; ambos os sentidos devem ser superados, pois possuem o caráter ideológico de manutenção do *status quo* capitalista, que alimenta a aquisição de uma competência privado-especialista, reafirmando o saber em posse de poucos.

Portanto, para a autora, falar em competência é falar em saber fazer bem. E fazer bem significa ser possuidor de duas dimensões da competência:

– dimensão técnica – é a dimensão do saber e do saber fazer, do domínio dos conteúdos, das técnicas e das estratégias para desempenhar o trabalho
– dimensão política – é o compromisso político dos educadores, fazer bem o que se faz (RIOS, 2001, p.46).

Assim, a autora, em sua reflexão, faz a articulação entre os conceitos de competência e qualidade, possibilitando uma definição de competência: "[...] é uma totalidade que abriga em seu interior uma pluralidade de propriedade [...]", ou seja, um conjunto de qualidades, voltadas à realização dos direitos da sociedade e alicerçadas no bem comum (RIOS, 2001, p.91-94).

O ensino voltado ao desenvolvimento das competências e habilidades é uma forte tendência da educação atual; entretanto, faz-se necessário antes verificar se o professor as possui, a fim de que possa formá-las em seus alunos.

Por outro lado, devido à complexidade e à amplitude da realidade e à situação atual das práticas educacionais, predominantemente insatisfatórias, os recursos pedagógicos passam a ser ferramentas pedagógicas imprescindíveis, enquanto instrumentos para uma transformação social. Entretanto, exigem competências "não novas", mas ampliadas por novos conhecimentos e habilidades, isto é, há competências a serem ressignificadas e atualizadas e habilidades a serem desenvolvidas.

Reforça-se aqui o argumento da educação como mediação entre os processos de aquisição de conhecimento e sua materialização em ações transformadoras da realidade. Entre esses dois elementos estão, portanto, os recursos pedagógicos, cuja função é serem instrumentos facilitadores a serviço do professor e do aluno no processo ensino e aprendizagem.

Dentre os recursos mais recentes e inovadores, pode-se destacar a lousa digital, cuja linguagem é audiovisual interativa. Porém, surgem algumas indagações: como este recurso pode colaborar para a construção do conhecimento? Como pode auxiliar no desenvolvimento das competências como práxis que articula conhecimento teórico e capacidade de atuar?

A diversificação dos recursos pedagógicos que apresentam linguagens digitais, entre elas a lousa digital, recoloca situações inusitadas de mudanças no próprio contexto da sala de aula, a partir da relação tempo-espaço, pois são interativas, permitem a criação e, sobretudo, a construção coletiva do conhecimento, traduzindo-se no conhecimento compartilhado.

Em resumo, o lugar do desenvolvimento das competências, que implica conhecimentos, porém com eles não se confunde, é a prática social e produtiva. À escola cabe proporcionar condições de aprendizagem, possibilitando o desenvolvimento de capacidades cognitivas, afetivas, psicomotoras, dando sua contribuição para desenvolvimento de competências na prática social e produtiva (KUENZER, 2003).

A lousa digital é um recurso pedagógico, cuja finalidade é possibilitar melhores condições de aprendizagem. A competência do professor para utilizá-la deve estar, portanto, articulada a sua capacidade de fazer dessa ferramenta um instrumento que facilite ao aluno construir competências por meio da práxis. Saber utilizá-la demanda a construção de competências a partir da prática.

O discurso da educação não poderá mais ser elaborado isoladamente diante do novo contexto criado pelas tecnologias da informação e comunicação. Assim, conhecimento, tecnologia, competências não podem ser pensadas como áreas independentes e isoladas, mas interligadas como um lugar, onde o processo de aprendizagem conserve seu encanto. Assim, é importante entender o processo mediador da educação na sociedade atual e a importância da aquisição de conhecimento por meio do desenvolvimento de competências e habilidades, especificamente envolvidas com a utilização de recursos pedagógicos interativos.

3. Encaminhamento metodológico

Propõem-se uma reflexão e uma atividade didática específica envolvendo a lousa digital como ferramenta para uma metodologia baseada nas novas tecnologias de informação e comunicação, envolvendo professores e alunos.

Com frequência se diz que a tecnologia está transformando a educação, desafiando as definições de conhecimento, oferecendo novas maneiras de motivar e interagir com os aprendizes, promovendo incessantes oportunidades de pensar em rede, de estimular a criatividade e a inovação.

Por outro lado, estudiosos da área como Coscarelli (2006), Moran (2007), Amaral (2008) e Kenski (2007) afirmam que a escola é pouco atraente: muitos professores estão desmotivados e despreparados, a infraestrutura está bastante comprometida e o acesso real da maior parte dos alunos ao ambiente digital é muito insatisfatório, ou seja, a relação entre a cultura e as práticas cotidianas das

A Escola no Século **XXI**

crianças fora da escola e as que encontram na sala de aula são muito diferentes. Constata-se uma lacuna significativa, e talvez crescente, entre o que os alunos encontram e fazem na escola e o que fazem fora dela.

Apesar dos investimentos em tecnologia nas escolas e do entusiasmo que se apresenta, grande parte do que acontece na educação permanece intocado pela tecnologia. O acesso à tecnologia aumenta significativamente, crianças e jovens estão participando cada vez mais da cultura midiática diversificada, cultura que, muitas vezes, os professores têm tido dificuldade para compreender e por isso não a utilizam no processo de ensino e aprendizagem.

> "Pela primeira vez, são as crianças as que melhor dominam um novo aparato tecnológico e estão na ponta de um processo transformador que atinge, cada vez mais, áreas da vida cotidiana. Isso ocorre porque as crianças que hoje têm 14 anos já nasceram cercadas por um ambiente multimídia, cuja assimilação faz parte de sua rotina, além do fato de estarem em sintonia com uma série de procedimentos necessários a sua utilização. As crianças têm utilizado a internet para brincar, para aprender e principalmente para se comunicar e formar relacionamentos, incluindo, nesse processo interativo, o desenvolvimento diferenciado de sua cognição, inteligência, raciocínio, criatividade e personalidade" (AMARAL, 2003, p.45-46).

Há um contraste entre o uso que os alunos estão fazendo da tecnologia e o desempenho das escolas, que muito lentamente avançam para incorporarem as novas linguagens.

Segundo Moran (2007), pela primeira vez na história percebe-se que a educação não acontece só durante um período determinado de tempo, maior ou menor, mas ao longo da vida, e em todos os espaços; esta percepção da urgência da aprendizagem de todos, em tempo integral, é nova. Caminha-se para a construção de uma sociedade que aprende de novas maneiras, por novos meios, com novos participantes e de forma contínua.

Neste contexto, entende-se que a presença das tecnologias desencadeia novas possibilidades de expressão e comunicação. A mais antiga forma de expressão é a linguagem oral, que exigia a presença e a proximidade entre os interlocutores; era através desta oralidade primária que se definia e delimitava o mundo a sua volta, criando-se também uma concepção particular de espaço e tempo.

O processo de audição e repetição era a melhor forma de codificação ao lado de cantos, danças, gestos e habilidades técnicas.

Ainda hoje, é a linguagem oral a nossa principal forma de comunicação e de troca de informação. A sociedade oral, de todos os tempos, aposta na memorização e na continuidade.

Com o surgimento da linguagem escrita se dá a autonomia da informação, ao contrário das sociedades orais, onde predomina a memorização como forma de aquisição de conhecimentos, na sociedade da escrita há necessidade de compreensão do que está sendo comunicado. A presença física é dispensada, e esta separação entre tempos e espaços de escrita e leitura gera versões e interpretações diferenciadas para o mesmo texto. A escrita como tecnologia auxiliar ao pensamento possibilita ao homem a exposição de suas ideias, deixando-o mais livre para ampliar sua capacidade de reflexão e apreensão da realidade.

A escrita trouxe uma nova situação, as palavras perdem seus poderes mágicos, mas revolucionou o processo comunicativo, pois possibilitou separar emissor e receptor da mensagem, já não mais inserido no mesmo espaço e tempo.

A linguagem digital se articula com as tecnologias eletrônicas de informação e comunicação, engloba aspectos da oralidade e da escrita em novos contextos e rompe com as narrativas circulares e repetidas da oralidade e com a forma contínua e sequencial da escrita. Apresenta-se como um fenômeno descontínuo, fragmentado e, ao mesmo tempo, dinâmico, aberto e veloz. Deixa de lado a estrutura linear e hierárquica da articulação dos conhecimentos e se abre para novas relações entre conteúdos, espaços e tempos.

Hoje as linguagens oral, escrita e digital convivem na sociedade e cultura. Também na escola, que se propõe formar sujeitos capazes de conhecer o mundo em suas múltiplas dimensões, deveriam estar presentes.

A linguagem digital resulta da integração da linguagem do vídeo analógico com a linguagem binária dos computadores, que possibilitou a convergência digital do vídeo, de gráficos e textos. Segundo definição de Amaral (2008, p. 23):

> "A linguagem digital interativa é a mescla da língua oral, musical, visual e escrita em um ambiente binário criado pelo computador, formando um híbrido de tais linguagens na plataforma digital, cuja intenção se dirige à vanguarda pelo produtor e sua relação com a intervenção com o usuário em relação ao conteúdo."

No mundo contemporâneo convive-se com uma variedade de linguagens, um fenômeno deveras impressionante e estimulante.

As novas tecnologias de informação e comunicação na educação atual correspondem ao quadro negro e o giz na educação clássica, trata-se de ferramentas pedagógicas instituídas com vistas a viabilizar os processos de ensino e aprendizagem.

Desde sempre, a educação utilizou tecnologias para realizar a mediação entre o sujeito que aprende e o conhecimento a ser aprendido.

Em cada contexto histórico, novas tecnologias se apresentam. No século XIX foi instituído o ensino por correspondência, que se colocava como um modelo inovador para gerir formas de ensino a distância. No século XX, por volta dos anos 60, se instaura o uso impresso agregado ao visual, aproximando do que faz com o computador. Já nos anos 70, o uso dos meios de comunicação, o rádio e a TV.

Nos anos 90, o uso de todas as tecnologias anteriores, somado às redes de computadores (banco de dados, e-mail, sites), CD-ROMs didáticos, avança para o uso de *chats* (ou sala de aulas virtuais de "bate-papo"), as *homepages* (ou páginas pessoais sobre variados temas que estão na internet), somado ainda aos jogos virtuais. E atualmente a lousa digital.

Lousa digital é o recurso tecnológico que utiliza um computador, um projetor e uma lousa digital interativa nos processos de ensino e aprendizagem desenvolvidos nas aulas.

Combina-se com a lousa digital o uso de um recurso informático (o computador), de um multimídia (o projetor e o som) e de um interativo (o quadro branco) para apresentações em uma tela de tamanho grande.

Na realidade é uma lousa branca que funciona com o suporte

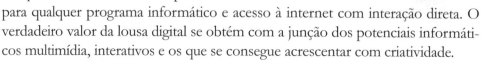

para qualquer programa informático e acesso à internet com interação direta. O verdadeiro valor da lousa digital se obtém com a junção dos potenciais informáticos multimídia, interativos e os que se consegue acrescentar com criatividade.

Os componentes da lousa digital, portanto, são: o computador, o projetor, o quadro branco (lousa), que se converte em um suporte da imagem e da interatividade. O som também é um elemento importante; existem alguns modelos já adaptados à lousa digital, colocados em ambos os lados da lousa branca com amplificação ideal.

Pode-se resumir o funcionamento da seguinte forma: o computador processa a informação e envia através de uma das saídas ao videoprojetor; o projetor recebe a informação digital e transforma em imagem, que projetará sobre o quadro branco. E o quadro branco reconhece os toques que se realizam sobre a superfície e envia ao computador (por cabo USB, *Bluetooth*) a informação, atuando como se fosse um *mouse*.

Competências e habilidades

Um conceito de competência que tem sido referência na área de educação, como já se afirmou, é o de Perrenoud (1999, p.7). O autor afirmou que uma competência é uma capacidade de agir eficazmente em um tipo de situação, capacidade que se apoia em conhecimentos, mas não se reduz a eles. As competências utilizam, integram e mobilizam conhecimentos para enfrentar um conjunto de situações complexas. Além disso, a competência implica também em uma capacitação para atualização dos saberes.

A competência em informação busca a capacidade de gerenciar informações e selecioná-las. Segundo Belluzzo (2006), essa competência é a capacidade de utilizar fontes de informação em seu próprio trabalho. E a competência midiática é a capacidade de usar as mídias, convergindo-as para o trabalho educativo. As mídias englobam todos os recursos que fazem conexão entre imagem, movimento e som. São essenciais no contexto em que vivemos e possibilitam um trabalho diferenciado e motivador para o ensino e a aprendizagem.

A competência em informação apresenta algumas concepções ou habilidades: digital, com ênfase na tecnologia da informação e da comunicação; informação propriamente dita, concepção com ênfase nos processos cognitivos; social, com ênfase na inclusão social, consistindo em uma visão de aprendizagem ao longo da vida.

Para Moran (2007), atualmente o sucesso pedagógico depende também da capacidade de expressar competência intelectual, de mostrar que se conhece de forma pessoal determinadas áreas do saber que precisam ser relacionadas com interesses dos alunos, podendo assim aproximar a teoria e a prática e a vivência da reflexão teórica. O autor também ressalta que uma nova competência precisa ser desenvolvida hoje: é a de saber conviver nos espaços virtuais,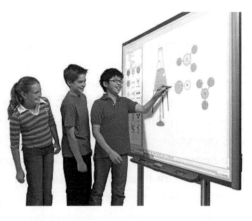
saber comportar-se na comunicação *online* nos diferentes espaços digitais, respeitar a diversidade, comentar com equilíbrio opiniões diferentes ao divulgar informações sobre terceiros.

Interatividade

A interatividade é a nova função que garante a comunicação entre computadores ligados em rede. A interatividade digital ocorre graças a esta ligação por meio de um novo tipo de equipamento, o modem. A linguagem dos computadores, a informática agrega-se à telecomunicação e dá origem a uma nova área de conhecimento e de ação, a telemática, que estuda e desenvolve projetos para o avanço cada vez maior das possibilidades de interação comunicativa entre pessoas e o acesso à informação via redes digitais (KENSKI, 2007).

A lousa digital potencializa a realização de atividades mais interativas, em que os alunos podem acompanhar todas as ações que o professor realiza no quadro, como abrir interfaces gráficas, desenhar, escrever ou destacar palavras.

Os alunos que chegam hoje na escola não aceitam mais as velhas aulas expositivas, "monomídia", pouco interativas e pobres de estímulos. Esperam da escola o mesmo grau de envolvimento das mídias com as quais convivem fora dela.

Em uma perspectiva abrangente, pode-se afirmar que a tecnologia da informação e comunicação permeia todos os processos inerentes à condição humana. Atualmente, pensar a comunicação é refletir a respeito da explosão dos meios tecnológicos, que há mais de um século vêm contribuindo para forjar uma sociedade de comunicação midiatizada. Será que a revolução desencadeada pelas novas tecnologias exerce maior capacidade de encantamento do que o jornal, a fotografia, o cinema, o rádio ou a televisão exerceu nas respectivas épocas em que passaram a fazer parte da cultura? Cada meio, em seu tempo e com suas características, alterou formas de percepção do mundo, características culturais, econômicas, políticas, enfim, alterou as formas de vida.

Como seria nos dias atuais se não houvesse internet? Ressalte seus aspectos positivos e negativos. É possível que o trabalho do professor seja inteiramente substituído pelos meios tecnológicos?

O avanço das novas tecnologias na área de educação e pesquisa, principalmente o uso da internet permite ao professor obtenção ágil de informação, além de maior controle sobre a apresentação de material, expectativas em relação ao curso, roteiros, programação de aulas, materiais complementares e critérios de avaliação.

Outro fator que está sendo intensificado pelas tecnologias de comunicação associadas à internet é a mudança de estilo, antes centrado no professor, para um ensino centrado no aluno. A interação entre professores e aluno é essencial para a aprendizagem ativa e colaborativa.

A rede internet é uma nova infraestrutura de aprendizagem, pois oferece todas as possibilidades, desde enciclopédias, dados, enfim, todas as informações de que necessitamos.

4. Case

A introdução da lousa digital no contexto da sala de aula lança diferentes interrogações: que benefícios são obtidos com esse recurso para o ensinar e aprender? Que tipo de lousa devo selecionar, visto que já temos diferentes opções? Que aspectos devo assegurar para ter êxito na iniciativa e que impacto vou ter na atuação do processo educativo?

Dulac e Aleonada (2008) asseguram que na prática é possível uma mudança, portanto, apresentamos as chaves metodológicas, pois desde que tenhamos à disposição uma lousa digital, devemos ter presente que é necessário preparar as sessões-aulas e adaptá-las à utilização do potencial informático, multimídia, interativo e criativo disponível aos professores e alunos.

- **Melhora o acesso da informação.** Apresentar a informação em uma tela sobre a qual podemos navegar na internet, realizar anotações e desenhos, apresentar imagens, documentos e vídeos para facilitar o processo de ensino e aprendizagem, supõe uma notável melhora no acesso e na apresentação da informação, além de possibilitar que se revejam as aulas anteriores, acompanhando a aprendizagem dos alunos, como também melhorar e modificar as aulas.
- **Maior motivação prévia.** A oportunidade de ter aula com a lousa digital predispõe de maneira favorável professor e aluno. É algo que as pesquisas evidenciam desde o início da utilização da ferramenta e que se mantém com o passar do tempo. Convém não frustrar as expectativas pela utilização da lousa. Uma unidade didática que inclua a interatividade com os alunos e que propicie a busca de informação e a criatividade aos alunos cumprirá os quesitos para predispor favoravelmente a aprendizagem.
- **Melhora a atenção.** Manter a atenção constante dos alunos é uma das chaves do êxito da aprendizagem. A flexibilidade que a lousa oferece deve ser aproveitada em duas dimensões: aumentar o grau de atenção

aos conteúdos multimídia e interativos que podem ser apresentados; aumentar as possibilidades de uma maior participação dos alunos nas atividades da aula.

- **Maior protagonismo do aluno.** A interação dos alunos com o professor, os colegas e os recursos da lousa digital aumenta e eleva a capacidade de ser protagonista em sua aprendizagem. Deve-se incentivar os alunos para que tomem uma posição muito mais ativa interagindo com os conteúdos para que possam adquirir sempre mais conhecimento. Uma apresentação inicial do professor deverá desencadear a intervenção dos alunos sobre o próprio conteúdo, modificando-o, buscando novas informações, criando novas formas de apresentá-lo; o professor é o mediador, o orientador, guiando e orientando a aprendizagem.
- **A interatividade para melhoria da aprendizagem.** O ver, escutar e fazer se complementam e favorecem uma melhoria da aprendizagem. Segundo dados de uma pesquisa de Ferrés (1996, apud AMARAL, 2008), o escutar, o ver e o fazer se complementam quando se deseja a melhoria da aprendizagem. De acordo com os dados em pesquisa, consegue-se aprender 20% do que se escuta, 30% do que se vê, 50% do que se escuta e vê e até 80% do que se escuta, vê e faz. Por isso o estímulo a todos os sentidos e a interatividade, além da criatividade na elaboração dos conteúdos, são indicadores de que se pode melhorar o ensino-aprendizagem.
- **A criatividade.** A criatividade é um valor da pedagogia. Os recursos disponíveis e de fácil utilização permitem a criatividade. Neste sentido, todo professor usuário da lousa digital cria seus próprios documentos e faz adaptações, não se esquecendo de incluir e potencializar a criatividade dos alunos em sua atitude metodológica. A criatividade é fator primordial para a melhoria da aprendizagem.
- **Trabalhos colaborativos.** Entre as amplas possibilidades oferecidas pela lousa digital, destaca-se o trabalho colaborativo, que pode ser mais eficaz, pois a organização e execução se desenvolvem mais facilmente ao dispor de uma informação comum, compartilhada, interativa e criativa. Os mapas conceituais são um exemplo de trabalho colaborativo.
- **Maior atenção à diversidade.** Os diferentes estilos de aprendizagem e suas diversas situações podem ser contempladas e atendidas com a utilização da lousa digital. Os conteúdos comuns, com aplicação de variações, atendem a melhor diversidade. Conteúdos que apresentem prioridades auditivas, visuais ou táteis com a lousa podem ser adequados e realçados.

Ferramentas Emergentes

- **Melhoria da autoestima.** A motivação e a autoestima dos professores e alunos usuários da lousa são reforçadas quando se utiliza uma motivação positiva, propiciando um uso criativo. Os trabalhos apresentados com o recurso da lousa digital também estimulam o poder comunicativo do aluno.
- **Aula adaptativa.** Denominamos aula adaptativa aquela capaz de dar resposta às demandas que são geradas. No âmbito tecnológico, deve-se integrar os melhores avanços nas atividades pedagógicas para a melhoria do ensino e da aprendizagem. O professor deve dispor de uma formação adequada e deve ter acesso aos recursos e ferramentas que o auxiliem de forma mais eficaz.

O impacto da tecnologia de informação e comunicação é inevitável, exigindo crescente envolvimento, preparação, formação inicial e continuada, pois os novos meios oferecem novos formatos de aprendizagem, que requerem uma nova formação didático-tecnológica do professor.

Neste caso, a ênfase no recurso da lousa digital deve ir além da formação e da utilização técnica. Assegurar os reconhecidos benefícios supõe, além da incorporação e utilização, que o professor seja acompanhado, capacitado e conheça os materiais educativos que possam auxiliá-lo na elaboração das aulas. Esse recurso deve possibilitar o desenvolvimento do conhecimento compartilhado, o que implica uma formação mais apurada do professor, abrangendo não apenas competências técnicas, mas um repertório de recursos compostos por conhecimentos, capacidades cognitivas, capacidades relacionais e afetivas. Os alunos, em sua grande maioria, vivenciam uma realidade dinâmica, isto em decorrência do contato diário e amplo com a linguagem televisiva e digital.

Paradoxalmente, o mercado também possui essas mesmas características, e a escola não pode estar alheia à sociedade em que está inserida, sob pena de não cumprir seu papel. Atualmente, as tecnologias são mais que ferramentas, são elas que estruturam as novas formas de poder e saber, mas também de pensar.

Deve-se ressaltar que as mudanças ocorridas no cenário educacional vêm requerendo a reestruturação do processo de ensino e aprendizagem na sua forma didático-pedagógica, uma vez que há uma dinâmica contemporânea, fundada em novos conceitos de educação, de competências e habilidades e, consequentemente, de formação profissional.

A forte presença das linguagens audiovisuais interativas, no cotidiano de crianças dos diferentes segmentos sociais, torna premente, aos pesquisadores e professores, a necessidade de encontrar instrumentos passíveis de desenvolver competências e habilidades não somente para interagirem, mas para uma leitura crítica. A escola deveria ser lugar privilegiado para promover, construir e produzir conhecimentos significativos.

Portanto, é necessário incorporar à formação do professor elementos que possibilitem fazer uma releitura do mundo atual, reconhecendo as mudanças ocorridas em todos os setores. Nesse contexto, a inserção de uma ferramenta como a lousa digital interativa, como instrumento de motivação na escola, possibilitará práticas educativas dinâmicas e envolventes, ressaltando a linguagem audiovisual e a interatividade. Isso pode acontecer estimulando o espírito pesquisador dos alunos, propondo desafios, encorajando associações e analogias, elaborando novas questões, quebrando os limites do conhecimento; valorizando as diferentes perspectivas das ideias e dos conteúdos apresentados e, acima de tudo, valorizando a prática do aprender a pensar, do saber fazer, do saber conhecer e do saber conviver, vistos como processos fundantes de competência humana e de habilidades profissionais. Enfim, uma relação que articule teoria e prática, como momentos entrelaçados, construindo uma práxis transformadora.

Neste contexto, você consegue identificar diferenças essenciais entre as tecnologias tradicionais (rádio, TV) e as novas tecnologias, ou as segundas são apenas uma continuidade das primeiras?

Como será a escola do futuro?

5. Conclusão

O panorama aqui delineado sobre a temática das competências e habilidades evidencia a necessidade de preparar os professores para o uso da linguagem digital, pois, desde muito cedo, o consumo pelos alunos das tecnologias de comunicação, em especial da internet e da televisão, invade seu o imaginário. A constatação é de que as gerações mais jovens já estão se apropriando, sem nenhum medo, dessas linguagens, e o professor nem sempre incorpora no seu ambiente educativo o estudo e a apropriação delas. Portanto, o grande desafio é capacitar os profissionais para entenderem e utilizarem as novas linguagens dos meios de comunicação eletrônicos e das tecnologias que, cada vez mais, se tornam parte ativa da construção das estruturas de pensamento dos alunos. A lousa digital pode ser a "ponte" a auxiliar o professor e o aluno a aprenderem, fazendo uso do processo dialético de aprender. Ao fazer essas considerações, não defendemos, no entanto, o uso da lousa digital como recurso pedagógico que dará respostas e soluções aos inúmeros problemas do processo de ensino e aprendizagem. Este pode ser um instrumento potencializador para a construção do conhecimento, do desenvolvimento e da ampliação de competências e habilidades. Não se pode é trátá-lo como mais um recurso pedagógico-tecnológico para a reprodução do *status quo*. Sua difusão terá êxito se possibilitar um fazer pedagógico de qualidade, tendo os alunos como os destinatários finais da aprendizagem e evidentemente com a adesão e preparação dos professores. Assim, a lousa digital permitirá a interação, incorporando e hibridizando os saberes das mais diferentes áreas do conhecimento.

Além de ser uma ferramenta interativa, a lousa digital permite criar uma situação inovadora, com a participação dos estudantes no processo de ensino e aprendizagem, intervindo efetivamente no conteúdo.

6. Questões para reflexão

Após esta contextualização e em meio a essas novas realidades e novos desafios evidenciados pelo uso das tecnologias da informação e comunicação, o processo de ensinar e aprender necessita ser (re)pensado, ou melhor, examinado, pois a realidade cada vez mais exige respostas a perguntas desafiadoras tais como: quem é o centro do processo ensino-aprendizagem: o conhecimento, o aluno ou as tecnologias? Qual seria a função da escola nesta sociedade? Qual o papel a ser desempenhado pelos professores? De que tipo de formação e competências os professores precisam para atuar nesses novos espaços educacionais?

7. Tópico para discussão

A indissociabilidade entre educação e novas tecnologias é inevitável. Pesquisas já revelaram que a tecnologia não é a solução, mas que as novas tecnologias digitais, juntamente com o uso intenso da internet, com computadores ligados em rede, influenciam as relações, o pensar, o sentir, o agir e consequentemente o modo de aprender. As tecnologias também já atingiram a escola? Como você tem sido atingido(a) por esse processo em sua formação acadêmica? Na sala de aula, na relação professor-aluno, como tem se dado esse processo? É possível diagnosticar mudanças nesse sentido?

Apontaremos páginas web sobre educação e portais representativos para localizar recursos educativos. Destacamos:

- Centro de Informação e Comunicação Educativa (CNICE) do Ministério da Educação e Ciências, que dispõe de uma página de consulta recomendável para obter recursos, disponível em: **http://www.isftic. mepsyd.es/profesores/**.

Através do endereço **http://www.isftic.mepsyd.es/profesores/asignaturas/** se pode acessar uma catalogação de recursos por disciplina e níveis educativos.

- "Educared" **http://educarede.org.br/** é o endereço da Fundação Telefônica dedicada à Educação e às Tecnologias da Informação e Comunicação.

Outras páginas da Web podem ser consultadas, pois possuem inúmeros links de conteúdo educativos:

- **http://www.educateca.com**
- **http://www.educasites.net**
- **http://www.educaguia.com**

São recomendáveis também os bancos de sons, imagens e vídeos do CNICE, que estão disponíveis em: **http://bancoimagenes.isftic.mepsyd.es/**

As animações multimídia se integram perfeitamente ao uso docente da lousa digital. A apresentação na tela da lousa possibilita a interação e superposição de anotações, desenhos, gráficos e imagens, oferecendo um potencial ampliado ao da própria animação, disponível em:

- **http://www.elmundo.es/graficos/multimedia/index.html**
- **http://www.elpais.com/graficos/**

Outros recursos utilizando a internet estão se incorporando às aulas: as Web Quest, as Caças ao Tesouro, os Blogs, as Wikis. Todos têm características em comum: são fáceis de usar por professores e alunos, promovem a participação, a criatividade e o protagonismo do aluno, permitem integrar trabalhos colaborativos e podem ser editados sobre a lousa digital.

Referências

ASSMANN.H. **Reencantar a educação:** rumo à sociedade aprendente. Petrópolis, RJ: Vozes, 1998.

AMARAL, S. F. As novas tecnologias e as mudanças nos padrões de percepção da realidade. In: Silva, E. T. (Coord.). **A leitura nos oceanos da Internet:** publicidade, cinema e TV, rádio, jogos, informática. São Paulo: Cortez, 2003. p. 17-38.

AMARAL, S. F; GARCIA, F.G; MEDINA. A. R; (Orgs) **Aplicacaciones Educativas Y Nuevos Lenguajes de las TIC.** Campinas, São Paulo: Graf. FE, 2008.

BAUMGARTEN. M. **A era do conhecimento:** Matrix ou Agora? Porto Alegre/ Brasília: Ed. Universidade/UFRGS/Ed.UnB.2001.

BELLUZZO. R.C. B. **Construção de mapas:** desenvolvendo competências em informação e comunicação. Bauru: Autores Brasileiros, 2006.

_____. **A educação na sociedade do conhecimento.** 2005. Disponível em: http://www.serprofessoruniversitario.pro.br/ler. php?modulo=10&texto=501>.Acesso em: 8 mar. 2007.

COSCARELLI, C. V. (Org.). **Novas tecnologias, novos textos, novas formas de pensar.** Belo Horizonte: Autêntica, 2006.

DULAC, J.; ALEONADA, C. Innovación educativa y el uso de las tecnologías Pizzarra digital interactiva. In: AMARAL, S. F; GARCIA, F.G; MEDINA. A. R; (Orgs) **Aplicacaciones Educativas Y Nuevos Lenguajes de las TIC.** Campinas. São Paulo, Graf. FE, 2008.

ENGUITA. M.F. **Educar em tempos de incerteza.** Porto Alegre: Artmed, 2004.

FERRETI I. et al. **Novas tecnologias, trabalho e educação:** um debate multidisciplinar. Petrópolis: Rio de Janeiro: Vozes, 1994.

KENSKI. V.M. **Educação e tecnologias:** o novo rumo da informação. Campinas , São Paulo, Papirus, 2007.

KUENZER. A. Z. O que muda no cotidiano da sala de aula universitária com as mudanças no mundo do trabalho? In: CASTANHO, S.; CASTANHO, M. E. L. M. (Orgs) **Temas e textos em metodologia do ensino superior.** Campinas: Papirus, 2001. p.15-28.

_____. **Competência conhecimento e competências no trabalho e na escola.** Rio de janeiro. 2003 . Disponível em: <http://www.senac.br/ informativo/BTS/282/boltec282a.htm>. Acesso em 15 mar. 2007.

MACEDO. L. **Ensaios Pedagógicos** como construir uma escola para todos? Porto Alegre: Artmed, 2005.

MORAN. J. M. **A educação que desejamos:** novos desafios e como chegar lá. Campinas: São Paulo. Papirus, 2007.

MORIN, E. **Os sete saberes necessários à educação do futuro.** 2. ed. São Paulo: Cortez, 2001.

PERRENOUD. P. **Construir competências desde a escola.** Porto Alegre: Artmed, 1999.

_____.10 novas competências para ensinar. Porto Alegre: Artmed, 2000.

PERRENOUD. P. THURLER. M. G. et al . **As competências para ensinar no século XXI:** a formação dos professores e o desafio da avaliação. Porto Alegre: Artmed, 2002.

RIOS, T. A. **Ética e competência.** 10 ed. São Paulo: Cortez, 2001.

TEDESCO, J. C .**O novo pacto educativo:** educação, competitividade e cidadania na sociedade moderna. São Paulo: Ática, 2001.

Artigo 10

Realidade Virtual na Educação

Denise Fukumi Tsunoda

Sumário

Resumo...197
Palavras-chave...198
1. Introdução..198
2. Fundamentação teórica..199
    2.1. Visualização tridimensional..199
    2.2. Realidade virtual..201
    2.3. Realidade virtual e educação...204
3. Encaminhamento metodológico...207
4. Cases...209
    4.1. Second Life e educação...209
    4.2. Gruta digital e educação..211
5. Conclusão..214
6. Questões para reflexão..214
7. Tópicos para discussão..215
Referências..215

Resumo

A utilização de sistemas de realidade virtual como ferramenta auxiliar no ensino é o objeto de estudo deste capítulo. Desde a apresentação de aspectos de visualização tridimensional e das tecnologias de realidade virtual, o capítulo aborda estudos de casos encontrados na literatura, sugestão de encaminhamento metodológico para a concepção de ambientes de realidade virtual até algumas questões para reflexão no que concerne ao uso de tecnologias em ambientes educacionais. Finalmente constata-se que a realidade virtual reúne características que a tornam uma ferramenta adequada para a simulação de situações e criação de cenários que atendem múltiplas situações e contextos de pesquisa e aprendizagem.

A Escola no Século XXI

Palavras-chave

Realidade virtual, tecnologia, educação.

1. Introdução

A realidade virtual apareceu nos simuladores de voo da Força Aérea dos Estados Unidos, construídos logo após a 2ª Guerra Mundial. Na sequência, passou a ser utilizado pela indústria de entretenimento. No ano de 1962, Morton Heilig patenteou o Sensorama (uma espécie de cabine que utilizava um dispositivo para visão estereoscópica – que permitia ao usuário expor-se a uma combinação de visão tridimensional, som estéreo, sensações táteis, visor de realidade virtual mecânico, vibrações mecânicas, aromas e ar movimentado por ventiladores, tudo isto para que o usuário pudesse vivenciar uma "viagem" multissensorial). A partir deste invento, surgiram as outras aplicações: entretenimento – jogos e viagens virtuais; saúde – cirurgias à distância e reabilitação; negócios – maquetes virtuais, edificações (exteriores e interiores); treinamento – simuladores espaciais, aulas de direção, etc. Na área de educação, diversos centros de pesquisa estão realizando estudos como, por exemplo, o projeto REVIR[14] da Universidade de São Carlos, o grupo de pesquisa em Realidade Virtual[15] da UFRGS e o Núcleo de Realidade Virtual[16] na USP.

A tecnologia de RV permitiu que o homem, antes mero observador, passasse a sujeito atuante, capaz de explorar, interferir e modificar os elementos de um ambiente virtual os quais, em condições reais, seriam inacessíveis como, por exemplo, a experiência de voar de asa delta pelo Rio de Janeiro[17].

Com as inúmeras ferramentas disponíveis aos discentes com apelo significativo tais como: Orkut™, Twitter™, Facebook™, YouTube™, MSN™, etc, é necessário que as ferramentas utilizadas nas disciplinas sejam modernas e despertem o interesse dos discentes. Assim sendo, este capítulo apresenta algumas das potencialidades de uso de ambientes 3D, especialmente com o uso de RV como suporte à educação.

---

14. **PROJETO REVIR**. Disponível em: <http://www2.dc.ufscar.br/~grv/revir/index.html>. Acesso em 17 mar. 2009.

15. **GRUPO DE PESQUISA EM REALIDADE VIRTUAL**. Disponível em: <http://www.pgie.ufrgs.br/siterv/index.html>. Acesso em 17 mar. 2009.

16. **NÚCLEO DE REALIDADE VIRTUAL**. Disponível em: <http://www.lsi.usp.br/interativos/nrv/nrv.html>. Acesso em 17 mar. 2009.

17. **ASA DELTA**. Disponível em: < http://www.lsi.usp.br/interativos/nrv/hangGlidingRJ.html>. Acesso em 17 mar. 2009.

Inicialmente, uma breve introdução às aplicações de realidade virtual e realidade aumentada na educação é apresentada. Na sequência, a conceituação teórica e alguns estudos de casos coletados da literatura e vinculados ao tema. Finalmente, sugestão de encaminhamento metodológico para a criação de ambientes de realidade virtual e algumas questões para reflexão relacionadas ao uso de tecnologias em ambientes educacionais.

2. Fundamentação teórica

Advindas da atual conjuntura de mudanças, "novas" estratégias surgem em todos os campos do conhecimento. Exemplos dessa realidade são as novas tecnologias utilizadas na educação, sejam os ambientes virtuais de aprendizagem (AVAs) ou as lousas inteligentes (também chamadas digitais ou ainda interativas). Esta seção apresenta a conceituação básica sobre técnicas de visualização tridimensional, realidade virtual, ambientes virtuais de aprendizagem 3D, dentre outros. Caso você já tenha domínio destes itens, é aconselhável que siga para a seção 6.

2.1. Visualização tridimensional

A visualização tridimensional, também chamada visualização 3D, tem sido amplamente utilizada em diversas áreas: medicina, indústrias cinematográficas, sistemas de fotogrametria, geoprocessamento, simuladores (aviões, naves, motocicletas, carros, etc), ambientes de educação a distância, dentre outros.

O ser humano é capaz de reconhecer inúmeras cores, identificar objetos distantes vários metros e responder de forma mecânica a um único fóton. Entretanto, quem realmente "vê" é o cérebro humano. Desta forma, para que seja possível entender o funcionamento da visão, é necessário saber como os olhos geram os sinais que serão processados pelos centros visuais do cérebro, onde as imagens serão reconhecidas.

O globo ocular está localizado em uma cavidade óssea (órbita), possui aproximadamente vinte e cinco milímetros de diâmetro e apresenta como proteção as sobrancelhas, os cílios e as pálpebras. Estes elementos em conjunto impedem que partículas (ex.: poeiras) entrem no olho. A superfície do globo é constantemente lubrificada pela lágrima, secretada pelas glândulas lacrimais e drenada para a cavidade nasal pelo orifício existente no canto interno da pálpebra. As pálpebras têm a função de proteção e de lubrificação dos olhos, uma vez que fazem a distribuição da lágrima sob a superfície do olho.

O globo ocular tem como funções a captura (pela córnea) dos raios luminosos refletidos pelos diversos elementos a nossa volta; na sequência, estes raios chegam à íris, componente que regula (pela pupila) a quantidade de entrada de luz. Em seguida atingem o cristalino, uma espécie de lente biconvexa coberta por uma membrana transparente que é responsável pela convergência dos raios na retina, de onde são enviados impulsos para o cérebro pelo nervo ótico para a formação da imagem.

Segundo o site HowStuffWorks (SPECK, 2009),

> "o posicionamento dos nossos olhos permite que cada olho tenha uma visão da mesma área de um ângulo ligeiramente diferente. Você pode verificar isto ao focalizar um objeto distante e observá-lo através de cada olho alternadamente: perceberá como algumas coisas parecem mudar ligeiramente de posição. O cérebro capta a informação de cada olho e une essas informações em uma só imagem, interpretando as ligeiras diferenças entre cada imagem como **profundidade**. Isto produz uma imagem tridimensional: com altura, largura e profundidade."

Ainda no mesmo site, encontra-se disponível a figura 1, que ilustra o funcionamento do cérebro para a formação de imagens estereoscópicas. Observe que as imagens do olho esquerdo e do direito são diferentes, mas combinam para a formação da imagem 3D.

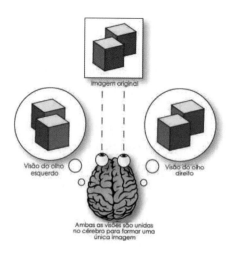

Figura 1 – Formação de imagens no cérebro
Fonte: Speck (2009).

É pela característica da profundidade que se estabelecem as distâncias em relação ao nosso corpo e aos demais objetos ao nosso entorno. Adquirimos ainda a habilidade de "perceber" quando objetos estão em aproximação rápida ou lenta, por exemplo. Algumas atividades simples seriam complexas sem a visão estereoscópica, como por exemplo: passar um fio por um buraco de agulha, estacionar o carro, jogar tênis, andar de bicicleta, caminhar, etc.

2.2. Realidade virtual

O termo realidade virtual é creditado a Jaron Lanier, que nos anos 80 sentiu a necessidade de um termo para diferenciar as simulações tradicionais por computação dos mundos digitais que ele tencionava criar.

O primeiro sistema de RV a entrar em funcionamento foi criado pelos engenheiros da NASA, em 1985, e era constituído por um HMD (*Head Mounted Device*) e por uma luva. Segundo alguns autores, até 1993 a RV foi pesquisada somente com interesses militares, mas, desde então, diversos institutos passaram a pesquisar aplicações civis tais como cinema, aeronáutica, química, educação, etc.

A realidade virtual permite a simulação de situações reais em um computador, podendo levar ao usuário a sensação de "estar em outro lugar". Um sistema de realidade virtual envolve estudos em diversas áreas do conhecimento relacionados a fatores humanos, tais como percepção e interface com usuário, e a fatores tecnológicos como *hardware* e *software*. Segundo o professor Claudio Kirner (2002), a criação de aplicações que utilizem realidade virtual requer conhecimento sobre: dispositivos não convencionais de entrada/saída, computadores de alto desempenho com capacidade gráfica compatível com os principais sistemas de RV no mercado, sistemas paralelos e distribuídos, modelagem geométrica tridimensional, simulação em tempo real, navegação, detecção de colisão, avaliação da utilização da tecnologia, impacto social, projeto de interfaces e aplicações em diversas áreas.

A utilização da realidade virtual tem aumentado consideravelmente nos últimos anos, principalmente devido à redução de custo de seus equipamentos. Com o avanço tecnológico e o crescimento da indústria de computadores e entretenimento, a viabilidade de seu uso deixou de ser privilégio de grandes empresas e instituições de pesquisa. A popularização de equipamentos de entretenimento como o Wii da Nintendo, por exemplo, torna possível vislumbrar essa acessibilidade a empreendedores de pequeno porte. Esse dispositivo inclusive tem sido pesquisado para a reabilitação de pacientes na clínica de Fisioterapia da Universidade Cidade de São Paulo (VIGOR, 2008). Com a superação das restrições de acesso aos ambientes que utilizam RV, haverá finalmente o avanço desta tecnologia (TAKACS, 2008).

Os ambientes de RV, considerados ambientes gráficos tridimensionais que integram áudio, processamento em tempo real e interatividade, apresentam cinco fatores principais, os chamados 5*is*: imersivo, interativo, intuitivo, ilustrativo e intensivo.

As quatro ideias básicas reunidas em um ambiente de RV são:
a) imersão – além do fator visual, dispositivos ligados com os outros sentidos também são importantes para o sentimento de imersão: som, posicionamento automático da pessoa e dos movimentos da cabeça, controles reativos, dentre outros fatores;
b) interação – a ideia de interação está relacionada à capacidade da aplicação de detectar as entradas do usuário e modificar o mundo virtual e as ações sobre este (capacidade reativa). As pessoas ficam motivadas por uma simulação, na qual possam visualizar as cenas sendo alteradas em resposta aos seus comandos/estímulos. Esta é uma das características mais marcantes nos videogames, como o Wii, por exemplo;
c) presença – obtida através das sensações multissensoriais (COSTA, 2001);
d) envolvimento – a ideia de envolvimento, por sua vez, está ligada ao grau de motivação para o engajamento do usuário em executar determinada atividade. O envolvimento pode ser passivo – como ler um livro ou assistir televisão – ou ativo – ao participar de um jogo com algum parceiro. A RV apresenta potencial para os dois tipos de envolvimento quando, além de permitir a exploração, também propicia a interação do usuário com um mundo virtual dinâmico.

Fuchus *et al* (2001), citados por Barilli (2007), evidenciam que a finalidade da RV é permitir a ativação senso-motora do usuário dentro de um mundo virtual. Os autores propõem um círculo envolvendo percepção, cognição e ação em relação ao mundo virtual (Figura 2).

Quanto aos dispositivos de entrada envolvidos, Pimentel (1993), dividiu-os de entrada de dados em duas categorias: dispositivos de *interação* (permitem ao usuário a movimentação e manipulação de objetos no mundo virtual); e dispositivos de *trajetória* (monitoram partes do corpo do usuário, detectando os movimentos, para criar a sensação de presença no mundo virtual).

Segundo Espinheira Neto (2004), a escolha do dispositivo de interação mais adequado leva em conta não apenas a finalidade do sistema, mas também o *software* utilizado, pois a eficiência do sistema vai depender da capacidade do

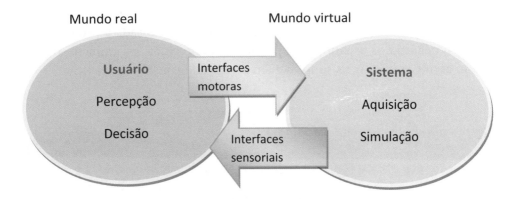

Figura 2 – Círculo de relacionamento percepção, cognição e ação em relação ao mundo virtual
Fonte: Adaptado de Barilli (2007).

software de aproveitar as características do dispositivo. Ainda segundo o autor, os dispositivos mais simples e baratos são os 2DOF, que agem diretamente, porém de forma mais simples no mundo virtual, tais como os mouses e *joystick*. Tem-se também, os sensores de entrada biológicos que processam atividades chamadas de indiretas, como comando de voz e sinais elétricos musculares. Diversos outros dispositivos estão sendo pesquisados e criados de forma a aprimorar a interatividade do usuário com o sistema. Alguns dos dispositivos utilizados em RV são: rastreadores, capacetes e óculos estereoscópicos, luvas e sistemas de áudio.

A figura 3 ilustra o funcionamento básico de um sistema de realidade virtual. Segundo Kirner (2002), nessa estrutura, o usuário é conectado ao computador através dos dispositivos multissensoriais. Cada modalidade sensorial requer uma simulação preparada especialmente para seu caso. Uma atuação unificada é necessária para coordenar as várias modalidades sensoriais e sincronizá-las. Finalmente, as informações devem ser difundidas pela rede (que pode ser local ou global) de forma a manter a consistência do ambiente simulado distribuído.

Quanto à classificação, a RV pode ser dita imersiva e não imersiva. A diferença está na utilização das tecnologias. Enquanto a primeira depende de dispositivos tais como luvas, HMDs, capacetes ou salas de projeção, a não imersiva é baseada no uso de monitores e, eventualmente, alguns dispositivos específicos como joysticks e mouses 3D.

A RV imersiva oferece maiores potencialidades de interação mas, dependendo dos objetivos e possibilidades, a RV não imersiva pode ser uma excelente opção, uma vez que apresenta aspectos que facilitam sua viabilidade tanto do ponto de vista de desenvolvedores (normalmente é dispensada a programação avançada) quanto dos usuários (que podem "experimentar" os ambientes virtuais com configurações mais simples e em diversos lugares).

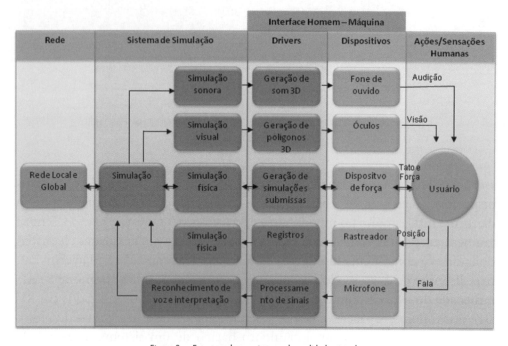

Figura 3 – Estrutura de um sistema de realidade virtual
Fonte: Adaptado de Kirner (2002).

2.3. Realidade virtual e educação

Segundo Pinho e Kirner (2001), são várias as vantagens proporcionadas pela realidade virtual na educação, dentre estas, destacam-se:

- possibilitar maior motivação dos estudantes, pois apresenta novas formas de visualização dos conteúdos de aprendizagem;
- o poder de ilustração da realidade virtual para alguns processos e objetos é muito maior do que outras mídias;
- promover uma análise da realidade visualizada sob diferentes ângulos;
- permitir a visualização e exploração de lugares inexistentes ou de difícil acesso;

- extrapolar o limite de aprendizagem, normalmente restrito ao período regular de aula, possibilitando a realização de atividades educacionais em outros locais e horários ou através da internet;
- oferecer muitas possibilidades para estudantes portadores de deficiências que não conseguiriam realizar determinadas atividades da forma convencional;
- promover a aprendizagem cooperativa, no momento em que os ambientes virtuais podem ser concebidos de forma a estimular a aprendizagem compartilhada;
- permitir que haja interação estimulando a participação ativa do estudante.

Segundo Braga (2001),

> "as novas tecnologias permitem a interatividade, a participação, a intervenção, a bidirecionalidade e a multidisciplinaridade. Ampliam a sensorialidade e rompem com a linearidade e também com a separação emissor/receptor. É importante estarmos atentos para essa nova tendência, para esse novo receptor e suas necessidades, pois assim poderemos moldar a educação de forma substancial nesse novo modelo do processo ensino-aprendizagem e fazer da sala de aula um espaço diversificado e não de uniformidade, de rotina. A criação de um ambiente artificial para aprendizagem seria uma forma apropriada para aquisição do conhecimento. A artificialidade ajuda na concentração do conteúdo a ser ensinado; as relações com o exterior conferem veracidade às propostas e geram possibilidades de troca" (BRAGA, 2001).

Prates, Souza e Barbosa (2003) afirmam que, do ponto de vista do usuário, a qualidade de um sistema computacional refere-se muito mais à interface, englobando padrão gráfico, navegação e interação, do que seus métodos, algoritmos, arquitetura ou modelos de dados. As autoras colocam sete tipos de problemas advindos da baixa qualidade de uso de interfaces, que podem ser minimizados com a utilização da RV:

a) requerem treinamento excessivo;
b) desmotivam a exploração;
c) geram confusões e desorientações;
d) induzem os usuários ao erro;
e) geram insatisfação;
f) diminuem a produtividade;
g) não trazem o retorno de investimento previsto.

Costa e Carvalho (2001) afirmam que a RV pode ser considerada a interface mais natural e poderosa no que concerne à interface homem-computador (IHC), devido às suas potencialidades de interação multissensorial. Isso significa dizer que, nesta tecnologia, o ambiente virtual gerado pelo computador é capaz de prover ao usuário a viabilidade de interação com a utilização de quase todos os sentidos (visão, audição e tato). Além disso, uma vez que tanto a manipulação dos objetos quanto a movimentação no ambiente acontecem em tempo real, os autores afirmam que a grande vantagem dessa interface está no fato de que as experiências vividas no mundo físico podem ser transferidas de forma intuitiva para o mundo virtual.

A interface pode ser entendida como a parte do sistema com a qual o usuário mantém contato passivo ou ativo, seja com *hardware* (mouses, teclados, monitores, etc), seja dispositivo específico (luva, capacete, etc) ou ainda *software* (sistemas operacionais, editores de textos, ambientes virtuais de aprendizagem, etc).

Barilli (2007) explica que a IHC, em essência, não tem como objetivo principal o estudo da computação ou do homem e sim a comunicação entre eles, ou seja, assuntos como limitações humanas e psicológicas devem ser abordadas em propostas educativas, de forma a contribuir para a aprendizagem pela oferta de meios atualizados e eficazes de mediação aluno-conteúdo.

A autora ainda afirma que:

> "Uma característica desta tecnologia que interessa à Educação é o fato de adequar-se a diferentes formas de aprender, ou seja, cada estilo cognitivo. Para cada estilo, pode-se usar a Realidade Virtual de uma forma diferente. Para pessoas com problemas no entendimento de equações, teorias e princípios, a RV pode ser usada para materializar estas informações. Para aqueles que são visuais e não verbais e preferem gráficos, imagens a explicações e fórmulas, a Realidade Virtual novamente é útil, principalmente em função de seu aspecto altamente visual. Já para pessoas que preferem aprender pela exploração em vez da dedução, a Realidade Virtual pode permitir a análise detalhada muitas vezes impossível por outros meios. Finalmente para aqueles que aprendem melhor de forma ativa, interagindo com o ambiente, ao invés de um aprendizado reflexivo, ponderado e introspectivo, a Realidade Virtual pode criar ambientes altamente interativos, permitindo a manipulação direta com um ambiente que responda às ações do usuário."

Trindade e Fiolhais (2004) justificam a utilização da realidade virtual em processos educacionais, conforme segue:

> "Na área educativa, a riqueza das sensações táteis é frequentemente negligenciada, voluntária ou involuntariamente. Por vezes criam-se imagens mentais incorretas pela ausência e impossibilidade de sentir o objeto real.
> Na experimentação científica, a manipulação de objetos é fundamental. Sem ela, os alunos dificilmente compreendem o significado e o alcance de uma experiência ou os conceitos que lhe estão subjacentes. Mas, como a manipulação de certos objetos é difícil, perigosa ou dispendiosa, eles poderão ser substituídos por objetos virtuais.

Complementa ainda afirmando que:

> "A Realidade Virtual facilita a formação de modelos conceituais corretos e a aprendizagem. O aluno pode experimentar novas vivências em ambientes que resultam de cálculos complexos que o computador efetua. Por exemplo, a aproximação e o afastamento a um corpo podem ser feitos de forma mais arbitrária num ambiente virtual. Assim, quando nos aproximamos de um objeto, podemos gradualmente aperceber dos seus detalhes, até "visualizar" a sua estrutura atômica, podendo mesmo "entrar" em um átomo, interferir com a distribuição dos seus elétrons, etc. Por outro lado, podemos gradualmente afastar-nos de um corpo, uma mesa, por exemplo, saindo da casa, da cidade, do país, da terra, do sistema solar."

3. Encaminhamento metodológico

Segundo Gnecco, Cabral e Moraes (2001), a utilização da realidade virtual em educação a distância é uma tendência e exigirá pessoal capacitado e recursos para o suporte da aprendizagem.

A figura 4, adaptada de Burdea e Coiffet (2003), ilustra os diversos aspectos que devem ser considerados na modelagem de mundos virtuais para que sejam definidas as características dos objetos, tais como: forma, aparência, comportamento, restrições e mapeamento dos dispositivos de entrada/saída.

Segundo o autor, a modelagem geométrica abrange a descrição da forma dos objetos virtuais através de polígonos, triângulos ou vértices, e sua aparência, usando textura, reflexão da superfície, cores, etc. A aparência dos objetos está relacionada principalmente com as características de reflexão da superfície e com sua textura. A textura aumenta o nível de detalhe e de realismo de cena.

Entretanto, a modelagem geométrica de um objeto não é suficiente para conseguir uma animação que permita um objeto ser "agarrado", movimentado, seu tamanho alterado, colisões serem detectadas, etc. A utilização de coordenadas locais dos objetos e de coordenadas gerais, juntamente com matrizes de transformação, permitirão a alteração das posições e as mudanças de escala em uma etapa chamada modelagem cinemática (ROBINNETT; HOLLOWAY, 1992).

Figura 4 — Modelo de desenvolvimento de sistemas de Realidade Virtual
Fonte: Kirner (2002).

Para a obtenção de realismo nos mundos virtuais, os objetos virtuais precisam adotar comportamentos realistas. Por exemplo: as deformações dos objetos devem corresponder à realidade quando esses são comprimidos ou esticados, ou, ainda, dois ou mais objetos sólidos não podem ocupar o mesmo lugar no espaço sem que exista a colisão. A etapa responsável pela especificação de massas, pesos, texturas, deformações, etc. recebe o nome de modelagem física. Segundo Kirner (2002), a simulação mecânica do mundo virtual, para simular de maneira fiel a realidade, deverá ser executada de maneira confiável, contínua, automática e em tempo real.

As supracitadas modelagens limitaram-se às propriedades cinemáticas e físicas dos objetos, visando uma resposta realista às ações do usuário. Segundo o autor, para que o mundo virtual seja realista, é necessário modelar o comportamento de objetos independentes do usuário, como relógio, calendário, termômetro e outros agentes inteligentes independentes, acessando quando necessários alguns sensores externos.

Observa-se, no entanto, que a modelagem geométrica e física de mundos virtuais com muitos objetos e detalhamentos pode resultar em um modelo complexo e caro de ser mostrado. Segundo Kirner (2002), o problema da complexidade pode ser contornado por segmentação do mundo, que se baseia na divisão do mundo geral em mundos menores, de forma que somente os objetos do mundo menor sejam mostrados. É o caso de um edifício ou uma casa com diversas salas, onde cada sala é um mundo menor. Embora o mundo geral / completo seja complexo, a visão do usuário será simplificada.

Suzuki *et al* (2005), após a realização de diversos experimentos, concluem que ainda não existe uma proposta de metodologia de projeto/desenvolvimento para RV consolidada e que "os aspectos como estudo de viabilidade, criatividade, consistência, usabilidade e otimização precisam ser explicitamente considerados e localizados numa proposta que venha a ser útil para a RV". Complementam afirmando que "se há uma falta de metodologias voltadas para aplicações em RV como um todo, pode-se imaginar quão difícil não seria encontrar uma metodologia que fosse específica para o processo de ensino-aprendizagem".

4. Cases

Nesta seção estão apresentados os resumos de alguns estudos de casos disponíveis na literatura.

4.1. Second Life e educação

O *Second Life* (SL) é uma plataforma de desenvolvimento de ambientes virtuais criada em 2002 pela Linden Labs. Nestes ambientes os usuários criam avatares, interagem com outros avatares, constroem quaisquer objetos, trocam e compram as criações, assim como podem comprar terrenos virtuais. Fundamentalmente, é a imagem da web 2.0, por definição um ambiente colaborativo, um ambiente que vive da presença e da criatividade dos usuários, ou seja, fornece todas as ferramentas necessárias para que cada um dos participantes possa criar um pedaço desse mundo. Tudo o que podemos ver no interior do *Second Life* é criado pelos seus usuários, evitando-se qualquer orientação ou direcionamento. A única linha orientadora deste universo acaba por ser a constante tentativa de simulação do mundo real, por meio dos monumentos, dos personagens, suas roupas e características físicas, assim como hábitos e comportamentos das comunidades no SL.

O SL pode ser definido como um ambiente virtual e tridimensional que simula a vida real (incluindo aspectos sociais) do ser humano. Neste universo "paralelo" o indivíduo "prolonga" a sua vida real pela expansão da rede de convívio em um ambiente virtual com uma personalidade idealizada não necessariamente real.

Barilli (2007) apresenta a figura 5, que ilustra algumas das funcionalidades do SL, como encontros com amigos e professores, discussões de temas em geral e interação com informações disponíveis.

Figura 5 – Ambientes SL para educação
Fonte: Barilli (2007).

Zagalo e Pereira, no capítulo Ambientes Virtuais e Second Life do Manual de Ferramentas Web 2.0 para docentes (CARVALHO, 2008), citam que:

> "A valorização da parte educativa parece ser um dos objetivos da própria Linden Lab, como se pode verificar através da criação do Teen Second Life, proporcionando um ambiente liberto de adultos, já que o acesso está reservado aos jovens dos 13 aos 17. Outro aspecto que comprova essa ideia é o website "Second Life Education Wiki", o recurso oficial do Linden Lab para os educadores no SL, que disponibiliza informação ou ligações para outros websites com recursos para os docentes, planos de aulas, exemplos de boas práticas, localização de espaços educativos dentro do SL, entre outros recursos relevantes" (ZAGALHO e PEREIRA, 2008, p. 6).

Travassos (2007), em uma matéria para o Jornal O Comércio (30/08/2007), escreve:

> "Imagine assistir a uma aula de graduação na frente do seu computador representado por um avatar da plataforma virtual Second Life. Imaginou? Então pode começar a achar que essa alternativa está se tornando bastante real – e cada vez mais próxima. Foi o que provou uma aula da disciplina de Gerenciamento empresarial, da Faculdade de Ciências da Administração (FCAP) da Universidade de Pernambuco (UPE). No último dia 20, uma aula da graduação foi realizada online, com os alunos e professores representados por personagens em 3D."

Nesta mesma matéria, o professor Otto Farias, professor da disciplina e responsável pelo encontro pela internet, comenta que:

> "A aula reuniu 22 alunos que cursam o 9º período de administração. "Discutimos um caso sobre a relação entre a motivação e a excelência de serviços", contou o organizador. Ele diz que preferiu a aula online para os alunos perceberem algumas dificuldades: "Para usar o Second Life, é necessário um conhecimento mínimo em inglês e informática. Além do conteúdo normal, quero mostrar na prática como essas duas ferramentas são importantes no mundo atual", explica Farias. Com camisas da universidade, os estudantes se reuniram na Ilha Recife, em uma sala especialmente preparada para a ocasião. O idealizador do encontro aponta outras vantagens da experiência. "Estamos negociando a participação de um professor de uma universidade do Rio Grande do Sul e outro de uma instituição de Cascais, em Portugal" (TRAVASSOS, 2007).

O professor finaliza: "Se não fosse pelo *Second Life*, isso dificilmente aconteceria". O *Second Life* tem a estrutura para o fortalecimento de práticas educativas e de processos comunicacionais que solidifiquem o diálogo e a cooperação em grupo para uso pedagógico. Juntamente com essas discussões e questões levantadas, salienta-se a questão: como desenvolver um projeto pedagógico dentro de um ambiente virtual de aprendizagem, como o SL, ressaltando suas possibilidades, diante de contextos sociais como o analfabetismo e a exclusão digital e o alto custo das tecnologias.

4.2. Gruta digital e educação

A rápida expansão da RV motivou alguns pesquisadores do Laboratório de Sistemas Integráveis (LSI) da Escola Politécnica da USP a construir um sistema denominado Caverna Digital (ZUFFO, 2001). A caverna é um sistema de alta resolução que permite interação do usuário em um mundo sintético (artificial) tridimensional completamente simulado por computadores. Nesta caverna, cinco telas formando um cubo projetam imagens estereoscópicas e utilizam interfaces que estimulam o som e o tato (ZUFFO, 2001). Entretanto, apesar das potencialidades de uso da Caverna Digital em diversas áreas do conhecimento, esta é pouco acessível às entidades educacionais uma vez que exige alto investimento. Esta dificuldade motivou a concepção da Gruta Digital, que é um espaço móvel concebido para permitir seu transporte até instituições de ensino interessadas em potencializar suas atividades educacionais.

A Gruta Digital possui tela de 5 metros de largura e 4 metros de altura para a projeção de imagens, amplificadores de áudio e óculos para visualização de imagens estereoscópicas. Para a utilização deste ambiente foram criadas aplicações de RV para atividades cotidianas nas escolas como, por exemplo, exploração do interior de uma célula ou ainda um passeio virtual pelo Rio de Janeiro (FICHEMAN, 2006). O autor menciona 3 aplicações, todas seguindo os Parâmetros Curriculares Nacionais:

a) passeio virtual sobre o Rio de Janeiro: voltado para o ensino de artes e meio ambiente (Figura 6);

Figura 6 – Passeio sobre o Rio de Janeiro
Fonte: Ficheman (2006).

b) planetário virtual: para o ensino de ciências naturais, no eixo "Terra e Universo" (Fig. 7);

Figura 7 – Planetário virtual
Fonte: Ficheman (2006).

c) visualização científica molecular: abordagem da genética no eixo "Ser Humano Saúde" (Figura 8).

Figura 8 – Visualização molecular
Fonte: Ficheman (2006).

Os autores concluem ainda:

> "A utilização da Realidade Virtual num contexto educativo pressupõe uma concepção de ensino diferente da tradicional e a criação de mundos virtuais coloca, à disposição de educadores e alunos, uma nova ferramenta, auxiliando a delinear um novo paradigma na área da comunicação educacional. Aproveitando este potencial que a Realidade Virtual pode trazer para a Educação, espera-se que a Gruta Digital possa proporcionar a expansão dos processos normais de aprendizado, onde a criança é encorajada a participar de um processo criativo e imaginário, explorando assuntos comumente trabalhados com métodos tradicionais na sala de aula" (FICHEMAN, 2006).

Finalmente, ressaltam que o projeto continua e que novas aplicações para a Gruta Digital estão em desenvolvimento, ideias tais como: passeio virtual pela cidade de São Paulo ou ainda passeio pelas obras da pintora Tarsila do Amaral.

5. Conclusão

A concepção de sistemas computacionais que solucionem diversos problemas do cotidiano exige a aquisição de equipamentos e programas adequados. Entretanto, sem o pessoal técnico capacitado a utilizar tais tecnologias, mesmos os equipamentos mais modernos serão inúteis. Em resumo, para que as tecnologias trabalhem a nosso favor, é necessário que estas sejam conhecidas, discutidas, testadas e documentadas de forma que todos os fatores envolvidos sejam conhecidos e então seja possível a sua utilização de forma consciente e otimizada.

Os ambientes virtuais de aprendizagem (AVAs) não devem ser vistos e restringidos a simples "reprodutores de mensagens". São ferramentas de atuação no processo de construção do conhecimento por meio das interfaces, linguagens (incluindo as iconográficas), as diversas possibilidades de diálogo (blogs, wikis, etc.), interatividade crescente e possibilidade de onipresença espacial.

A realidade virtual reúne características que a tornam uma ferramenta adequada para a simulação de situações e criação de cenários que atendem às múltiplas situações e contextos de pesquisa e aprendizagem. Os cenários podem ser concebidos de tal forma que a aprendizagem se dê por etapas. À medida que os discentes vão adquirindo maior contato com o conteúdo e com os equipamentos, os objetivos de aprendizagem vão paulatinamente sendo atendidos.

6. Questões para reflexão

Na sequência, são apresentadas algumas questões para reflexão sobre o conteúdo do capítulo:

a) Alguns autores afirmam que os participantes do Second Life utlizam seus avatares para "viverem o que há de melhor". Na sua opinião, o que isso significa? É possível que o ambiente virtual seja "melhor" do que o real? Justifique.

b) Alguns especialistas garantem que, apesar das diferenças entre as identidades reais e virtuais, o caráter é algo que não muda. Você concorda com esta afirmação? O que é caráter? Existe caráter no mundo virtual?

c) É possível separar as duas vidas (real e virtual)? Será que a vida não é formada pelo conjunto dos cenários reais e virtuais?

d) O que você pensa sobre a afirmação de que as pessoas utilizam as plataformas virtuais como uma terapia, uma fuga da vida real? Os terapeutas deveriam abrir em seus consultórios salas virtuais?

Ferramentas Emergentes

e) A utilização de sistemas de realidade virtual não seria prejudicial ao convívio social? Caso sua resposta seja sim, de que forma esses aspectos poderiam ser minimizados?

7. Tópicos para discussão

Visitem os sites listados para maiores informações sobre o assunto:

a) http://www.realidadevirtual.com.br/: site do professor doutor Claudio Kirner. Aborda conceitos, literaturas, pesquisas, programas de mestrado e doutorado na área de realidade virtual e aumentada, etc.
b) http://olhardigital.uol.com.br/central_de_videos/video_wide.php?id_conteudo=8118: site que apresenta uma matéria sobre a utilização de realidade aumentada.
c) http://g1.globo.com/jornaldaglobo/0,,MUL1191839-16021,00-O+JO RNAL+DA+GLOBO+AUMENTOU+A+REALIDADE.html: site da Rede Globo de Televisão® que apresenta uma matéria sobre realidade aumentada e diversas formas de utilização dessa tecnologia.
d) http://www.techzine.com.br/arquivo/second-life-virtual-ate-que-ponto/: site que apresenta uma matéria intitulada "Second life: virtual até que ponto?"
e) http://tecnologia.terra.com.br/interna/0,,OI3980566-EI4799,00-Real idade+virtual+pode+ajudar+cegos+a+mapear+mundo.html: site que apresenta uma matéria intitulada "Realidade virtual pode ajudar cegos a mapear mundo".

Referências

BARILLI, E. C. V. C. **Aplicação de métodos e técnicas de realidade virtual para apoiar processos educativos a distância que exijam o desenvolvimento de habilidades motoras.** Tese de doutorado. UFRJ, 2007.

BRAGA, M. Realidade virtual e educação. **Revista de Biologia e Ciências da Terra**. Vol 1, n1. 2001.

BURDEA, G. COFFET, P. **Virtual Reality Technology**. Wiley-Ieee Press, Second Edition, 2003.

CARVALHO, A. **Manual de Ferramentas Web 2.0 para docentes**. 2006. Disponível em: <http://www.erte.dgidc.min-edu.pt/publico/web20/manual_web20-professores.pdf>. Acesso em set. 2009.

COSTA R.; CARVALHO, L. A. V. **Experimentando um ambiente virtual com pacientes neuropsiquiátricos**. 2001. Disponível em: <http://www.nonio.uminho.pt/challenges/actchal01/056-Rosa%20Costa%20529-545.pdf>. Acesso em mar. 2009.

ESPINHEIRA NETO, R. A. A., **Arquitetura digital**: a realidade virtual, suas aplicações e possibilidades. Dissertação de Mestrado. Universidade Federal do Rio de Janeiro – COPPE, 2004. 72 p.

FICHEMAN, I. *et al.* Gruta Digital: um ambiente de realidade virtual imersivo itinerante para aplicações educacionais. **Proceedings of the XVII Simpósio Brasileiro de Informática na Educação '06** - Brasilia, Distrito Federal, 2006.

FUCHUS P., ARNALDI, B., TISSEAU J. **Le Traité de La Réalité Virtuelle:** fundament de la réalité virtuelle. 2ª Ed., v. 1. Sciences Mathématiques ET Informatique. Paris, 2001.

GNECCO, B.B.; CABRAL, M.C.; MORAES, R.M. Um Sistema de Visualização Imersivo e Interativo de Apoio ao Ensino de Classificação de Imagens. **Publicações**. Universidade Federal da Paraíba, 2001.

KIRNER, C. **Sistemas de realidade virtual**. 2002. Disponível em: <http://www2.dc.ufscar.br/~grv/tutrv/tutrv.htm>. Acesso em: fev. 2009.

PIMENTEL, K. e TEIXEIRA, K. **Virtual Reality Through the New Looking Glass,** Intel/WindCrest/McGraw-Hill, New York, NY, 1993.

PINHO, M.; KIRNER, C. **Uma introdução à realidade virtual**. 2001. Disponível em: <http://grv.inf.pucrs.br/tutorials/rv/index.htm>. Acesso em Set. 2009.

PRATES R.O.; SOUZA C.S.; BARBOSA S.D.J. Avaliação de Interfaces de Usuário: conceitos e métodos. **Anais do XXIII Congresso da Sociedade Brasileira de Computação**: Ciência, Tecnologia e Inovação: atalhos para o futuro. Rio de Janeiro, 2003.

ROBINETT, W. e HOLLOWAY, R. Implementation of Flying, Scaling, and Grabbing in Virtual Worlds. **Proc. of 1992 Symposium on Interactive 3D Graphics**. Cambridge, MA, 1992, p. 189-192.

SPECK, S. Como funcionam os óculos 3-D para computador. **HOWSTUFFWORKS** Disponível em: <http://eletronicos.hsw.uol.com.br/oculos-3-d-para-computador1.htm>. Acesso em set. 2009.

SUZUKI, V.; HOUNSELL, M.S.; KEMCZINSKI, A. O processo de desenvolvimento de ambientes virtuais: a busca por uma metodologia. In: **GCETE - Global Congress on Engineering and Technology Education**. São Paulo. 2005.

TAKACS, B. How and why affordable virtual reality shapes the future of education. In: **The International Journal of Virtual Reality**, 2008, 7(1):53-66.

TRAVASSOS, E. **Second Life se transforma em plataforma de ensino**. Matéria do Jornal O Comércio de 30/07/2007. Disponível em: <http://cei.edunet.sp.gov.br/subpages/Novidades/Agosto_2007/nov_53.html>. Acesso em set. 2009.

TRINDADE, J. FIOLHAIS, C. **A Realidade Virtual no Ensino e na Aprendizagem da Física e da Química**. Instituto Politécnico da Guarda Departamento de Física da Faculdade de Ciências e Tecnologia da Universidade de Coimbra. Disponível em: <http://nautilus.fis.uc.pt/softc/Read_c/RV/Ensino/artigo.htm>. Acesso em set. 2009.

VIGOR. **Nintendo Wii** – reabilitação de pacientes. Disponível em: <http://www.revistavigor.com.br/2008/11/10/nintendo-wii-reabilitacao-de-pacientes/>. Acesso em: fev. 2009.

ZUFFO, M. K. Caverna Digital: sistema de multiprojeções estereoscópico baseado em aglomerado de PCs para aplicações imersivas em realidade virtual. **IV Simpósio de Realidade Virtual**. Florianópolis, SC. 2001.

ÍNDICE REMISSIVO

A

ábaco. 46, 77
abadia 52
Ação do Pedagogo 22
acentuadamente transdisciplinar 179
acessibilidade 71, 98, 115, 119, 130, 134,
    135, 150, 201
acesso à informação 8, 99, 132, 134, 146,
    177, 188
Activeworlds 163
adaptabilidade 104, 130, 131, 145, 148, 149
aeronáutica 201
álbuns seriados 109
alegria; 34
alfabetização na linguagem da hipermídia
    163
alfabetizada 82
alinhamento 118
aluno nativo digital 32
alunos VI, 14, 16, 19-21, 34, 35, 55, 64-66,
    71, 73-75, 80-84, 87, 95, 96, 98,
    100, 104, 105, 109, 114, 115, 118,
    121, 132, 133, 135, 137, 140, 143-
    146, 148, 149, 155, 159, 161-165,
    167, 169, 170-172, 176, 182-184,
    187-194, 207, 211, 213
alunos com dificuldade 34
ambiente natural e social 15
ambientes imersivos 160, 163, 164
ambientes imersivos digitais 160, 163
ambientes virtuais 107, 160, 161, 173, 199,
    204-206, 209, 214, 217
Ambiente Virtual de Aprendizagem V, ix,
    xi, xv, xvii, 90-92, 101, 103-105, 131,
    132, 148
analfabeta 81
analfabetismo 59, 211
ancestral primitivo 44
andar de bicicleta 201
anteparo 113

aperfeiçoamento dos professores 20
apetrechos técnicos 17
aprende brincando 34
aprendente 154, 156, 177, 194
aprender as manhas 29, 38
aprendizado VI, 29, 38, 39, 91, 96, 103, 104,
    123, 133, 157, 161, 176, 206, 213
aprendizagem não linear 156
aprendizagem significativa 136, 155, 159,
    164, 172
Apresentação 97, 100, 108, 111, 127, 141,
    143
apresentação ineficaz 120
aquisição de conhecimentos 185
ardósia negra 56
área administrativa 29, 38
argila 43, 48, 49, 54
armazenagem 99
armazenamento, tratamento e disseminação 3
ARPANET 69
arquivística 81, 87
arte e a história 54
As relações de interdependência 38
Assembleia Geral dos Estados-Membros
    4, 17
assíncrona 90, 91
atas 29
ato educativo 87
audiovisual 98, 108, 170, 178, 182, 192
auditiva 96
aula convencional 122
AulaNet 93, 132, 143, 144
aulas enfadonhas 159
Authorware 131, 158
autoavaliações 98
autonomia da informação 185
autonomia das mulheres 17
autoria ix, xvii, 107, 130-132, 134, 135,
    140, 142-144, 146-149, 151, 154,
    156, 158, 165-171, 173

A Escola no Século XXI

AVA V, 90-93, 95-105, 130-132, 140, 142, 143, 145, 148, 149, 199, 214

B

banda larga 95, 155
Bíblia 54, 55
biblioteca xv, 79, 80-83, 87
biblioteca digital 79, 83, 87
binômio lousa e giz 43
blocos de madeira 53
blogs VI, 77, 95, 214
bloqueio cognitivo 33
Broadcast 98
broadcasting 71
busca VII, 4, 8, 15, 19, 21, 24, 31, 35, 50, 62, 71, 72, 81, 83, 95, 99, 101, 105, 107, 145, 155, 156, 158, 172, 180, 187, 189, 217
buscador 71, 72

C

caçador 44
calculadora mecânica12 66
calendário lunar 45
canal Futura 66
capacidade de compartilhamento 30
capacidade de gerenciamento 30
capacidade de planejamento 30
captura de vídeos 67
Carta das Nações Unidas 4, 5
cartesiano 160
cartões perfurados 66
Caverna Digital 211, 212, 217
CD 40, 80, 95, 105, 157, 186
celulares 155, 173
centrado no professor 160, 189
cidadãos críticos 65
ciência e a sabedoria 54
Ciências xi, xii, 21, 193, 211, 215, 217
cinema 42, 60-62, 77, 164, 188, 195, 201
cinestésica 96
citações e referências 120
clique 70
códex 51

código escrito 82
cognitivo 33, 98, 133, 179, 206
colaboração VI, 9, 13, 33, 95, 99, 161
compartilhamento de ideias 27
compartilhamento de informação 22, 63, 155
Competências e habilidades 176, 187
computador VI, xii, 28, 31, 33, 34, 36, 37, 42, 66-68, 70, 71, 73, 74, 82, 83, 92, 95, 106, 110, 111, 113, 127, 131, 152, 159, 172, 174, 185, 186, 201, 203, 206, 207, 211, 217
computadores 3, 7, 8, 43, 44, 64, 67, 69, 95, 98, 105, 131, 134, 144, 155, 173, 176, 185, 186, 188, 193, 201, 211
comunicação eletrônica 82
comunidade de prática 99
conhecimento 3, 4, 6, 8-10, 13, 15, 16, 18, 20-23, 25-27, 29-39, 43-45, 48, 49, 51, 54, 55, 59, 77, 80-84, 87, 90-93, 97, 99, 102-105, 111, 122, 131, 133, 135, 137-139, 144-146, 148-150, 155, 156, 158-161, 167, 170-173, 175, 177-183, 185, 187, 188, 190-193, 195, 199, 201, 205, 211, 212, 214
conhecimento explícito 99
conhecimento tácito 34, 99
Constituição da República Federativa (CRF) 7
Constituição da República Federativa do Brasil 2, 4, 7, 11, 25
Constituição Federal 13, 18
construção criativa 37
construção do conhecimento 93, 160, 161, 179, 182, 192, 214
contar o tempo 45
conteúdo xv, 6, 10, 15, 18, 23, 35, 51, 53, 62, 63, 65, 71, 83, 85, 92, 96-98, 100, 102, 108, 109, 112, 115-118, 120, 122, 127, 131, 133-135, 137, 143-149, 167, 169, 171, 176, 177, 185, 190, 193, 194, 205, 206, 211, 214
Conteúdo de Português 86
conteúdo informacional xv, 98
conteúdo instrucional 131, 133, 144, 148, 149
conteúdos curriculares 15, 66, 82
conteúdo sintático 108

Índice Remissivo

contexto espaço-temporal 33
contexto histórico 168, 186
contextos da hipermídia 163
contraste 115, 117, 127, 184
conversas face a face 29
conversas informais 29
cooperação 4, 18, 34, 71, 144, 145, 161, 211
coordenadores de área 29, 38
copista-calígrafo 51
corpo docente 31
correio eletrônico 95, 121, 123
Cranmer 47
crenças e mitos 44
cristalino 200
crítica 65, 84, 85, 87, 171, 172, 192
cultura do aluno 65
cultura midiática 154, 184

D

Daguerre 57
datashow 109, 111
Declaração do Milênio 2, 4, 17
Declaração Mundial dos Direitos Humanos (DUDH) 4
Declaração Universal dos Direitos Humanos 2, 5, 17, 25
deformações 208
democrática 14, 15, 25, 32, 84
demonstrações 111, 144
departamento de compras, 80
desenhos nas cavernas 46
desenvolver a cultura da comunicação 31
desenvolvimento de interfaces 162
desenvolvimento do ser humano 18
desenvolvimento humano 2, 3, 18, 19, 23, 24
Dicionário dos Direitos Humanos 24
dicionário online de língua portuguesa 70
didáticas ix, xvii, 93
dificuldade de aprendizado 133
dimensões hipercomplexas 158
Director 132
direitos humanos 5-8, 11, 15, 18, 25
Diretor 29
discentes 102, 103, 198, 214

dispositivos midiáticos 163, 164
disseminação 3, 8, 10, 43, 49, 51, 99, 123, 155, 156
Distrito Federal 11, 13, 59, 216
diversão, acesso a informações, aprendizado, organização pessoal 91
docentes V, 31, 71, 102, 103, 176, 177, 210, 216
donos da situação 36
download 25, 92, 96, 100, 132
DVDs 63, 66, 73, 74

E

EAD x, xiv, 64, 90, 91, 95, 98, 100, 101, 107, 131, 135, 145, 146, 151, 153, 173
editor de texto 67, 148
Edsac 67
educação V-VII, ix-xv, xvii, 1, 2, 4-17, 19-27, 29-31, 38-40, 43, 44, 59, 60, 62, 63, 65, 69, 73-77, 80-82, 84, 90-92, 96, 98, 100, 101, 103-107, 109, 112, 127, 128, 130-133, 135, 142-145, 148, 150, 152-155, 157-163, 165, 167, 170, 173, 175, 177, 178, 180, 182-185, 187, 188, 191, 193-199, 201, 204-207, 209-211, 213, 215, 216
educação a distância xiv, xv, 60, 63, 73, 90-92, 98, 100, 106, 107, 127, 128, 135, 143, 145, 152-154, 161, 199, 207
educação básica 4, 8, 12, 14, 15, 20, 21, 25, 161
Educação Especial 16
educação infantil xi, 4, 8, 10, 13
educação presencial 90, 144, 170
educadores V-VII, 19, 21, 55, 73, 85, 87, 92, 109, 130, 131, 135, 137, 140, 144, 148, 155, 158, 159, 160, 163, 173, 182, 210, 213
educando seus filhos 44
Educar na sociedade do conhecimento 179
Electronic Site Tours 161
elucubração mental 114
e-mail IV, VI, 29, 69, 95, 155, 186
emoção 34

enciclopédias 70, 157, 189
enciclopédias multimídias 157
enciclopédias online colaborativas 70
Eniac 67, 76
ensiná-lo aos seus pares 46
ensinar e aprender 34, 44, 189, 193
ensino básico universal 17
ensino fundamental e médio 112
ensino médio x, 10, 13, 15, 16, 161
ensino presencial xi, 91, 95, 96, 100, 101, 174
ensino superior 8, 12, 71, 127, 195
envolvimento 14, 84, 120, 188, 191, 202
episcópio 57, 58
equipamentos tecnológicos 27, 159
Equipe de Direção 29, 31
equipe pedagógica 32, 36, 84
ergodesign 108
Ergodesign da informação 115
escola do futuro 192
escola pública 23
escrita xi, 42, 46, 48-51, 53, 54, 74-76, 81,
    82, 115, 170, 185
escrita chinesa 49, 54
escrita cuneiforme 49
espaço escolar 26, 27, 29-32, 34, 35, 38, 39,
    58, 62
espaços educacionais 193
espaços geográficos 160
espaços virtuais imersivos 163
Estado de Direito Humano 5
Estado, Escola, Desenvolvimento humano, Tec-
    nologias de informação e comunicação. 3
estilo de aprendizagem 91, 92, 96, 104, 106,
    135, 146, 148, 149, 190
estruturação 99, 139
ética 6, 16, 84, 120
evasão dos alunos 19
exclusão digital 211
Excursão Eletrônica por Sites 161
experiências VII, xiv, 22, 28, 29, 34, 36-38,
    45, 57, 60, 104, 111, 112, 140, 206
explicitação dos saberes 181
exploração pedagógica do cinema 62
externalização 99

F

Facebook™ 198
fases da lua 45
fax 95
fazer pedagógico 32, 65, 193
feedback 29, 32, 34
fenômeno pedagógico, 24
ferramentas de ensino 109
ferramentas de ponta 43
ferramentas educacionais 43, 73, 74
ferramentas tecnológicas 154, 155, 168
filme de animação 127, 175
Filosofia xiii, 21, 76
Fita cassete 60
fixação da aprendizagem 63, 112, 115
Flash 132
fluxos migratórios 45
fólios 52
formação da imagem 200
formação de professores 87, 159, 178
formação inicial 17, 24, 191
formação inicial e continuada 17, 24, 191
formação integral 65, 84
formação intelectual 87
Formação no Terceiro Milênio 24
formas contemporâneas de linguagem 16
formas de letramento 81
fotocópia IV, 95
fotogrametria 199
fóton 199
fragmentação do conhecimento 172, 179
ftp 96
funcionários da área administrativa 29, 38
fundamentar teoricamente 30
futuras gerações 45

G

Ga-Sur 48, 74
Geografia 21
geoprocessamento 199
gerenciar uma escola 30
Gestão Compartilhada 29
Gestão da Informação e do Conhecimento 27
gestão de materiais 80

Índice Remissivo

gestão de recursos humanos 80
gestão do conhecimento 22, 25, 39, 90, 92, 99, 104
gestão escolar VII, xii, 21, 22, 39, 79
gestão financeira 10, 80
Gestores 20, 24
Google™ ix, xvii, 42, 66, 71, 72, 74, 95, 111, 158
grêmio estudantil 22
Gruta Digital 212, 213, 216
Guerra Fria 3
Guia de Tecnologias Educacionais 165
Gutenberg 54, 56

H

habilidades 29, 35, 38, 71, 97, 102, 104, 139, 175-184, 187, 191-193, 215
habilidades técnicas 102, 184
Hertz 59
hieróglifos 49
hiperlinks 70, 165
hipermídia 131, 133-135, 145, 148, 152, 154, 158, 161, 163, 174
hipermidiático 156
hipertexto 122, 151, 154, 156
hipertextuais 158
História x, 21, 77, 88
HMD 201, 203
homem pré-histórico 47
hominídeo 44
Homo sapiens 44

I

IBM 66, 68, 76
iconográfico 168
Idade Média 180
igualdade entre os sexos 17
IHC xiii, 206
iluminação do ambiente 114
ilusões óticas 61
ilustrativo 202
imagens visuais estáticas e gráficas 122
imersão 164, 202
imersiva 203

imersivo 164, 202, 216
imitação 44, 45
Implicações da interdependência 29
imprensa 53, 54, 56
impressora de tipos móveis 53, 54
impressores 54
inclusão digital VI, 7-10, 18, 19, 21, 23, 24
inclusão social 9, 187
incumbência dos Municípios 13
informação tecnológica 81
informações multimídias 160
informática 3, 9, 33, 34, 40, 79, 88, 112, 122, 159, 165, 171, 178, 188, 195, 211
informática educativa 82, 88, 159
inovações 32, 67, 105, 142, 149, 177, 178
inteligências múltiplas 172
Intencionalidade pedagógica 86
intensivo 202
interação xii, 28, 34, 36, 37, 63, 64, 66, 70, 71, 74, 90, 92, 93, 95, 99, 100, 104, 105, 122, 132, 133, 148, 152, 155-157, 160, 161, 163-165, 179, 180, 186, 188, 189, 190, 193, 194, 202, 203, 205, 206, 210, 211
interatividade 122, 161, 176, 179, 186, 188-190, 192, 202, 203, 205, 214
interativo 33, 114, 160, 184, 186, 189, 202
Interdependência agrupada 28
Interdependência de tarefas 28, 38
Interdependência inclusiva 28
Interdependência sequencial 28
interdisciplinar 167
interface homem-computador (IHC) 206
International Business Machines 66
internet VI, 8, 39, 69, 71-74, 76, 84, 95, 106, 121, 122, 132, 134, 142, 144, 145, 148, 155, 156, 160, 165, 176, 177, 184, 186, 188, 189, 192-194, 205, 211
intuitivo 202
iPod 71

J

jogar tênis 201
jogos eletrônicos 109, 157
jogos virtuais 186

L

labirintos 160
LANTEC 175
Larry Page 72
lascou a pedra 44
Le grand finale 121
Lei de Diretrizes e Bases da Educação de 2
lente biconvexa 200
letrado 81, 82
lições aprendidas 103
linguagem 16, 44, 60, 70, 75, 81, 85-87, 98, 112, 115, 120-123, 137, 159, 161, 163, 175, 178, 180, 182, 184, 185, 188, 191, 192
linguagem clara, objetiva e correta 121
linguagem midiática 112
linguagem oral 184
linguagens digitais 178, 183
Língua Portuguesa xi, 21
Link 98
livro impresso 42,-44, 54, 56, 74
livros x, xv, 43, 51-55, 57, 58, 76, 80, 82, 84, 87, 105, 109, 135
livros de papiros 51
livros didáticos 57
livros e mapas 43
LMS 92, 93
logaritmo 66
lógica de aprendizagem 160
lousa VI, 43, 110, 114, 175-178, 182, 183, 186, 188-194
lousa digital VI, ix, xvii, 175-178, 182, 183, 186, 188-194
lousa digital interativa 186, 192
lousa interativa 110
LP 92
lucidez e lógica 120
Lumière 61
Lutero 54

M

mapas 42, 43, 47, 48, 72, 73, 80, 109, 136, 137, 163, 175, 180, 190, 195
máquina de ensinar 34

marcas na parede 46
Marconi 59
material didático 79, 80-83, 85, 87, 98, 102, 103, 113-115, 117, 118, 121, 127, 131, 132, 144
material pedagógico 79, 81, 84, 87
matéria-prima do livro 51
MEC 24, 76, 88, 96, 107, 152, 162
mediação tecnológica 92
mediador 3, 34, 35, 66, 73, 85, 87, 104, 105, 178, 183, 190
mediador da aprendizagem 87, 104
meia luz 114
Méliès 61
memorandos 29
memorização 96, 184, 185
mensagem IV, 100, 103, 111, 112, 115, 120, 127, 185
mestres-impressores 54
microeletrônica 3
microprocessadores 67
mídia impressa 74
mídias audiovisuais 74
mídias digitais 66, 74, 109
Ministério da Educação 24, 96, 107, 112, 162, 167, 173, 193
modalidade não-presencial 96
modelagem 98, 131, 150, 201, 207-209
modelagem cinemática 207
modelagem física 208
Modelo Hierárquico 136
modorra 114
monge-copista 52
monomídia 188
Moodle V, 73-75, 93, 94, 102, 103, 132
mortalidade infantil 17
mosaico interativo 160
mosteiro 52
motivação 34, 102, 112, 189, 191, 192, 202, 204, 211
mouse 67, 177, 186
Msn™ 198
mudança cultural 103
mudança de paradigma 160

multiculturalismo 81
multimídia IV, 70, 73, 83, 109, 111, 114,
122, 131, 140, 156-159, 161, 162,
165-167, 171, 174, 184, 186, 189,
190, 194
múltiplas inteligências 96
multissensorial 198, 206
mundo contemporâneo 168, 185
mundo do conhecimento 26, 30
mundo greco-romano 50
Municípios 8, 12, 13, 17

N

narrativas circulares 185
narrativas lineares 157
NASA 201
navegação 131-135, 144-148, 151, 152,
157, 174, 201, 205
neolítico 44
nervo ótico 200
Nied 142
Nintendo 201, 217
nós em cordas 46
nova era 160
novas concepções sociais 160
novas tecnologias ix, xvii, 4, 18, 77, 79, 81,
87, 92, 154, 155, 158, 159, 166, 170,
175, 183, 185, 186, 188, 192, 193,
195, 199, 205
Nova York 4, 17
Núcleo Regional da Educação da Área
Metropolitana Norte 19

O

o desenvolvimento humano 2, 23, 24
ONU 2, 4, 6, 17, 18, 25
O papel do gestor 26, 30
oral 29, 49, 74, 100, 101, 170, 184, 185
oralidade primária 184
Oratória 108, 120
ordem democrática 15
ordem humanitária 19
ordens da administração geral 31

organização de informação 98
organização policêntrica 158
orientar, colaborar e liderar 178
Oriente Médio 50
origami 171, 172
Orkut™ 198

P

palestras 22, 29
Papéis e socialização 29, 38
papéis institucionais do Estado e 2, 3, 7,
23, 24
Papéis, Interdependência, Socialização,
Desafio. 27
papel VI, xiv, 4, 9, 11, 26, 29-32, 34, 35,
38, 50, 51, 53, 57, 64, 65, 77, 92, 95,
105, 112, 161, 171, 178, 180, 191,
193
papel comunicativo 105
papel de alta qualidade 53
papel do pedagogo 26, 32, 34
paper 53
papier 53
papiro 50, 51, 53, 76
paradigmas da gestão 30
paradigmas desta nova sociedade 30
Parceria Mundial para o Desenvolvimento.
18
PDE/Nacional 24
PDE-PR 19, 20
Pedagogia x, xii, xiii, 21, 106
pedagógico VII, 14, 15, 21, 22, 24, 31-33,
65, 69, 79, 81, 84, 87, 112, 122, 127,
160, 164, 175-177, 179, 183, 187,
192, 193, 211
pedagogo 22, 26, 32-34, 36, 38, 39
Pedra Lascada 42
pedras 46, 49
pena de ganso 51
pensamento crítico 16
pensamento reflexivo 16, 34
pergaminho 50, 53
periferia da cidade 36

periódicos xv, 80
período primitivo 43, 44
personalidade humana 6, 7, 9
pesos 208
Pi Sheng 53, 54
placas de som 67
planilha eletrônica 67
Plano Global e Prático 2, 4, 7, 18
Plano Global e Prático de Desenvolvimento do Milênio 2
plataforma de aprendizagem 92
podcast 71
podcasting 70
Poder Público 10, 17
polígonos 207
polissemia 182
Políticas de Inclusão Digital 24
portadores de necessidades especiais VI, 16
potencial cognitivo 179
PPP 22, 177
pragmáticas 115
pragmático 108
prática pedagógica 31, 32, 35, 75, 85, 160, 163
práticas diferenciadas 164
prática social 12, 17, 183
presença 73, 123, 177, 184, 185, 191, 202, 209
processo decisório 27
processo ensino- aprendizagem 26, 32
processo multimidiático 161
processos cognitivos 160, 176, 187
produção exacerbada 3
produção moderna 16
professor xi, 19-22, 26, 27, 29, 30, 32-39, 55, 62, 64-66, 71, 73, 75, 79-85, 87, 90, 91, 93, 95, 99-101, 104, 105, 107-109, 112-115, 120-123, 128, 130, 132, 133, 135, 136, 140, 144-149, 154, 155, 159, 160, 162, 163, 165-167, 170-172, 176-178, 180, 182-184, 188-194, 196, 201, 210, 211, 215, 216
professor tutor 162

profissionais da educação VII, ix, xvii, 14, 15, 17, 26, 27, 29, 30, 38
Programa Nacional de Informática na Educação 9, 24
ProInfo 112
PROINFO 24, 88
Projeto Colossus 67
projeto pedagógico 14, 15, 160, 211
projeto político pedagógico 14, 22
projetor 57, 58, 113, 186
projetor de slides 57, 58
projetores multimídia 109
proposta pedagógica 14
propriedades cinemáticas 208
proteção às drogas 84
proximidade 118, 184
publicações profanas 54

Q

quadro de giz 55, 111
quadro-negro 56, 58

R

radiodifusão 9, 59
Rádio Escola Municipal do Distrito Federal 59
raridade de uma informação 119
rastreabilidade das informações 138
realidade aumentada VI, 199, 215
realidade virtual xii, 163, 197, 198, 199, 201, 203, 204, 206, 207, 214, 215, 216, 217
Realidade virtual ix, xvii, 197, 198, 201, 204, 215
recém-formados 36
reconstruir valores, 31
recuperação das informações 80
recurso audiovisual 108
recurso didático 50, 63, 65, 109, 119, 127, 175
Recurso midiático 176
recurso pedagógico 164, 183, 192, 193

Índice Remissivo

recursos 44
recursos didáticos 50, 101, 105, 108,
  109-112, 121
recursos mnemônicos pictográficos 45
recursos multimídia 114, 165, 167
recurso visual 109, 162
rede de informações 172
Rede Escola 73
redes de relacionamento 95
redes digitais 188
registro de patrimônio 80
regra dos sete 117
regulamentos 31
relações de poder 30
relações interpessoais 29, 31, 38, 75
releitura 192
rendimento escolar 19, 167
repetição 37, 118, 180, 184
representação do conhecimento 44, 131,
  135, 149
reprodução de conteúdo 96
reprodução de textos 56
retina 200
retórica de qualidade 182
retroprojetor VI, 57, 58, 111, 114, 120
Revolução Industrial 3
riqueza de interações 171
RIVED 161, 162
Roquette Pinto 59
RV 198, 201-203, 205, 206, 209, 211,
  212, 217

S

saber erudito 65
sala de aula 30, 34, 35, 58, 60, 73, 81-85,
  87, 95, 99, 102, 105, 110, 121, 122,
  131, 155, 157, 159, 160, 162, 163,
  167, 169, 171, 172, 175, 176, 183,
  184, 189, 193, 195, 205, 213
saúde materna. 17
scriptorium 52
Second Life 163, 164, 174, 197, 209, 210,
  211, 214, 217

SEED-PR 20
segredo de estado 50
Semana Pedagógica 36
semânticas 115
semântico 108, 118
semipictográfico 49
sentimentos e as ideias 54
Sergey Brin 72
setor administrativo 32
SHA 131, 145, 146
símbolos 48
simulação 98, 162, 197, 201-203, 208,
  209, 214
simulação mecânica 208
simulações 69, 73, 164, 201
simuladores 68, 198, 199
simular 105, 163, 208
sinais 44, 49, 118, 199, 203
sinais elétricos 203
síncrona 90, 91
sintáticas 115
sistema alfabético 49
sistema binário 66
Sistema de Gestão de Cursos 92
sistema de produção para o consumo de
  massas 178
Sistema Estadual de Registro Escolar
  (SERE) 22
Sistema Integrado de Aprendizagem 92
sistema político 15
sistemas de numeração 46
sistemas educacionais 92
Sistemas eletrônicos de dados escolares 21
Sistemas Gerenciadores de Aprendizagem 92
Sistemas Hipermídia Adaptativos 145
site da escola 22
slide 74, 111, 117, 118, 120, 127
sobrecarga cognitiva 134, 135
socialização do conhecimento 39
socialização no espaço escolar 31
sociedade aprendente 177, 194
sociedade da informação VII, 3, 8, 13, 15,
  18, 23, 24, 27, 32, 33, 35, 91, 104,
  105, 177

sociedade do conhecimento 3, 171, 179, 195
sociedades orais 185
Software de apresentação ix, xvii, 109
Software de autoria ix, xvii, 130, 131, 140, 142
softwares educativos 34, 42, 68, 73, 155, 158, 159, 178
Soroban 46, 47
status quo 182, 193
Suan Pam 46
sucesso pedagógico 187
Suméria 46
superação de barreiras cognitivas 102
Supervisão e Orientação 29, 38
suporte tecnológico 101
sushi 170

T

Talbot 57
talhes em ossos 46
Técnicas para montagem de apresentações 108, 113
tecnicista 160
tecnologia VI, ix-xv, 7, 8, 11, 14-16, 18, 19, 22, 39, 40, 43, 51, 69, 73, 79, 82, 91, 93, 104, 105, 108-110, 112, 124, 127, 128, 130, 131, 137, 140, 144, 148, 149, 154, 155, 157, 158, 167, 168, 170-172, 174, 176, 178, 183-185, 187, 188, 191, 193, 198, 201, 206, 215, 216, 217
Tecnologia educacional 91, 109
Tecnologia e Humanização 22
tecnologia interativa 110
tecnologias de informação e comunicação 2, 15-19, 22-24, 83, 183, 185
tecnologias digitais 92, 160, 173, 193
tecnologias educacionais xv, 109

tecnologias mais recentes 43
telecomunicações 3
teleducação 66
telefone 29, 59, 63, 111
telemática 69, 160, 161, 174, 188
terceira onda 35
Terceiro Milênio 2, 3, 5, 8, 9, 12, 24
tevê 42-44, 56, 73, 74
texturas 208
TIC VI, 130, 131, 195
TICs VII, 31-33, 92, 95
toalha de linho 50
tomada de decisão 32
Toolbook 131, 158
trabalho em grupo 30, 37
transformação do papel em arte 171
transistores 67
transmissor de conhecimentos 178
transmissor do conhecimento 82
transparências 58, 109, 111, 117, 120, 122, 124
Ts'ai Lun 53
Tschity 46
tutoriais 69, 98
TV Multimídia 83
TV Paulo Freire 65, 73
TVs Educativas 66
Twitter™ 198

U

Unicamp 142
uniformidade do material 117
Universidade Aberta (UAB) 24
Universidade Federal do Paraná V, x, xii, xiii, xv, 16, 20, 102, 107, 127
universo escolar 169
uso didático 15
uso estratégico da informação 3
uso pedagógico da informática 112
usuário do computador 33

V

valor da informação 108, 115, 118, 119
válvulas 67
vícios de linguagem 120
vida social 15, 177
vídeo 43, 62, 63, 74, 95, 96, 98, 111, 122, 169, 170, 185
videoconferência 62-64, 95, 96, 100, 101
virtualizar saberes 92
visão sistêmica 24, 30
visão tridimensional 198
visual 96, 109, 111, 112, 129, 134, 174, 185, 186, 202, 206
Visual Class 132, 140, 141, 150, 154, 165-174
visualização tridimensional 197, 199
vivência pedagógica 160

VLE 92

W

walkman 60
web 2.0 xiv, 3, 69, 95, 128, 146, 149-154, 158, 194, 209, 210, 216
webcams 67
webquest 70, 71
Wii 201, 202, 217
wiki 75, 92, 95, 96, 99, 214
World Wide Web 3, 153

Y

Yahoo!® 95
YouTube™ 198

Participe do **BRASPORT INFOCLUB**

Preencha esta ficha e envie pelo correio para a

BRASPORT LIVROS E MULTIMÍDIA

Rua Pardal Mallet, 23 – Cep.: 20270-280 – Rio de Janeiro – RJ

Você, como cliente BRASPORT, será automaticamente incluído na nossa Mala Direta, garantindo o recebimento regular de nossa programação editorial.
Além disso, você terá acesso a ofertas incríveis, exclusivas para os nossos leitores.
Não deixe de preencher esta ficha.
Aguarde as surpresas. Você vai sentir a diferença!

Nome: _____
Endereço residencial: _____
Cidade: _____ Estado: _____ Cep.: _____
Telefone residencial: _____
Empresa: _____
Cargo: _____
Endereço comercial: _____
Cidade: _____ Estado: _____ Cep.: _____
Telefone comercial: _____
E-mail: _____

Gostaria de receber informações sobre publicações nas seguintes áreas:

- ❏ linguagens de programação
- ❏ planilhas
- ❏ processadores de texto
- ❏ bancos de dados
- ❏ engenharia de software
- ❏ hardware
- ❏ redes
- ❏ editoração eletrônica
- ❏ computação gráfica
- ❏ multimídia
- ❏ internet
- ❏ saúde
- ❏ sistemas operacionais
- ❏ outros _____

Comentários sobre o livro _____
_____
_____

Atores Responsáveis pela Educação e seus Papéis

**BRASPORT
LIVROS E MULTIMÍDIA**

Rua Pardal Mallet, 23
20270-280 – Rio de Janeiro – RJ

Cole o selo aqui

Dobre aqui

Endereço:

Remetente:

Últimos Lançamentos

Metodologia Simplificada de Gerenciamento de Projetos – Basic Methodware®

Carlos Magno da Silva Xavier / Luiz Fernando da Silva Xavier   200 pp. R$ – 69,00

(Série Gerenciamento de Projetos sem Complicação)

Pensando nos projetos menos complexos é que desenvolvemos a Basic Methodware®, uma abordagem prática e simplificada de como iniciar, planejar, executar, monitorar, controlar e encerrar projetos. Esperamos que, com a metodologia descrita neste livro, os seus projetos possam ser gerenciados sem engessamento ou burocracia.

Gerenciamento de Portfólio

Norberto de Oliveira Almeida   204 pp – R$ 55,00

Este livro é para quem deseja alavancar os resultados obtidos com o gerenciamento de portfólio nas suas empresas e elevar o grau de conhecimento no assunto. Enriquecido com os resultados da pesquisa realizada com dezenas de respondentes de empresas de diversos setores de atividade, fornece ao leitor a oportunidade de analisar dados qualitativos importantes para a tomada de decisão.

Gerenciamento de Projetos através da extraordinária expedição de Shackleton à Antártida

Sergio Luiz Marques Filho   124 pp. – R$ 49,00

Existem livros que abordam os aspectos de liderança de Shackleton, mas aqui, além de liderança, o leitor entenderá como Shackleton gerenciava os riscos da expedição, como a comunicação com as partes interessadas era tratada, como a qualidade influenciava a expedição, como lidava com os recursos humanos, qual o planejamento de custos e o cronograma da expedição, entre outros assuntos relacionados a Gerenciamento de Projetos.

Gerenciamento de Projetos para a Construção Civil

Maury Melo   522 pp – R$ 148,00

Visando a colaborar com os profissionais da construção civil na gestão de seus empreendimentos, este livro aborda a teoria e a prática em gerenciamento de projetos de acordo com os padrões do Guia do Conjunto de Conhecimentos em Gerenciamento de Projetos – PMBOK® 4ª Edição. Acompanha o livro um CD-ROM com vários arquivos de apoio, inclusive versão completa do MS Project 2007 válida para utilização por 60 dias.

Gerenciando Projetos com PMI, RUP e UML 5ª edição

José Carlos Cordeiro Martins   316pp – R$ 85,00

Este livro propõe a combinação de duas conhecidas metodologias de gerenciamento de projetos: o RUP e a abordagem do PMI. Nesta quinta edição a obra foi revisada segundo a quarta edição do PMBOK, principalmente a Parte I, sobre Gestão de Projetos. As demais partes sofreram pequenas correções e ajustes, seguindo propostas e críticas de leitores.

www.brasport.com.br   brasport@brasport.com.br

Gestão Pública

Margareth Fabíola dos Santos Carneiro

440 pp. – R$ 110,00

Formato: 21 x 28

Esta obra é indispensável aos profissionais do setor público, mas também é uma referência atual e relevante para profissionais da iniciativa privada e do terceiro setor, bem como para os estudantes de pós-graduação de projetos ou administração. Os casos apresentados estão restritos a três países das Américas: Brasil, Canadá e Uruguai. Conta com a participação de pessoas envolvidas com o PMI GovSIG e com profissionais que fazem parte do grupo brasileiro de PMO no setor público.

Assim Nasce uma Empresa

Vicente Sevilha Júnior

290 pp. – R$ 59,00

Neste livro envolvente, o autor apresenta a história de três pessoas que se veem diante da oportunidade de abrir sua própria empresa e, no desenrolar da trama, apresenta as pesquisas que fizeram para basear a decisão que tomarão. Esta obra é destinada a empresários, empreendedores, administradores, contadores e todos os que, de alguma forma, participam ou pretendem participar das atividades de gestão de uma empresa.

Aprimorando Competências de Gerente de Projetos – Vol. 1: O Sucesso no Desempenho Gerencial

Lélio Varella / Graciele Moura / Cirléa Aniceto

236 pp. – R$ 69,00

(Série Aprimorando Competências)

A obra está dividida em dois volumes, totalmente compatível com os padrões do PMI para a Certificação PMP. Neste volume 1 tratamos do aprimoramento das Competências de Atuação Gerencial. Nele você encontra um roteiro detalhado de tudo o que precisa fazer para gerenciar um projeto – todas as fases, atividades e resultados gerenciais que devem ser cumpridos para alcançar o alto nível de desempenho de um Gerente Competente.

Coaching – Caminhos para transformação da carreira e da vida pessoal

Anna Zaharov

196 pp. – .R$ 49,00

Este livro é para quem deseja alavancar sua carreira com reflexos positivos também na vida pessoal. Construir os caminhos que irão transformar sua carreira e sua vida pessoal é o desafio proposto nesta obra, que aborda temas complexos da vida profissional e do comportamento humano de forma prática, funcional e realista. Enriquecido com casos reais e resultados que prosperaram, fornece ao leitor estratégias e estímulos para a criação de suas próprias respostas

Qualidade – Fundamentos e Práticas

Marco Antonio Lucinda

180 pp.. – R$ 48,00

Atualmente as organizações tanto públicas como privadas buscam uma nova postura gerencial na qual o foco é o cliente. A sociedade cada vez mais pressiona as organizações para que ofereçam seus produtos e serviços com elevados padrões de qualidade. Este livro procura apresentar de forma simples e didática os fundamentos e aspectos práticos das principais ferramentas e técnicas utilizadas pelas organizações para a melhoria de sua performance e competitividade.

Experiências em Gestão de Projetos – Diário de Bordo

Alfredo José Lopes   216 pp.. – R$ 59,00

No livro o autor apresenta dicas relacionadas a metodologia de projeto, estratégias de comunicação, discussões sobre aspectos de governança, gestão de equipe e vários tópicos práticos tais como lidar com consultores, reuniões de projeto, gestão de riscos, processos de "escalation", "Issues Log" etc. Pode ser utilizado como material de referência para tomada de decisão.

Falir Jamais! – Gestão Correta x Crise

Henrique Montserrat Fernandez   152pp. .– R$ 49,00

Neste livro o autor aborda alguns dos desafios normalmente encontrados nas organizações, qualquer que seja seu porte e que são responsáveis por enfraquecer as bases empresariais, podendo naufragar o negócio. O uso das técnicas aconselhadas no livro auxilia os gestores a superar os desequilíbrios naturais do negócio de forma mais tranquila.

Representação Social e Práticas Organizacionais

Edna Maria Querido de Oliveira Chamon   212 pp.– R$ 53,00

Estes textos são respostas ao desafio de pensar as organizações em geral, e as empresas em particular, a partir da psicologia social. Contribuindo para o debate das relações entre práticas e representações, os estudos aqui reunidos discutem o trabalho, a liderança, a comunicação, o risco e vários outros temas importantes para os estudos organizacionais.

Como Produzir uma Apresentação de Sucesso!

Torcato Moita   172 pp. – R$ 55,00

17 x 24

De forma leve e bem humorada, o livro aborda assuntos em tópicos de breve leitura, porém com consistência e entremeados de várias dicas práticas, agradando a todos aqueles que querem ou necessitam se expor. São dicas, observações, atenções e cuidados, além de 20 minicases. Existem cases mais elaborados para promoverem estudos e debates.

Pegadinhas de Direito Constitucional

Eric Savanda   188 pp. – R$ 49,00

(Série 100 Pegadinhas de Concursos) – 17 x 24

Através da análise das estruturas, classificação, generalizações e elaboração de conceitos próprios como o de "chave da pegadinha", o livro oferece uma nova forma de estudar para concursos que é extremamente inovadora e não vem para substituir, mas complementar a forma tradicional.

---

www.brasport.com.br   brasport@brasport.com.br

Governança Avançada de TI na Prática

Ricardo Mansur   476 pp. – R$ 86,00

Este livro propõe a utilização das melhores práticas como base da pirâmide para equilibrar os desafios da tecnologia da informação: qualidade, custo e tecnologia. A parte inicial deste livro é uma versão atualizada do livro Governança de TI: Metodologias, Frameworks e Melhores Práticas. A segunda parte foi desenvolvida para atender às inúmeras solicitações de evolução do tema.

Pegadinhas de Direito Administrativo

Eric Savanda   172 pp. – R$ 49,00

(Série 100 Pegadinhas de Concursos) – 17 x 24

Através da análise das estruturas, classificação, generalizações e elaboração de conceitos próprios como o de "chave da pegadinha", o livro oferece uma nova forma de estudar para concursos que é extremamente inovadora e não vem para substituir, mas complementar a forma tradicional.

CRM – Sucessos e Insucessos

Marcos Fabio Mazza   244 pp. – R$ 57,00

CRM nesta última década tem sido alvo de muitas discussões e controvérsias e até causado grandes prejuízos a grandes empresas que resolveram utilizar esta estratégia como "salvação" no acesso ao mercado consumidor. A proposta deste livro é sair da apresentação conceitual e acadêmica e discutir com você, leitor, estes detalhes críticos, para que juntos descubramos os fatores essenciais para o sucesso. Tudo de forma prática e recheada de análises de casos de sucesso.

Inovação Operacional

Robson Quinello / José Roberto Nicoletti   260 pp. – R$ 61,00

Este livro trata das inovações e co-inovações do dia-a-dia das áreas operacionais, indicando caminhos e reflexões do tema por meio de atividades práticas e teóricas. É indicado para estudantes, professores, gestores, consultores e profissionais atuantes nas áreas de Administração, Economia, Engenharia de Produção, Manutenção, Facilities, Tecnologia e afins. Inclui ferramentas Seis Sigma e TRIZ para a solução de problemas inventivos.

AMA – Manual de Gerenciamento de Projetos

Paul Campbell Dinsmore / Jeannette Cabanis-Brewin   520 pp. – R$ 190,00

Formato: 21 x 28

O livro de cabeceira de todo gerente de projetos! Premiado como o melhor livro do ano 2007 pelo PMI – Project Management Institute, o AMA Handbook of Project Management possui agora sua primeira versão em português – Manual de Gerenciamento de Projetos –, facilitando o trabalho de milhares de profissionais que poderão usufruir de uma leitura mais dinâmica, com conteúdo atualizado com as novas tendências e as boas práticas internacionais.

BRASPORT LIVROS E MULTIMÍDIA LTDA.
RUA PARDAL MALLET, 23 - TIJUCA – RIO DE JANEIRO – RJ – 20270-280
Tel. Fax: (21) 2568.1415/2568-1507 – Vendas: vendas@brasport.com.br

Este livro foi impresso nas oficinas gráficas da Editora Vozes Ltda.,
Rua Frei Luís, 100 – Petrópolis, RJ.